服务创新驱动下旅游业高质量发展研究

FUWU CHUANGXIN QUDONGXIA LÜYOUYE GAOZHILIANG FAZHAN YANJIU

何 珍◇著

华中科技大学出版社
http://press.hust.edu.cn
中国·武汉

内 容 简 介

随着消费者需求的多样化和市场竞争的加剧,传统的旅游模式已难以满足现代游客的个性化和高品质服务需求。本书基于服务创新的旅游业升级策略研究,分析了服务创新在旅游业中的应用前景和潜在价值,展示了服务创新如何在不同领域和层面上促进旅游业的发展,提出了一系列基于服务创新的旅游业升级策略,旨在探索如何通过服务创新来推动旅游业的转型升级,以适应新的市场环境。

图书在版编目(CIP)数据

服务创新驱动下旅游业高质量发展研究 / 何珍著. -- 武汉：华中科技大学出版社,2024.8. -- ISBN 978-7-5772-0986-9

Ⅰ. F592.3

中国国家版本馆 CIP 数据核字第 20249FB621 号

服务创新驱动下旅游业高质量发展研究　　　　　　　　　　　　　　何　珍　著
Fuwu Chuangxin Qudong Xia Lüyouye
Gaozhiliang Fazhan Yanjiu

策划编辑：项　薇　　胡弘扬
责任编辑：项　薇　　胡弘扬
封面设计：原色设计
责任校对：林宇婕
责任监印：周治超
出版发行：华中科技大学出版社(中国•武汉)　　电话：(027)81321913
　　　　　武汉市东湖新技术开发区华工科技园　　邮编：430223
录　　排：华中科技大学惠友文印中心
印　　刷：武汉市洪林印务有限公司
开　　本：710mm×1000mm　1/16
印　　张：15.75
字　　数：285 千字
版　　次：2024 年 8 月第 1 版第 1 次印刷
定　　价：79.80 元

本书若有印装质量问题,请向出版社营销中心调换
全国免费服务热线：400-6679-118　　竭诚为您服务
版权所有　侵权必究

前言

随着全球化和信息技术的飞速发展，旅游业作为服务经济的重要组成部分，正面临着前所未有的挑战与机遇。服务创新驱动下的旅游业升级成为推动该行业可持续发展的关键。本研究旨在探讨服务创新在旅游业中的应用及其对行业升级的影响，以期为旅游业的发展提供理论支持和实践指导。

本研究中对酒店业、旅行社和旅游景区服务创新的专项研究展示了服务创新在各细分领域中的应用效果，相关案例分析展示了成功的服务创新实践成果。此外，本研究还关注了研学旅行公共服务的创新，分析了当前存在的问题和面临的挑战，并提出了创新对策。通过对旅游业升级发展的必要性、挑战和机遇展开分析，本研究指出服务创新是实现旅游业可持续发展的关键，同时也是应对市场竞争和满足消费者多样化需求的重要手段。最后，本研究提出了服务创新驱动下旅游业的升级策略和路径，这为业界提供了实用的指导和建议。

本研究通过深入的理论分析和实践案例研究，提出了服务创新驱动下旅游业的升级策略与路径。这些策略不仅有助于提升旅游业的竞争力和满足消费者的需求，而且对于推动旅游业的可持续发展具有重要的意义。本研究既丰富了服务创新理论在旅游业中的应用，也为政府、企业和学术界提供了有益的参考和借鉴。

湖北文理学院　何珍

2024 年 8 月 6 日

目 录

CONTENTS

第一章　绪论　　1

第一节　研究背景与意义　　2
第二节　研究内容和研究方法　　7

第二章　服务创新的概念解读与研究框架　　11

第一节　服务创新及相关概念解读　　12
第二节　服务创新分类研究　　16
第三节　服务创新的研究概述　　22

第三章　旅游业服务创新影响因素与驱动力模型　　27

第一节　服务创新的影响因素分析　　28
第二节　服务创新的驱动力模型　　34
第三节　旅游业服务创新影响因素分析　　43

第四章　旅游业服务创新体系框架　　55

第一节　服务观念创新　　56
第二节　服务技术创新　　62
第三节　服务产品创新　　68
第四节　服务市场创新　　72
第五节　服务管理创新　　75

第五章　酒店业服务创新研究　　83

第一节　酒店业服务创新的概念和意义　　84
第二节　服务创新对酒店业的影响与作用　　87
第三节　酒店服务创新的四棱锥模型　　93
第四节　酒店服务创新案例分析　　97
第五节　酒店服务创新的对策　　114

第六章　旅行社服务创新研究　　123

第一节　旅行社服务创新的概念　　124
第二节　旅行社服务创新模式　　125
第三节　旅行社服务创新案例分析　　131
第四节　旅行社服务创新的对策　　158

第七章　旅游景区服务创新研究　　161

第一节　旅游景区服务创新的概念　　162
第二节　旅游景区服务创新的类型与特征　　164
第三节　旅游景区服务创新的驱动因素　　167
第四节　旅游景区服务创新案例分析　　169
第五节　旅游景区服务创新的对策　　184

第八章　研学旅行公共服务创新研究　　187

第一节　研学旅行公共服务的概念和意义　　188
第二节　研学旅行公共服务存在的问题及原因　　199
第三节　研学旅行公共服务实践经验启示　　204
第四节　研学旅行公共服务创新的对策　　209

第九章　旅游业升级发展的必要性、挑战和机遇　　217

第一节　旅游业升级发展的必要性　　218

| 第二节 旅游业升级发展面临的挑战 | 220 |
| 第三节 旅游业升级发展的机遇 | 223 |

第十章　服务创新驱动下的旅游业升级策略与路径　227

| 第一节 服务创新驱动下的旅游业升级策略 | 228 |
| 第二节 服务创新驱动下的旅游业升级路径 | 233 |

参考文献　237

第一章 绪论

第一节 研究背景与意义

一、研究背景

（一）在创新驱动发展战略的推动下，旅游业的转型升级势在必行

创新是人类经济社会发展的根本动力，也是人类可持续发展的根本保障。党的十八大报告明确提出要实施创新驱动发展战略，强调科技创新是提高社会生产力和综合国力的战略支撑，必须摆在国家发展全局的核心位置。党的十九大报告强调，创新是引领发展的第一动力，是建设现代化经济体系的战略支撑。党的二十大报告强调，坚持创新在我国现代化建设全局中的核心地位，并对加快实施创新驱动发展战略进行部署。创新驱动即是将创新作为引领各方面发展的首要动力，使科学技术创新、管理制度创新、商业模式创新、文化资源创新等创新类型相融合，推动发展方式向依托知识积累、技术进步和劳动力素质提升转变，促进经济向形态更高级、分工更精细、结构更合理的阶段演进。改革开放40多年来，中国经济发展年均增速显著，综合国力不断提升，人民福祉不断增进，经济总量仅次于美国，成为全球第二大经济体，然而，也遇到资源短缺、环境生态恶化、生产方式粗放、部分行业产能过剩等突出问题。当前，我国经济发展进入新常态，之前粗放的、扩张的经济增长方式已难以为继，亟须依托创新驱动来创造新的发展引擎，促进经济发展转向以集约型、质量型为主要特征的新轨道。创新驱动发展战略是转变我国经济发展方式的内在要求，是应对国际竞争挑战、谋求国家跨越发展的战略部署。

当前，旅游业已全面融入国家战略体系，并成为中国社会投资热点和综合性产业，走向了国民经济建设的前沿。截至2016年，全国已有31个省（区、市）将旅游业定位为战略性支柱产业、主导产业或先导产业加以优先发展。然而，旅游经济快速发展的同时，也遇到产业发展方式粗放、产品科技含量较低、市场供需结构错位、管理体制创新不足等问题。产业增长方式的粗放不利于旅游投入要素的可持续利用，产品科技含量较低制约了旅游资源与产品的深度开发，市场供需结构错位造成了旅游需求外溢和供给低效，而管理体制创新不足更难以为区域旅游发展提供良好环境和动力引擎。《"十四五"旅游业发展规划》指出,要实施创新驱动发展战略为旅游业赋予新动能,也要对旅游业提出了创新发展的新要求。坚持创新在现代化建设全局中的核心地位,推动新一轮科技革命和产业变革深入发展,将深刻影响旅游信息获取、供应商选择、消费场景营造、便利支付以及社交分享等旅游全链条。同时,要充分运用数字化、网络化、智能化科技创新成果,升级传统旅游业态,创新产品和服务方式,推动旅游业从资源驱动向创新驱动转变。

（二）全域旅游背景下区域旅游经济发展的客观诉求

我国旅游业经过近40年的发展,景区景点、宾馆饭店（酒店）、停车场、游客中心等旅游要素建设成就巨大,这也为新时期的旅游转型发展打下了良好基础。当前,我国已进入全民旅游、散客旅游、自驾旅游为主的全新阶段,旅游业在经济社会发展中产生的影响和发挥的作用愈加重要,而传统的以抓点方式为特征的"景点旅游"已难以满足现代旅游的发展需求,现实要求我们必须从景点旅游模式转变为全域旅游模式,进行旅游发展战略的再定位。全域旅游是指在一定区域内,以旅游业为优势产业,通过对区域内经济社会资源尤其是旅游资源、相关产业、生态环境、公共服务、体制机制、政策法规、文明素质等进行全方位、系统化的优化提升,实现区域资源有机整合、产业融合发展、社会共建共享,以旅游业带动和促进经济社会协调发展的一种新的区域协调发展理念和模式。

推进全域旅游发展,建设全域旅游目的地是一场具有深远意义的变革,需要运用创新思维、创新理念、创新行动与创新科技来加以实施与推进。通过体制机制创新,破除景区内外的体制壁垒和管理围墙,实现从单一景区景点建设和管理到综合目的地统筹发展的转变。通过商业模式创新,寻找新的旅游市场撬动点和盈利增长点,实现旅游收益从传统的门票经济向产业经济转变,从旅游产品价格和供给规模竞争向产品质量和服务水平竞争转变。通过资源业态创新,促进旅游产业与农业、林业、工业、商业、金融、体育等相关产业融合发展,形成综合新产能,实现从封闭的旅游自循环向开放的"旅游＋"产业融合方向转变。通过网络营销创新,建立和健全旅游电子商务平台,促进网上宣传、在线预订、移动支付、租赁咨询等旅游业务发展,实现由传统旅游营销组合方式向"互联网＋旅游"的市场营销方式转变。通过参与主体创新,在充分发挥旅游景区、餐饮、住宿等核心企业创新的基础上,强化地区旅游行业组织的协调管理作用,加快地区旅游类高等院校、职业学院和行业科研机构的建设,通过促进相关院校与企业共建旅游"双创"学院或企业内部办学,实现旅游创新由企业单打独享向社会共建共享方向转变。

(三) 供给侧结构性改革下旅游产业结构优化的重要选择

当前,中国经济正在面临不可忽视的供需结构性失衡。"供需错位"已成为制约和阻碍我国经济持续性发展的首要问题:一方面,过剩产能已成为我国经济转型的重大包袱;另一方面,产品供给体系中存在高端产品供给不足,而中低端产品过剩的现状。因此,供给侧结构性改革即从生产者、供给端入手,通过对产品供给的规模与比例进行调整,更好地满足和创造有效需求,着力打造经济发展的新引擎。供给侧结构性改革应当在相关产业的知识理论创新、制度改革创新、技术研发创新等众多方面寻求突破点,以调整增长方式结构为主线,从要素驱动、投资驱动转向服务业发展及创新驱动,通过技术、服务、制度、管理等创新为经济发展提供新动力。

供给侧结构性改革为旅游业供给要素优化提供了重要机遇,为激发旅游市场活力提供了巨大发展动能。旅游消费个性化和多样化要求旅游供给侧加强资源和产品创新,通过产业融合、业态丰富来满足需求变化;旅游活动深度体验性和大众参与性要求旅游供给侧加强科技和知识创新,通过发展人工智能和互联网等技术来增强顾客与产品的互动性;旅游消费市场不完善和监管缺位要求旅游供给侧加强管理和体制创新,通过实行多规合一、公共服务一体化、旅游监管全覆盖,统筹旅游、公安、工商、物价、交通等监管部门职责,实现由传统"民团式"治安管理、社会管理向全域旅游依法治理转变;旅游消费人群高端化和细分化要求旅游供给侧加强人才培育和服务创新,通过建立知名旅游院校和科研机构,鼓励校企交流合作和企业内部办学,加强人才培育,提升旅游市场营销能力和旅游产品服务水平。

(四) 理论研究与旅游创新实践协调一致的现实需要

自近代旅游业产生以来,各类创新活动便纵贯其发展历程。托马斯·库克包价旅游产品的推出、迪士尼乐园主题公园的涌现、肯德基快捷餐饮的产生、全球自驾导航设备的使用、城市共享单车的普及等均是旅游创新活动的成果和表现。中国旅游产业发展中同样充满数量丰富、类型多样的创新实践。在旅游企业方面,1923年,上海商业储蓄银行旅行部的诞生,标志着中国近代旅游业的兴起,也成了我国本土旅游企业创新发展的新起点。改革开放后,北京建国饭店、北京长城饭店和北京航空食品有限公司等第一批中外合资旅游企业不断出现。如今,旅游企业依托新型科技和"互联网+",O2O(线上到线下)网络旅游公司大量涌现,智慧旅游景区数量不断增加,酒店、餐厅、宾馆的信息管理系统日趋完善。在旅游管理体制方面,1978年,中国旅行游览事业管理局改为中国旅行游览事业管理总局,1982年,又将中国旅行游览事业管理总局改为国家旅游局,其旅游行政监管职能不断完善。2011年以来,诸多省市顺应旅游经济发展和管理新趋势,将旅游局升级为旅游发展委员会,综合协调旅游规划、国土、建设、交通、文物、文化、质监等诸多领域工作,提升管理统筹能力。2018年组建文化和旅游部,对于加强党对文化和旅游工作的全面领导,推进文化和旅游领域治理体系和治理能力现代化,推动文化事业、文化产业和旅游业融合发展,满足人民美好生活需要,提高国家文化软实力和中华文化影响力,具有重要现实意义和深远历史意义。旅游产品由改革开放之初的以观光旅游、大众旅游、入境接待旅游为主,向现今的休闲度假旅游、乡村旅游、红色旅游、自驾车及房车旅游、海洋及滨水旅游、文化旅游、研学旅游、老年旅游、购物旅游等门类齐全、种类丰富的旅游产品体系发展。总之,现代旅游业具有科技依托化、知识流动化、产业融合化、区域联动化等特征,科技创新、知识创新、业态创新、合作创新等在旅游实践中广泛存在并发挥着愈加重要的作用。

然而,伴随着旅游创新实践的蓬勃发展,创新理论研究却相对滞后,研究内容、方法和视角均存在一定的局限性。旅游产品创新、旅游市场创新、旅游企业创新等创新类型虽得到国内学者的较多关注,但在技术创新、创新能力与效率评价等方面的研究却较薄弱。研究方法多以定性分析和单一指数实证为主,缺少对旅游创新能力的多维分析和对区域差异的对比研究。因此,在梳理和整合旅游创新研究文献的基础上,对我国旅游业创新的概念内涵、要素结构、动态能力、提升策略等进行系统性研究具有重要意义。

二、研究意义

(一) 理论意义

服务创新在旅游业中的重要性及其对旅游业升级的推动作用不容忽视。旅游业作为服务业的一个重要分支,其繁荣与服务创新紧密相连。服务创新涵盖了新的服务理念、新的服务交付系统、新的技术应用等多个方面,这些创新对于提升旅游产品的质量、提高消费者的满意度和忠诚度、提升旅游业的整体竞争力具有决定性的作用。在全球化和技术快速发展的大背景下,传统的旅游产品和服务已经难以满足消费者日益增长的个性化和多样化需求,因此,服务创新成了推动旅游业升级的关键力量。

本研究深入探讨了服务创新如何影响旅游业的升级过程,这不但有助于我们理解服务创新在旅游业中的应用机制,而且能够为旅游业的持续发展提供新的理论支持和指导。此外,本研究还将填补现有文献中的空白,展示服务创新对旅游业理论体系的贡献成果。尽管已有研究关注了服务创新与旅游业发展之间的关系,但关于服务创新如何具体促进旅游业升级的系统性研究仍然不足。本研究通过构建一个整合性的框架,详细分析了服务创新在旅游业中的作用路径和影响机理,填补了现有文献的这一空白。同时,研究还将提出一套服务创新驱动下旅游业的升级策略,这将对旅游业的理论体系做出重要贡献,并为未来的学术研究提供新的视角和理论基础。

(二)现实意义

旅游业作为全球较大的产业之一,面临着持续变化的消费者需求、竞争日益激烈的市场环境和技术快速发展的多重挑战。服务创新驱动下旅游业的升级策略对于提高行业竞争力、满足消费者需求以及应对市场变化具有重要的指导意义。

一是指导旅游业经营者进行创新实践。通过对服务创新的深入研究,本研究为旅游企业提供具体的策略和路径,帮助旅游企业识别新的商业机会、开发新产品和服务,进而在市场上取得竞争优势。

二是为政策制定者提供决策依据。随着旅游业的快速发展,政府需要制定相关政策来引导和规范行业的发展。本研究为政策制定者提供服务创新驱动下旅游业的升级策略,有助于他们更好地理解和应对旅游业的发展趋势。

三是提升消费者满意度。服务创新的核心是为了更好地满足消费者的需求。本研究有助于旅游企业了解消费者的期望和需求,从而提供更加个性化、高效和优质的服务,提升消费者的旅行体验。

四是促进跨行业合作与融合。随着技术的发展和市场的开放,旅游业与其他行业的界限逐渐模糊。服务创新驱动下旅游业的升级策略可以促进不同行业之间的合作与融合,创造更多的商业机会和价值。

五是推动旅游业的可持续发展。通过服务创新,旅游业可以实现资源的有效利用,减少对环境的负面影响,从而推动整个行业的可持续发展。这不仅有助于旅游业的长期繁荣,还有利于社会的和谐与进步。

总之,本研究的成果将对旅游业的所有利益相关者产生深远的影响,并有助于推动整个行业的可持续发展。通过深入研究服务创新在旅游业中的应用,我们可以为旅游业的未来发展提供有力的理论支持和实践指导,从而推动旅游业实现更加繁荣和可持续的发展。

第二节 研究内容和研究方法

一、研究内容

第一章:绪论,阐明研究背景和目的,指出了服务创新对旅游业升级的重要意义。

第二章:对服务创新的理论框架和相关概念进行解读,包括服务创新的分类研究和相关理论,为后续章节的研究奠定了理论基础。

第三章:通过分析旅游业服务创新的影响因素和驱动力模型,揭示了旅游业服务创新的关键因素。

第四章:构建了旅游业服务创新体系框架,包括服务观念创新、服务技术创新、服务产品创新、服务市场创新和服务管理创新等方面,为实践案例分析提供了框架和指导。

第五章:以酒店业服务创新为研究主体,在酒店业相关理论和创新意识对酒店管理和服务的影响等方面进行了综述,同时结合我国酒店行业服务创新的现状及问题分析,运用SWOT等相关理论和工具,基于我国酒店业的内部服务和市场环境,提出酒店服务创新的对策。

第六章:以旅行社服务创新为研究主体,对旅行社服务创新的概念及旅行社服务创新的模式进行梳理,在借鉴服务创新四维度模型分析框架的基础上,从旅行社服务概念创新、顾客界面创新、服务传递系统创新以及技术创新四个维度确定旅行社产品创新的分析框架,最后提出旅行社服务创新的对策。

第七章:以旅游景区服务创新为研究主体,对景区服务创新理论进行整理分析,对景区服务创新的类型和特征进行了全面的总结归纳,分析了景区服务创新的驱动因素,提出旅游景区服务创新的对策建议。

第八章:以研学旅行公共服务创新为研究主体,界定研学旅行公共服务的概念,并探讨其在教育和旅游领域中的意义,分析研学旅行公共服务存在的问题和原因,结合国内研学旅行公共服务的成功案例,提出研学旅行公共服务创新的具体对策。

第九章:分析旅游业升级发展的背景和必要性,如全球化、技术进步等因素对旅游业的影响;分析旅游业在升级过程中遇到的挑战,如市场竞争加剧、消费者需求多样化等;分析旅游业升级带来的机遇,如新技术的应用、消费升级和全球化趋势等。

第十章:提出服务创新驱动下旅游业的升级策略,包括提高管理水平、建设智慧旅游、完善产业结构、加强营销推广、强化服务创新、集团化经营和品牌竞争战略等方面。同时,提出服务创新驱动下旅游业的升级路径,通过旅游服务创新打造新的旅游服务概念、创造新游客界面、形成新旅游服务传递系统,推动旅游业在产业生产方式、消费需求结构、企业组织形式和管理模式上的转变。

二、研究方法

(一)研究方法

采用混合方法研究设计,结合定性和定量研究方法,全面深入地探索服务创新驱动下旅游业的升级策略。

文献综述:通过系统地梳理和评价国内外相关文献,了解当前关于服务创新在旅游业中的应用和影响的研究现状,为后续的研究提供理论基础和框架。

案例研究:选择若干具有代表性的旅游企业或地区作为案例研究对象,通过深入的实地调查和访谈,获取其相关的实践经验与启示,提炼出服务创新驱动下旅游业的升级策略。

问卷调查与统计分析:设计涵盖服务创新、旅游业升级等方面的问题,对旅游企业、从业人员和消费者进行大规模的问卷调查,运用统计分析方法探究服务创新与旅游业升级之间的内在联系。

(二)数据收集

二手数据:利用公开数据、行业报告、政策文件等,为研究提供宏观背景和参考。

一手数据:通过问卷调查、访谈、观察等方法,直接从研究对象中获取原始数据。对于旅游企业,将通过电子邮件或实地访问的方式发放问卷;对于从业人员,将通过在线问卷进行调查;对于消费者,将采用街头随机抽样的方式进行访谈。

(三)数据分析

描述性统计:对收集到的数据进行基本的描述性统计分析,如频数、百分比、均值等,以了解数据的基本特征和分布情况。

因子分析:利用因子分析方法对服务创新的维度进行提炼,找出影响旅游业升级的关键因素。

案例比较分析:对不同地区或企业的案例进行比较分析,找出影响成功的因素,提炼出服务创新驱动下旅游业的升级策略。

第二章 服务创新的概念解读与研究框架

第一节 服务创新及相关概念解读

一、服务的概念

目前,关于"服务"的概念,学术界还没有统一的界定。Gronross(1990)认为服务是一项或一系列具有无形性特征的活动,它可能发生在服务人员和顾客之间,也可能发生在服务提供商和实物之间,这些活动的目的是为顾客提供问题解决方案。Kotler(1994)认为,服务可以是一方向另一方提供的具有无形性特点的任何活动,且这项活动不会对任何东西产生所有权问题。Gadrey 等(1995)提出,服务是提供不以商品为主要问题的解决方案,它需要组织应用不同能力(人力资源、技术、组织)来帮助顾客解决问题。关于服务和产品的区别一直是学者们争论的焦点,一些学者建议忽略产品和服务之间的差异(Gallouj 和 Weinstein, 1997),但大部分学者认为服务和产品之间存在明显的区别。Vermeulen(2001)通过与产品特性的对比提出了服务的四个特性,详见表 2-1。

表 2-1 服务和产品之间的差别

服务特性	产品特性
无形性	有形性
生产和消费同时性	生产和消费分离
异质性	同质性
不可储存性	可存储性

（一）无形性

无形性是所有服务都具有的唯一的一般特征,它可以将服务和产品区分开来。无形性使消费者不能准确地知道他们购买了什么,没有发生所有权的转移。不同的服务其无形性的程度有所不同,大部分服务都包含着有形元素和无形元素。

（二）生产和消费同时性

生产和消费同时性意味着服务被生产出来的同时就被消费者即时消费掉

了,或服务中需要大量的互动。

（三）异质性

异质性强调的是服务的差异性。与制造出的产品相比,服务更体现出定制化的特征,采用不同传递方式提供同一项服务会因顾客个人因素产生不同效果。

（四）不可存储性

服务可得但不可存,由于服务不能被存储,所以它很难做到需求和供给同步。

二、创新的概念

1912年,美国著名经济学家约瑟夫·熊彼特(Joseph Alois Schumpeter)发表了著作《经济发展理论》,他在书中提出了创新理论,研究了资本主义经济发展的本质、机制及发展趋势等论题,他认为"创新"驱动着资本主义经济发展。在他之后,以曼斯菲尔德(E. Mansfield)和戴维斯(L. E. Davis)为代表的学者为形成和完善熊彼特创新理论学派做出了更大的努力,前者重点研究了技术创新理论,后者则是对制度创新理论做了深入的研究。

依照熊彼特的观点,创新的形式应分为五种情况,详见表2-2。

表2-2 创新的形式

作者	创新的形式
约瑟夫·熊彼特	一种具有某些新特征的新产品的采用
	一种可能建立在新科学理论基础之外的,符合商业方面处理产品的新生产方式和新生产方法的引入
	一个新型市场的开创或渗透
	一种新生产原料和半成品的获得或掌控
	一种以形成或突破垄断为例的新工业组织形式

总而言之,熊彼特所提出的创新理论,在内容上除了包括产品创新,还包括技术、市场、资源配置方面的创新以及一种狭义的制度创新——组织创新。熊彼特特别指出"企业家"在创新过程中的作用和体现出来的"企业家精神"。他指出,促进创新发展和推动经济发展的关键应该是那些聪明智慧的作为资本主义核心力量的企业家群体。

目前国内外都比较认同熊彼特有关创新方面的阐释。他以经济增长为角度提出"创新"这一定义,并对经济发展与科技的关系作出说明,表明了创新对经济发展无可取代的重要性,为经济发展的研究做出了重要的贡献。然而客观地说,他提出的创新因为过于重视经济学方面的内涵,突出创新的初始和其根本性的影响,而把商业过程中同样具有经济价值的渐进性创新摆在了次要的位置。总而言之,熊彼特所提出的创新包含范围较广,不仅有技术性质变化和技术性质不变化的创新,而且还有产品本身、组织、市场、运营等形式的创新。

后来,曼斯菲尔德(E. Mansfield)和戴维斯(L. E. Davis)等学者进一步完善了熊彼特的创新理论,尤其对制度创新进行了深入的研究。本研究梳理各个学者对创新的定义如下。

(1) 创新属于一种新思想,其本质就是实践创新,摒弃陈旧,如观念创新。

(2) 创新就是适应组织或环境的新变化,比如制度和管理方面的创新等。

(3) 创新是研发新事物的过程,经过挖掘和寻找隐性的市场需求,通过对新生事物的设计、研究开发、试验、生产这一系列环节,最终研发出新产品并投入销售市场,也正因为研发出新事物,人们把创新定义为具有创造性的过程。

(4) 创新以原有的科学发明为基础,探索新的思想,并发现新的应用,以突破新的问题,从而创造出更新的事物来开辟并拓展新市场。

(5) 创新掌握并运用原有的知识,并以此为基础,创造出更具有实用价值的新事物。

到了 20 世纪 60 年代,新技术革命飞速发展,美国经济学家 Rostow(罗斯托)构建了罗斯托起飞模型,明确了创新的实质为技术创新,把技术创新提高到了最主导的地位,即把技术、人力和成本等要素予以整合,这标志着工业化和经济发展进入了全新阶段。

总而言之,对于创新这一概念,大家认识角度不同,定义描述多样,本身就表明了创新具有丰富的内涵,其根本就是一种具有全面创造性的活动,并能促进经济的稳定发展。具体说来,创新可以改变某事物的部分或整体,通过对事物内部组成要素的打乱重组,或改变事物的外部形态,使原有事物在内容和形式上发生变化,并融入更新的因素,形成更具发展前景的活动。

进入 21 世纪,创新理论经过长时间的发展,逐渐在全社会各个领域得到了广泛的应用。根据国家统计局相关数据显示,2023 年第三产业占 GDP(国内生产总值)的比重为 58.1%,增加值 688238 亿元,比上年增长 5.8%。服务产业已成为带动全国经济发展的最重要产业。服务创新的研究伴随着服务业的繁荣与发展,其研究逐渐从制造业或技术创新等角度跳出,成了一个重要的研究领域。而旅游业作为服务产业的典型代表,旅游服务创新也逐步演化成为独特的研究领域。

三、服务创新的概念

随着服务业的发展,到 20 世纪 80 年代,学者们开始将创新与服务业相结合,研究两者之间的内在联系,进而产生了服务创新理论。国外对服务创新理论的研究可追溯到 20 世纪 70 年代末,迄今约有 40 年历史,其中以欧洲及美洲的研究较为著名。而国内对服务创新理论的研究开始得较晚,20 世纪末,清华大学学者吴贵生最早引入服务创新理论。最初大部分学者从翻译国外研究成果以及借鉴国外已有的研究成果中开展相关研究,随着研究的深入,学者对服务创新研究的不断加深,服务创新理论在我国得到了广泛运用。

由于服务涵盖的范围十分广泛,同时服务在各行业中的性质、内容、功能等存在差异,服务创新的概念内涵没有统一。纵观国内外学者从不同的视角对服务创新概念的界定,他们对服务创新的研究视角大致可分为三种。

一是从属性视角,即服务创新从属于制造业。这一阶段属于服务创新的起源时期,大部分学者对服务及服务创新的研究不够深入,仍然保留原有制造业中的固有思维,认为服务创新只是制造业技术创新的延伸。因此,服务创新被定义为企业采用新的思想、技术、管理手段等,对企业以往服务流程进行一系列变革,旨在提升企业服务质量和盈利能力。其中,学术界一致认同的是 Barras(1984)提出的"逆向产品周期理论",该理论只适用于技术主导型的服务企业(如保险业、银行业、会计业等),对其他具有显著服务特征的服务性企业并不适用。

二是自主性视角,即服务创新相对于传统制造业而言具有自身特性。通过对服务创新的深入挖掘,学者们了解到服务及服务创新有自身独特的性质,与制造企业的技术创新存在显著差异,此外,服务创新模式和制造企业中的创新也不同,最终他们融合服务创新自身特性构建了服务创新的研究体系,丰富了服务创新的研究。学者 Norman(1991)首次在服务创新中结合顾客参与因素,这一研究视角打破了传统的封闭式创新模式,将顾客视为企业服务创新的参与者,突出服务创新中顾客互动的重要性,从而提高企业自身服务水平。此外,陆续有学者,如 Gardrey 和 Gallouj(1998)、Xu 等(2005)、Den Aertog(2011)分别对咨询业、网络服务业和酒店业等的服务创新进行研究,并得出各行业适用的服务创新模式。又如 Sundbo(1998)提出的"服务创新驱动力模型"。

三是整合性视角,Karnioucaina(2006)最先提出将制造业创新和服务业创新结合起来,探寻两者之间的异同,从整合的视角研究服务创新。这一观点模糊了制造业与服务业之间的差异，使学者们开始重新审视制造业中服务创新的独特作用，如提供集成解决方案等。Bilderbeek 等(1998)提出了服务创新四维度模型，包括新服务概念、新顾客界面、新服务传递系统以及技术选项，该模型显示了企业实施服务创新的过程。

综合学者们对服务创新概念的界定，服务创新具有无形性、多样性、新颖性（创造性）、以顾客需求为导向性等特征。本研究对服务创新的定义为企业以顾客需求为导向，以技术、知识为支撑，通过转变组织管理理念、完善服务设施设备、改善服务环境和更新服务内容等手段，提升现有服务质量及效率，实现服务的创新，为企业创造更多的价值。

第二节 服务创新分类研究

在过去的二十年中，各国学者围绕服务创新领域做了大量的研究，如服务创新源研究、新服务开发过程、服务创新的成功因素等。在服务创新分类研究上，国外许多学者均提出了自己的见解，如 Gadrey 和 Gallouj(1998)等，我国学者如戴延寿(2003)、张宇(2005)、王琳和魏江(2008)等也提出了自己的服务创新分类方法。关于服务创新分类的分析较多，其研究也较为全面和深入。

一、国外关于服务创新分类的研究

我们一般认为，服务与产品(有形)是不同的，服务的无形性、即时生产即时消费性、异质性和不可储存性的特点决定了两者的差别所在。这种差异将服务创新研究的文献也分为两类，一类是服务创新，另一类是服务业创新。国外研究者以服务创新不同于产品创新的视角，提出了不同的服务创新分类。

Gallouj 和 Weinstein 于 1995 年提出了服务创新的六种分类，并试图使其适用于所有的服务部门，这六种分类包括突破式创新、渐进式创新、改进创新、组合创新、专门化创新和 Ad Aoc 创新(为顾客量身定制困难解决方案)。Ad Aoc 创新在此后的研究中一直被忽略，直到 Devries (2006)扩展了 Gallouj 和 Weinstein 的原始概念模型，通过大量的案例研究证明了 Ad Aoc 创新是有效的创新类型。Djellal 和 Gallouj (2005)通过调查医疗服务对他们的分类进行了调整,针对医疗服务创新提出了分类方法。

在服务创新分类研究中,Den Aertog(2000)提出的四维度模型也是比较有代表性的分类,该模型将服务创新的内容划分为四类,即新服务概念、新顾客界面、新传递系统和新系统选择。Sundbo(2007)通过案例研究将服务创新分为产品创新、过程创新、组织创新和市场创新。还有一些研究者或通过概念研究,或通过调查、案例研究提出各种服务创新分类,详见表2-3。

表2-3 国外服务创新分类研究表

作者	服务创新分类	行业	研究类型
Barras(1986,1990)	产品创新和过程创新	—	—
Gadrey 和 Gallouj (1995)	咨询业:产品创新、过程创新、组织创新 保险业:服务产品创新、结构创新、改进创新、过程组织创新 电子信息服务业:创造新的产品或服务、改进产品或服务、过程创新	咨询、保险和电子信息服务业	访谈法
Gallouj 和 Weinstein (1997)	突破式创新、渐进式创新、改进创新、组合创新、专门化创新和 Ad Aoc 创新	—	概念研究
Miles (1994)	产品创新、过程创新(后台创新)、传递创新(前台创新)	—	概念研究
Den Aertog (2000)	新服务概念、新顾客界面、新传递系统和新系统选择	—	概念研究
Avlonitis (2001)	市场中的新服务、企业中的新服务、新的传递过程、服务线扩展、服务改进、服务重新定位	金融业	问卷调查
Vander Aa 和 Elfring (2002)	多单位组织的创新、新服务组合、顾客作为创新参与者、技术创新	电话销售、理发、租车、家具销售、专业清理、医药销售、工程和物流服务业	案例研究

续表

作者	服务创新分类	行业	研究类型
Sundbo (2003)	产品创新、过程创新、组织创新和市场创新	保险公司、银行、借贷和信用卡公司、律师事务所、清洁和劳务服务公司	案例研究
Drejer (2004)	外部关系创新和专业领域创新，整合创新和 Ad Aoc 创新	—	概念研究
Djellal 和 Gallouj (2005)	开放式创新、回溯式创新、集中创新和组合创新	医院	概念研究
Devries (2006)	突破式创新、渐进创新、复合创新和 Ad Aoc 创新	保险、社会保障行政机构、信息技术服务提供行业、公共和企业内部教育服务提供机构、电信业	案例研究
Sundbo (2007)	产品创新、过程创新、市场创新、组织创新、技术创新和服务扩展	医院、酒店、旅行社、交通行业等	问卷调查定性访谈

服务创新的研究始终绕不开服务创新分类这个话题，在对服务创新分类的研究中，Barras(1986)提出的逆向产品生命周期模型拉开了服务创新研究的帷幕，但是 Barras 并没有将服务创新的特性纳入研究中，而是沿用了技术创新的分析框架，用产品创新和过程创新来表现服务产业与服务产品生命周期的不同阶段。这种分类强调了技术维度而忽略了其他重要的非技术维度，因此不能全面地刻画服务创新。随着学者们不断质疑及反思，Sundbo 和 Gallouj 等学者利用调查研究的方法，重点研究了服务业的服务创新分类。服务业与制造业不断地融合使得产品包含越来越多的服务，服务则承载着更多的有形要素，因此，有学者开始通过"整合"的视角对服务创新进行分类，其中，Gallouj 和 Weinstein 根

据服务创新的动态特征属性对服务创新进行的分类最具代表性。除了对整个服务业的分类进行了研究,还有学者专门针对某些特定的服务行业进行研究。例如,Gadrey 和 Gallouj(1995)对咨询、保险和电子信息服务业等特定的服务行业的服务创新进行了分类。

很显然,由于研究者采用的分类标准和分类外延不同,服务创新呈现出不同的分类。将市场创新和组织创新纳入服务创新中,属于广义的服务创新;而将产品创新和过程创新纳入服务创新中,则属于狭义的服务创新。如何理解服务创新,通过总结,本研究可从两个视角分析,一种是关注创新的深度和方式,另一种则是聚焦于创新产出和创新对象。第一种研究视角,其研究跳出了传统创新研究中"产品/服务、制造业/服务业二分法"框架的局限,避免识别区分产品创新与过程创新中的困难,且使创新类型能同时涵盖技术和非技术维度的创新,这种分类方法以 Gallouj 和 Weinstein(1997)的研究为代表,其分类描绘了三个维度,即创新的新颖性、服务特征的变化及创新过程开始的方式,这种分类虽然有助于理解服务创新动态演进的机理,但是由于分类维度过于复杂,在理论研究中难以将分类结果用于基础问题的讨论环节。第二种研究视角,考察的是创新产出和创新对象,但由于产品创新和过程创新交织在一起,两者很难将其区分开来。同时,传统的技术创新研究方法对制造业本身也过于狭窄了,因此,学者们以服务创新的特性为切入点,提出了产品创新、过程创新与传递创新,以及产品/概念创新、顾客界面创新和服务传递系统创新这两种分类,其中最具代表性的是 Den Aertog(2000)的服务创新分类,他在 Miles(1994)关注服务创新特性做出分类研究的基础上,关注服务生产与提供过程融合的特征,更进一步界定了包含"前台"和"后台"的传递系统创新的分类标准。

虽然其他学者在基于实证研究的基础上对服务创新进行了分类,但其分类视角和分类标准也仅是在前人研究的基础上进行略微调整,并未有重大突破。

二、我国学者的服务创新分类研究

我国服务创新研究始于 20 世纪 90 年代末,目前仍处于起步阶段。关于服务创新分类研究的文献不多,其中比较常见的是魏江等人(2008,2009)的分类,他们在案例研究的基础上,将服务创新分为概念创新与传递创新。而我国学者如张宇、戴延寿、张秋莉等人也给出了服务创新分类的标准,详见表 2-4。

表 2-4　我国服务创新分类研究表

作者	服务创新分类	行业	研究类型
戴延寿 (2003)	从服务运作过程划分，企业的服务创新包括设计创新、作业创新、营销创新等类型；从服务系统划分，企业的服务创新包括组织结构创新、传递方式创新、流程创新等类型；从服务管理职能划分，企业的服务创新包括核心服务创新、附加服务创新等类型；从实施对象划分，企业的服务创新包括支持设施创新、人员技能创新等类型	—	概念研究
张宇和蔺雷 (2005)	过程创新、组织创新、市场创新、技术创新、传递创新、重组创新、形式化创新和专门化创新	—	概念研究
张秋莉和盛亚 (2005)	服务创新分为突破性服务创新（创造新的核心服务）和衍生性服务创新	—	概念研究
魏江和王琳 (2008,2009)	概念创新与传递创新	金融服务信息与通信服务业、商务服务业	案例研究
徐明 (2011)	服务创新五级分类法：微型服务创新、模仿型服务创新、拓展型服务创新、越位型服务创新、巨型服务创新	—	概念研究
高顺成 (2013)	服务创新三维结构模型：创新的新颖度、创新对技术的依赖程度、创新所需资源获取的难易程度	—	概念研究

对表 2-4 进行分析可以发现，我国学者的服务创新分类与国外学者的研究是一脉相承的，分类结果仍然没有摆脱 Gallouj 等人的影响。目前，我国的服务创新研究存在的问题在于缺少案例和调查研究。

三、服务创新与产品创新分类的整合

现有的服务创新分类基于这样一个理念,服务不同于产品,因而,服务创新的分类也应该区别于产品创新。而有一些研究者质疑服务及产品的区别,认为产品不过是资源传递的承担物,交换的目的实际是得到资源提供的好处,服务也是如此。Paswan(2009)通过研究产品创新和服务创新文献编制了服务/产品创新分类表,详见表2-5。

表2-5 服务/产品创新分类表

作者	服务创新文献的定义
Booz, Allen 和 Aamilton (1982)	市面上的新产品、顾客眼中的新产品、新的产品线、对企业有挑战的新产品、现有产品线的增加、现有产品的改进
Waeelwrigat 和 Clark (1992)	突破式创新、新产品线、渐进式创新
Crawford (1997)	先驱性创新、调整创新、模仿创新
Gadrey et al. (1995)	服务产品创新、结构创新、改进创新、过程和组织创新
Avlonitis et al. (2001) Alam(2006)	市场上的新服务、企业内的新服务、新的传递过程、服务改进、服务扩展、服务重新定位
Berry et al. (2006)	提供灵活的解决方案、提供便利的设施、提供舒适的服务、友好的服务方式

Paswan(2009)的研究表明,服务创新分类或多或少与产品创新分类相似,在部分文献研究中,产品创新分类与服务创新分类基本是重合的。本研究认为,服务作为有着特殊性的产品,其创新原本就不能与产品创新完全割裂,从分类上来说,服务创新分类也不可能与产品创新分类完全不同,在某种程度上来说,其分类应该是相类似的。本研究对服务创新的分类也是从这一点出发,服务创新的分类既要体现服务的特性,同时也不能完全从服务的角度来区分,要将服务创新与产品创新整合起来看。国内外的学者均从不同角度对服务创新进行了分类,但是大多数分类方法难以区分服务创新的新颖性、服务创新的难易程度、各种分类的划分标准,等等。国内的服务创新分类类别繁多、分类界限模糊、划分标准

不一、实际操作困难。因此,如何从服务创新本质出发,体现服务产品的特点,确定统一、实际、有操作意义的划分标准是值得探索的领域。

第三节 服务创新的研究概述

一、国外服务创新研究概述

国外对服务创新方面研究的代表人物主要有 Lovelock、Barras、Gallouj 等,他们对于创新的途径、服务创新的模式等方面内容有了比较明确或相对系统的提法。其中,Lovelock(1983)提出了创新的六种途径,即主要创新、开发新的业务、开发新产品、生产线延伸、优化产品、变化形式。法国的 Gallouj(1997)提出了基本创新、提高创新等六种服务创新模式,这是较为经典的服务创新模式,他还于 2008 年进一步将服务创新的概念化框架分为三种,即技术主义或同化法、服务导向或差异化法、整合或综合法。这种对技术创新和服务创新的"整合"方法对研究服务业和制造业服务创新的一般规律有参考意义。

2001 年以来,国外学者对于服务创新的研究都是在之前研究的基础上进行的,之后的研究主要分为以下几大类,一是概念、模式、分类、内涵、机制的深入研究;二是从管理的角度研究如何支持服务创新,包括研究服务创新的过程、创新绩效管理,新服务开发的成功要素,以及新服务设计和激励;三是针对不同行业的特点,进行服务创新实践,收集案例解决服务创新的实际问题。

首先,外国学者进一步推进了创新服务理论研究。Tetaer(2001)通过对德国企业案例的研究,也认同 Gallouj 所提出的服务创新分类方法,并在此基础上提出了标准化服务的概念,强调服务的可复制性。Drejer(2004)从理论上和概念上扩展了 Gallouj 的服务创新概念和研究方法,赞同 Tetaer 提出的标准化服务概念。Vander(2002)在案例研究的基础上,从组织角度划分服务创新的类型。De Jong 等(2003)、Alam 和 Perry(2002)、Toivonen 和 Tuominen(2009)认为,无论是哪种服务创新的模式,都包括一些基本的活动和过程,如新想法的产生、评估、发展和应用过程,每个过程都与一些特定的活动相连。这些创新活动存在个性的同时又有一些共同特征,因而这些活动会因某种内在联系而相互促进产生。但是，就目前的理念研究文献来看，服务创新研究领域中还缺少公认的理论体系，包括在服务创新概念的界定、服务创新分类、研究方法等问题上并没有形成共识，因此，构建完整的服务创新理论体系是现阶段研究的重点。

其次，外国学者出现了从管理角度开展的理论研究。Menor(2002)提出新服务的开发是服务业的核心竞争力，其根据是服务创新的竞争，服务企业应深化服务创新。Greenaalga(2004)研究了如何将服务创新复制应用于卫生机构，在管理上，组织应该提供何种帮助。Mattaing(2006)指出服务创新应该注重顾客，顾客是服务创新之源。Aippel(2005)对四个不同行业的服务创新水平进行了测量，并指出不同行业在管理上应该区别对待。Patterson(2005)认为组织环境在组织效率和创新中有重要作用。Berry(2006)指出服务创新能够帮企业在营销中获得更多的市场份额，营销管理人员应该通过不断服务创新来增加企业的价值，将服务创新提高到战略的高度。Lyons(2007)则从员工的角度探讨了服务创新发展过程中的不同组织方式。就现有的文献来看，管理角度的服务创新研究还不够深入，仅停留在管理对于服务创新的支持层面，没有进一步研究具体的原因。

最后，外国学者对于不同行业进行了实践研究。Lievens 和 Moenaert(2000)在金融行业中提出沟通交流能够促进服务创新，并提出促进沟通交流的三种方式。Aippel(2001)在制造业中提出创新工具包，制造业也需要服务创新，需要了解顾客的真正需求。Murpay(2003)在旅游业中证明了 E-mail 和网络技术在顾客服务创新上的作用。Carter(2005)在公共服务行业中，从电子政务的服务创新过程中研究了服务创新的扩散和网络信任模型。Mas-Verdu(2007)研究了欧洲四个知识密集型服务企业，公司的组织结构、部门专业化和地理位置等会对服务创新产生不同的影响。Finca(2007)总结了一个英国医学界服务创新的成功案例，提出了新技术在组织中共享和传播的经验。从文献来看，不同的行业似乎都有自身服务创新的特点，但服务创新在不同的行业中是否存在普遍的规律、方法，这就需要学者们进一步研究更多的行业，收集更多的案例。

总体来说，服务创新是创新研究的一个热点，国外的研究开展得较早，理论研究基础较好，也取得了不错的学术研究成果。

二、国内服务创新研究概述

通过中国知网(CNKI)在中国学术文献网络出版总库搜索主题词为"服务创新"的文献，截至 2024 年 2 月 4 日共搜索到 4.54 万篇。我国研究者从 20 世纪末到 21 世纪初开始关注服务创新研究。本研究采用国外学者的服务创新研究分类方式,来梳理我国学者的研究进展。

首先,国内在理论研究方面,我国的服务创新研究对象最早集中于服务企业。浙江大学陈劲(2001)在《服务创新初探》一文中概括了欧盟学者在服务创新研究中所取得的成果,对服务创新的"四维度模型"等进行了全面介绍。清华大学蔺雷和吴贵生(2003)编著的《服务创新》在系统阐述了服务创新的基本概念、研究方法、重要理论模型和管理实践的基础上,新增了"服务业与制造业的互动与融合"内容以及五个典型的国内服务创新案例,并分别对服务创新研究方法和服务创新的四维度模型进行了更深入的分析。王甜和钟宪文(2005)指出,技术、需求、竞争和政策对服务创新有着至关重要的影响,他们的研究依然是在 Sundbo 和 Gallouj 的驱动力框架下进行的。东华大学的徐明(2011)从企业(组织)的角度给出了服务创新的定义,认为服务创新指创造或引入一种新的服务,这种服务与本企业(组织)目前所能提供的服务产品相比较而言,具有新颖性。徐明(2011)团队总结出了服务创新的九条规律,并提出了针对服务创新的五级分类法,这是目前较为深刻的认识。浙江大学的魏江(2007)在《知识密集型服务企业创新范式》一书中提出,服务创新有三个阶段,分别为概念阶段、发展阶段和引入阶段。纵观国内关于服务创新影响因素的研究,学者们基本上还是基于 Sundbo 和 Gallouj 的"服务创新驱动力模型"的分析框架,并且绝大多数是以定性的、规范式的研究为主,很少包含实证量化的数据分析。

其次,国内在从管理角度出发的服务创新研究中,项保华(2002)提出顾客价值创新的概念,认为顾客价值创新是企业获得竞争优势的源泉。项银仕(2001)提出企业创造和扩大顾客价值的六种价值创新机制。顾客价值是评价创新绩效的有力指标之一,服务是创造顾客价值的源泉,因此,检验服务创新是否有效,可以参考其对顾客绩效的作用。

最后,国内对于不同行业实践案例研究的文献较多。例如,国内学者对制造业企业、知识密集型服务企业的服务创新活动也展开了探索性地研究。吴贵生和蔺雷(2011)对我国旅游企业的"服务增强"进行了实证研究。魏江(2007)系统地研究了知识密集型服务创新的特征、组织形态、创新过程等问题,提出了知识密集型服务企业创新的范式,颇具新意。李恒光(2002)专门针对金融行业研究了服务创新对顾客关系的影响作用,认为服务的竞争是金融行业竞争的根本点,顾客状况的变化是金融行业服务创新的主要推动力,顾客知识水平、服务要求不断提高以及自主选择权不断扩大会促使企业不断寻求创新以赢得顾客青睐并占据市场。李飞(2010)实证研究了商场的服务创新驱动力、影响机制和创新过程。徐明和梁光雁(2011)研究了如何在现代制造业中进行服务创新以及影响服务创新动力的因素。另外,在教育、保险、图书馆、高科技企业等方面也有较多丰富案例,这与国外学者的研究略有不同,同时,公共卫生方面的研究涉及不多。

整体而言,国内的服务创新研究起步较晚,前期的文献主要以介绍国外研究成果为主,后期逐渐结合中国企业的特点,对服务创新在概念、管理、分类等方面提出了自己的一些见解,目前国内学者对服务创新的研究几乎与国外同步,在研究不同行业的服务创新特点上也涉足广泛。

三、服务创新研究发展趋势

服务创新研究的趋势:从理论的角度深入服务创新研究,如创新能力、创新价值等;从管理的角度深化服务创新研究,如顾客知识管理;从高新技术发展的角度深化服务创新研究,如大数据、人工智能等;从公共卫生的角度深化服务创新研究;从现代服务业及其他不同行业的角度深化服务创新研究。

四、服务创新研究评述

根据上述服务创新相关研究分析,可见学术界对服务创新并没形成统一而明确的概念,国外学者的定义大多从熊彼特在创新概念的基础上,结合服务创新的特点进行扩充,分别从顾客、企业和创新活动范围等方面对服务创新进行界定。概括来看,国外学者对于服务创新的定义都离不开与服务相关的服务创新和服务业创新,我国学者对于服务创新的定义研究大多也是从这两方面展开的。

对于服务创新的分类,学者们难以形成较为一致认可的分类标准。Gallouj和Weinstein(1995)将服务创新分为突破式创新、渐进式创新、特定情景的服务创新,这一分类标准被引用次数最多。此后,Djellal和Gallouj(2004)及Devries(2006)也在这种分类基础上对服务创新进行了分类。在此基础上,学者们对突破式服务创新进行了一系列的研究,这说明学者们对这种分类方式接受度较高。基于Sundbo(2003,2007)分类标准的研究也相对较多。

对于服务创新,国内外学者的研究都有较大的进展。首先,在理论研究方面,国外学者在服务创新领域的研究较早,并取得了突破性的进展,2001年以来,国外学者对于服务创新的研究都是在之前研究的基础上进行的。国内学者对服务创新的理论研究大多基于 Sundbo 和 Gallouj 提出的分类标准和模型。其次,在服务创新多元化、复杂化的发展趋势下,国内外学者对不同背景下创新活动的参与者进行了不断深入研究,尤其是在顾客参与服务创新的管理研究方面。最后,针对不同行业进一步深化服务创新研究,在国外学者研究的基础上,国内学者结合我国背景和行业特色进一步探索了服务创新。

第三章 旅游业服务创新影响因素与驱动力模型

第一节 服务创新的影响因素分析

服务企业创新与诸多因素间存在影响因素与关联性,例如技术、政治、文化、社会以及制度,等等。随着市场竞争的不断加剧,不确定性随之提升,要想在实现创新的同时获取更大的成功,就应当进行战略环境的扫描,以及企业优缺点的研究与分析。

在实行创新服务之前,服务企业对自身所处环境的认知主要涵盖内外部两个方面。就外部环境而言,自身条件的改变,可以直接影响到企业发展,利用扫描分析预测形式,能够实现内外部环境变动情况的适应。换言之,服务企业通过对内部控制因素与外部不可控因素的研究来进行机会的挖掘,并寻找到威胁及风险因素,这可以对环境做出明确认知,企业依据创新要求对内部可控因素做出调整,再加上外部机会的使用,可以实现风险最小化以及机遇最大化效益。

一、企业外部因素

(一)政治及法规因素

对于服务创新环节来说,服务企业是需要对各类环境影响因素进行考量的,例如行业管制规则、法规体系与政治环境等。除此之外,企业还应当进行法规环境与宏观政治的全面扫描,例如法规体系与政治认知、环境变化动态与趋势的掌控等。只有这样,服务企业才可以对潜在限制挑战与条件做出约束,并在此基础之上完成与实际情况相符合的服务创新方案设计。举例来说,由于知识经济的不断进步与发展,知识的竞争性与重要性皆有所提升,服务业在"知识产权"要素与服务创新间的影响性不断加大,当前,服务业正在对知识产权保护机制范围进行扩张,如商标权及专利权等,这种发明是无法被竞争者学习和模仿的。

(二)经济因素

从服务企业的创新活动方面来说,经济环境对其存在着较大影响。国家以及地区的实际经济状况能够直接对服务企业创新动力与水平产生影响。对于经济发达地区而言,企业创新动力相对较强,其创新水平也能够因此得到提升。除此之外,经济环境的现状在市场购买力与需求情况方面也存在决定性作用,就服务企业的创新动力来说，经济环境同样对其产生影响，所以，服务企业在创新方案的制定方面，需要对经济环境实行监控与预测。

（三）金融因素

社会宏观金融环境与服务企业创新战略间存在着极大的关联性，好的金融环境能够提供企业融资渠道。现阶段，受到全球金融危机环境的影响，服务企业需要积极面对挑战，应利用多元化形式扩展融资渠道，为企业发展寻找到合适的出路。

（四）竞争因素

当前，服务企业面对的压力较多，且繁杂，如消费者需求变化、供应商竞争压力、企业同行竞争压力等。服务企业需要对各类竞争因素进行充分考量，并在此基础之上实施有效措施与方案。

（五）市场因素

市场因素、创新动力和可能性间存在着一定关联性，前者能够对后两者产生决定性影响，同时推进企业创新进程与发展。对服务企业来说，除了需要对国内市场进行考量，还必须对国际市场的当前发展趋势进行分析。随着信息技术的不断进步和发展，人们的外联水平有所提升，时空上的约束也不断减小。现阶段，在世界范围内寻求资源合理配置以及市场，已成为所有企业发展的主流。在企业看来，这种市场环境的改变，既存在优势也存在着弊端，前者是好的发展机遇，后者则是发展上的挑战，企业要想保证创新，就必须对市场进行分析与准确定位。

（六）技术因素

当前科技发展迅猛，技术发展与替代速度呈现出了不断加快的趋势。由于服务业中应用技术种类的多元化，技术所带来的创新越来越多。技术的使用与发展对服务业的多方面产生了影响，例如预测决策水平、服务运作以及经营管理等。除此之外，微观企业竞争力与经济效益也都可以得到提升。对于计算机技术来说，它之所以能够实现服务创新在技术方面的支撑，是因为存在多方面原因与功能。

（1）在服务智能化与自动化方面，计算机技术是有所保障的。结合计算机硬件资源、数据库以及软件，能推进与完善服务运作流程中的自动化与智能化发展。

（2）随着互联网技术与多媒体技术的不断发展，竞争虚拟化以及销售全球化有所实现。企业可以通过互联网的开放性与国际化来进行全世界范围内的扩张。其营销模式也会逐渐转变，以原本市场为导向的模式被淘汰，以新型顾客为导向的模式成为主流。在互联网基础之上发展而来的电子商务同样推动了企业竞争领域的扩张,虚拟空间的竞争领域逐渐被涵盖到企业范畴之中。

(3)网络技术的不断进步与发展,实现了服务市场的超细分化与易进入性。服务企业通过网络技术能够实现市场需求的深入细分,便于定制合适的企业服务,并在动态性、快速化及个性化等方面有所保障,企业能够因此获取更多利益。通过网络技术的应用,企业在市场信息容量方面也会有所改变,进入市场的可能性会提升,单单就行业而言,企业间的竞争会愈发激烈。

(4)就商务活动而言,网络技术能够对其电子化与数字化进行推进。利用管理信息系统、企业内部网以及电子商务系统来进行企业各机构间的整合,并通过企业外部网来拓展企业内部网的功能,如此,企业商务活动在无纸化、数字化与直接化方面也就得到了保障。

(5)就信息技术而言,它能够对企业组织结构产生影响,使之愈发扁平化。信息技术的使用,可以提升组织外部环境变化能力与组织生产能力,且能提高企业各机构间的交流协调水平以及组织的运转灵活性。除此之外,信息化还推动了组织职能一体化与分工综合化的发展,原本的金字塔式结构逐渐改变,且被扁平化替代,实现了新组织结构体系的优势,实现了管理信息下达流程的简化,如此,组织效率得到了提升和保证。

(6)就电子信息技术而言,它可以在服务决策与管理方面进行推进,尤其体现在网络化和智能化两个方面。企业通过各类电子信息技术的应用,例如专家系统、管理信息系统、决策支持系统以及快速反应系统等,能够实现管理信息的智能化与自动化处理,保障企业管理的合理性。

(7)社会因素对顾客需求以及服务市场的变动具有较大影响力。因此服务企业在进行服务创新战略制定时,需要对社会因素进行考量。

(8)集群和创新网络因素。出于应对激烈市场竞争的考量,服务企业不断寻求合作企业,并以此实现集群与信息、知识方面的共享。在服务企业创新之中,最为核心的部分就是信息与知识,且来源较为多样化,例如竞争者、供应商以及顾客等,因此,学习知识与构建信息网络具有必要性。可见,服务企业实现集群和网络创新存在一定的意义与价值。

二、企业内部因素

(一)企业整体方案和目标

对于这一部分的规划而言,它需要对服务创新方案进行涵盖,因此,企业制定方案时，应当对自身长期发展目标有所考量，以实现整体方案目标与新方案目标的统一。

（二）企业资金情况

对于成功创新而言，主要存在两方面的必要条件，一是资金十分充足，二是管理水平较高。因此，企业需要结合自身实际情况，通过多种方式与手段，以提升资金管理能力与融资能力。

（三）企业人力资源情况

在服务企业的创新流程中，人力资源有着重要的作用。企业需要利用培训、激励及招募等形式，提升员工各方面的素质与水平，如此，创新战略的形式也可以得到保证。

（四）企业设备

服务企业应当有所创新，且需要对当前服务设施在创新战略目标中的完善情况做出考量。

（五）企业文化与品牌

从服务创新活动的角度上来看，企业文化存在着一定影响力与作用。就服务品牌的建设而言，企业在各发展阶段中皆有所涉及，且应当要关注以下四要素：一是服务创新战略；二是服务创新组织；三是服务概念创新；四是顾客关系平台。从品牌建立的角度上来看，企业需要在创新与服务方案的基础之上建立品牌，且在品牌的维护方面，应当要实现服务水平上的提升。

（六）企业运作模式

服务企业利用当前营销方式、生产方式与传递方式，可以满足创新方案需求。

三、顾客因素

服务企业除了要对外部环境因素进行考量，还应当将顾客当成是独立影响要素进行分析。顾客在服务企业创新过程中，充当着内外部两种角色。扫描服务企业的内外部环境因素可知，消费者（顾客）一直属于核心部分。有关顾客因素的扫描共涵盖了三方面内容，具体是：一是消费者自身特征的研究与分析，例如个人喜好、收入情况以及年龄构成等；二是消费者需求变动情况的追踪；三是有关消费者需求未来改变情况的预测。无论是什么服务企业，都应当要遵循"顾客导向"原则，该原则同时也是活动的归宿与出发点。所以，进行消费者分析与各方面检测,也是创新活动基本考量因素的代表,它能够对服务创新成效产生影响。

四、不同类型企业的服务创新驱动因素分析

(一)技术密集型服务公司的创新驱动及影响要素

技术密集型服务业实际上就是软件业与信息服务业的总称,这两者同时也是现代服务业的典型代表,就该类服务企业而言,创新就是发展动力。在软件业等类别的服务企业的发展历程之中,共存在两次重大行业重组兼并活动,发生时间分别是 2006 年与 2007 年,在此之后,抛却过去模仿创新以及合作创新模式的企业不断增加,自主创新开始成为主流。该类企业的创新环节大致分为以下几点:其一,企业家在受到相应驱动力因素影响之后出现新的创新思想,并利用市场研究挖掘市场中的空白点,交由组织技术人员实行创新;其二,在市场中进行新服务产品与技术产品的投入,以此实现更好的效益。此创新模式可划分为三大时期,且在对应的创新驱动因素上有所差异,具体如下。

第一时期,创新初始时期。在此时期中,企业重点对市场创新空白点进行挖掘,并以此判定是否开始创新行为。其中,企业家就是创新的动力所在,在创新环节中,共存在三点关键影响要素,一是市场信息,二是技术信息,三是企业家的精神。对于技术信息而言,最主要的技术来源就是专利技术,现阶段,世界上申请的专利,每年约为一百万件。就企业家的创新行为而言,在技术信息源搜寻、专业企业家精神及市场敏锐嗅觉方面皆有所涵盖。

第二时期,创新开发时期。在开发流程中,创新战略就是最为关键的影响因素。在企业家利用市场调研获取技术源之后,实行的企业长期技术创新战略,就称之为自主创新战略,这同时也是企业发展的重要指导思想。就软件而言,最为重要的创新选择就是自主创新战略。现阶段,我国在自主创新方面的提倡力度不断增加,企业自主研发愈发强化,具备实力的企业需要通过此次机会加大研发力度,推进技术以获取生产成果。如果服务企业竞争力相对较弱的话,就可以选择应用模仿创新形式。除此之外,企业还能够利用和高校间联合的方式来创建研发机构,同时实现高校中创新人才的吸纳。

第三时期,创新执行时期。在最后流程中,存在诸多创新影响因素,除企业外部环境因素外,内部因素方面同样有所涉及。良好的组织结构是保证企业信息顺畅的有效途径,降低了创新阻力,创新者的热情与积极性能得到调动。除此之外,大规模企业还可以设立专门的研发机构,确立创新目标,以此实现核心力

量的提升。

(二) 网络密集型服务企业的创新因素

网络密集型服务企业在关系网上的依赖性就是其最为主要的特质,除此之外,交通网以及信息网也都有所涉及。该类企业在经营环节中,较为核心的部分就是成本的降低,以及服务水平的提高。现阶段,市场经济呈现出迅猛发展的状态,竞争也愈发的激烈,单单依赖成本的降低,已经没有办法满足企业的发展需求,服务水平的提高将成为主要方式,且必须对创新有所涵盖。网络密集型企业服务创新存在诸多影响因素,如法律条例的完善等。除此之外,在企业竞争力的维持和创新方面,人力资源也是极其重要的因素之一,特别体现在网络密集型服务业人才的需求与供应问题之上,在行业竞争力方面,激励机制与人才引进机制的建立与完善,存在着极大的现实意义与价值。

(三) 劳动密集型服务企业的创新因素

从高科技技术依赖程度的角度来看,依赖程度最小的当属劳动密集型服务企业,对传统的劳动密集型行业来说,企业员工学历方面的要求相对较低,例如家政服务业以及娱乐业等,其重复性体力劳动能够满足行业的发展需求。此类别创新因素中,顾客需求占据了核心地位。除此之外,消费心理也是创新的关键动力之一,就从业者而言,他们多以结合顾客需求来进行自身工作手段与方式的转化。所以,企业需要完善顾客调查机制,并通过奖励形式,激励顾客表达真实意愿。除此之外,还应加大员工培训的力度。

(四) 知识密集型服务企业的创新因素

现阶段,有关知识密集型服务企业创新因素的研究与分析相对较多。比如,学者申静提出,由于知识性服务业的不断进步与发展,外部因素的重要性也有所提升,且消费者就是主要驱动力。但是对内部驱动力而言,各类要素的重要性程度变动却并不明显,各因素职能发挥均存在着一定的稳定性。另外,学者彭颖舒与叶小梁构建了"知识密集型服务业创新要素沙漏模型",并提到,在知识密集型服务企业之中,共存在三点重要创新因素,其一是内部体系,其二是人力资源,其三是外部联系。

要想了解此类别企业服务创新的影响因素,第一步必须要对企业特征有所认知与获取。知识密集型服务业存在着重要的信息来源与知识,如报告、咨询以及培训等,企业会依据专业性知识完成顾客生产流程和提供中介服务。所以,对知识密集型服务企业而言,需要了解多方面内容,尤其体现在组织结构与必备技术要素两大方面。对知识密集型服务企业自身来说,知识共享环境的创建是极其关键的,需要结合以知识为主体的价值观,来实现员工经济效益的合理转化,促进组织成员进行经验与相关知识的交流和共享。就该环境而言，最为核心的部分就是保证组织结构的宽松度，因此，扁平的组织结构更加合适这类企业。当然，除知识共享外，各机构间还需要对知识输入、转化以及输出进行统一性协调。对知识密集型服务企业来说，最初的流程就是知识输入，且必须利用相关机构实现新知识的搜寻与获取。除此之外，这类企业在创新方面还存在的一大动力就是顾客需求，知识密集型企业对应的消费者有两大类，其一是企业，其二是顾客。前者想要进行创新方案的执行，就需要对消费者需求的变动情况有所了解，并结合新方式与服务，满足消费者的需求和服务。从顾客需求的变动情况来看，消费者市场是需要实行监管的，只有如此，战略创新才可以得到引发，再加上创新性思考，最终实现对消费者实际需求的理解，并提供新服务以及开发新产品。总而言之，对于知识密集型服务企业来说，创新流程中的核心部分就是顾客需求，且在知识流动形式、组织结构以及技术因素等方面皆有所涵盖。

第二节　服务创新的驱动力模型

一、服务创新基本驱动力模型

20世纪90年代中后期，学者Sundbo与Gallouj对欧洲多个国家的服务企业进行了调研和分析，同时结合了多种驱动力，并在此基础之上构建了基本驱动力模型，就此模型来说，主要研究对象是单个企业，在驱动力方面是存在着两类划分的，其一是内部驱动力，其二则是外部驱动力，两者皆存在着对应的影响因素。具体模型内容如图3-1所示。

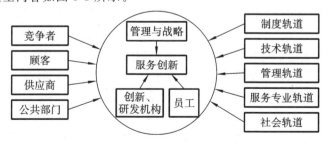

图3-1　服务创新的驱动力模型

(一) 内部驱动力

学者 Sundbo 与 Gallouj 提出,就服务创新活动而言,其主要推动力源自企业内部,也被称为是内部驱动力,由三方面构成,其一是企业管理与战略,其二是创新机构和研发机构;其三是员工。也可以认为,企业内部创新实际上是来自企业创新意识指导基础之上的管理与战略制定的流程。这里需要重点提及的是,服务企业存在研发机构的情况相对较少,但也存在专门收集创新想法与构思的机构。

1. 企业管理与战略

在企业战略规划环节中,最为关键的部分就是创新,创新能够对企业竞争力进行优化,并树立良好的消费者形象。现阶段,依据战略驱动实行的创新活动就是企业创新的核心方式,且存在着一定的系统性特征。除此之外,管理也是影响较大的一项驱动力。就后者而言,它对于创新的激发是建立在顾客需求以及市场变动情况基础之上的。

2. 创新机构与研发机构

对于服务企业来说,创新机构实际上就是一个沟通机构,创新产生存在着相关效力,且具备一定的形式特征。就创新机构而言,它主要进行的就是从企业内部诱发并且取得创新,并以此产生了创新活动,然而这并不属于核心驱动力。除此之外,从服务企业方面来看,正式的研发机构并不多,这点与旅游企业间应当是完全相反的,其活动形式多属于创新概念测试等内容,创新思想是来源之一,且与创新生产之间有所关联。无论效力发挥的程度如何,服务企业的研发机构以及创新机构都在服务创新流程之中。

3. 员工

在服务创新环节中,消费者和员工之间存在着相应交互工作环节,因此,员工也就属于内部驱动因素之一,且存在着相应的价值。对于服务创新环节来说,员工起到的作用是十分重要且独特的,除了要提供企业创新思想来源,还必须作为企业"内部创新企业家"来推动创新产生与发展。在消费者和员工的交互流程中,消费者需求能够得到直接反映与体现,所以,大量创新思想也就得到了激发。除此之外,员工还可结合自身创新经验及知识,来提供有价值的创新思想,这是十分关键与重要的。

(二) 外部驱动力

服务创新的外部驱动力可划分为两大类别,其一是轨道,其二则是行为。

轨道,实际上就是专业范畴之间的某种准则以及制度规定,可以在社会系统之中进行概念与逻辑内容的交互和传播。轨道属于外部驱动力范畴,可对企业产生影响与作用力,并令企业在轨道限制条件之下进行创新。对于服务企业的创新活动而言,会存在多方面的轨道限制,例如管理轨道、技术轨道、社会轨道、服务专业轨道等。就管理轨道来说,实际上就是一种创建在新组织形式以及管理理念基础之上的管理定义、服务管理以及激励系统等。再比如社会轨道,其与技术间并非是相互适应与匹配的,轨道间并不存在独立性质,但它们能够互相影响与作用。

行为,实际上就是服务的外部相关者,或是组织,或是个人,例如公共机构、竞争者及消费者等,皆属于对企业服务创新产生激发功能的因素。对行为者来说,最有影响力的驱动因素就是消费者,其原因在于,消费者是创新思想与信息的根本所在,是创新活动流程中的参与者以及创新行为中的检验者。除了消费者,影响力最大的当属行为者,竞争者的创新行为是可以被企业进行模仿与创新的。在创新活动方面,思想创新以及推进的主要因素就是供应商。在各项因素之中,公共机构产生的服务创新活动影响力是较小的,它能够利用服务企业的经验以及知识的提供形式来实现创新与发展,并利用管理方式与措施推动创新的发展。

就服务创新的各类驱动因素来说,在重要性方面并非稳定不变,由于服务自身因素影响及信息技术的发展,创新势必会随之提升,所以就外部驱动力范畴而言,服务专业轨道以及技术轨道并不仅仅属于创新机构,在传播方面亦是如此。除此之外,服务企业还需要利用导向特征的确立形式,来明确顾客需求计划之上的导向特征,保障"顾客"核心外部驱动要素的位置。"战略和管理"与"员工"都属于核心推动力,而"创新与研发机构"相对较弱,这也是服务业和制造行业最大的差异所在。整体上来说,服务企业创新活动愈发系统化与规范化,在把控外部驱动力以及内部驱动力方面,其核心是服务创新方案的制定。

二、服务创新模式

(一)研发模式

在服务创新流程中,传统和新型工业模式基础之上的演变以及发展形式就称为研发模式。当前,研发模式在服务经济行业中的应用率相对较低,但在信息服务行业与有关领域中,已经实现了较为广泛的应用与推广。

基于传统工业模式而发展的研发模式,实际上就是创建于技术轨道基础之上的一种创新模式,该模式的核心部分是技术,同时与消费者需求进行了结合,进而实现了对研发机构创新结果的完善。在新工业模式时期,由于产业的分工细化以及市场需求的不断增加,服务专业轨道已经逐渐成了创新流程之中十分关键的一项推动力,消费者创新活动的推动功能得到了极大的提升,并对内部创新动力因素产生直接性影响,例如战略、管理以及研发等,企业研发模式随之演化,且与创新工业模式相适应。

在新工业模式中,服务的专业轨道和技术轨道与创新活动间存在着紧密联系,主要体现在不平衡性与动态性两个方面。一旦服务、应用技术与产品传递流程发生融合,构建出"产品"之时,其应用技术变动的稳定性也会得到增强,即技术轨道趋于相对稳定阶段,但是服务传递流程与产品的特征会出现变化较多的现象,并且造成服务专业轨道与技术轨道在服务创新活动方面的影响,其不平衡性也会有所强化。

(二)服务专业模式

在服务专业模式下,专业知识型服务企业的竞争力较为强劲,且可以在多类领域中对企业问题与服务咨询提供方案。对服务专业模式而言,无论是创新框架还是结构都并不稳固,创新轨道属于服务专业范畴,无论是怎样的专业服务,都势必会直接影响到创新结果与流程。除此之外,在创新流程中,专业创新模式会通过服务专业方式与模式来实现创新的推进。服务专业模式也被称为"Top-Top"抑或"Bottom-Bottom"模式,它具有一定的灵活性特征,能够针对市场变化情况迅速产生反应,另外,受到该模式与员工个体间关联性的影响,创新流程中的风险可能会提高,且没有项目支撑平台。服务专业模式如图3-2所示。

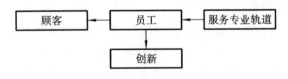

图 3-2　服务专业模式

就服务专业模式的创新环节来说,创新水平以及主要驱动力均受到服务轨道个体水平与专家性意见的影响。对于创新而言,最为核心的就是顾客界面,因此,针对顾客进行的专门创新同时也是服务专业创新环节的重要工作。顾客界面创新、销售以及生产几乎是同时出现的,可以结合顾客问题提供标准化与规范化的解决方案,保证服务专业模式优化。

(三)组织管理创新模式

在服务领域中,十分典型的就是组织管理创新模式,该模式在大型服务供应商方面使用得较多,但是随着时代的发展,开始尝试这一模式的新兴小型服务企业不断增多,且创新成效显著。

组织管理创新模式共存在三方面内容,其一是企业创新结构;其二是创新战略;其三是政策与制度环境。在组织内部,实际上是不存在研发机构的,创新想法多来自员工的共同努力,且该流程的组织形式具备一定的灵活性特征,通过专业创新团队实行具体的检测、管理与相关操作,在生产机构与营销机构主体基础之上,开展市场开发活动,在此流程中,核心部分就是营销机构。组织管理创新模式中的内部与外部驱动力,几乎都与创新有所关联,然而战略与管理因素却能对营销产生主导性,且能够利用调节与控制的方式,明确创新目标。组织管理创新模式如图 3-3 所示。

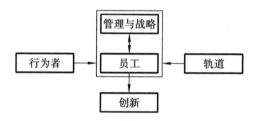

图 3-3　组织管理创新模式

在该模式中,创新策略因素范围相对较广,且涵盖内容多,例如组织结构、生产管理及市场营销等,无论是什么创新策略,都建立在企业战略与管理基础之上,且可以影响未来的潜在消费者。另外,系统中的各个创新轨道间也存在关联,例如服务专业、制度以及管理等。

(四) 企业家模式

该模式比较适合小型服务企业,且不需研发机构,通常来说,该类企业都是发展在创新活动基础之上的,主要从事的是创新初期服务产品的销售工作。由于创新活动的不断进步和发展,企业在原本的创新上增加了服务活动,例如汽车、家用电器与计算机等行业。

对企业家创新模式来说,无论哪一类别的服务行业的创新活动都是适用的,且皆建立在根本创新的基础之上,涵盖的创新轨道内容极其多元。当前,新兴服务企业已经逐渐成了服务领域中的一大主力,然而这并不表明企业家模式能够广泛应用与发展,其原因在于,大部分企业并不存在根本创新,例如零售业以及批发业等。

(五) 工匠模式

对服务企业来说,服务专业轨道以及技术轨道都与之相互影响与作用,然而取得的成效却相对较小。所以,在工匠模式中,并未对轨道因素产生的影响进行考量。

工匠模式在运作性能相对较高的服务行业中使用率较高,例如酒店业、餐饮业以及清洁行业等。对这类服务行业来说,是不存在专业研发机构的,且在服务创新方案方面较为缺失。所以,这一类别行业的企业大多有着保守性的特征,大部分在原有轨道基础之上实现发展,而不存在创新性特征。企业创新的产生实际上是要通过学习流程实现的,服务的行为人与参与人皆属于创新外部动力因素。

(六)网络模式

网络模式对多种服务行业都有所涵盖,例如金融业、物流业与旅游业等。一般性网络企业建立在这些成员企业的基础之上,利用网络企业的创新活动与目标,来实现成员企业的创新目标。

成员企业需要对创新活动、参与者及轨道关系进行定位。就网络模式而言,是存在着研发机构的,然而该机构却并不实行任何具体且实际的研发项目、活动。网络模式的结构同时也对其导向性有所影响,在该模式中,供应商与顾客间存在一定的分离性或者相对独立性,也就是说,顾客与供应商是没有联系的。网络模式如图 3-4 所示。

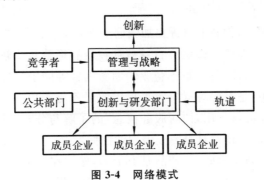

图 3-4 网络模式

三、服务创新的整合模型

现有的服务创新模式虽然种类较为多元,但却无法实现对全部的服务企业创新进行维护与辨别,所以必须要由研究者们进行整合概念模型的构建,除了需要对服务机构有所适应,还要涵盖提供服务功能的其余机构。20 世纪 90 年代末期,"四维度模型"诞生,其提出者是学者 Bilderbeek 等人。相关实践表明,该模型能够对所有服务创新内容维护进行涵盖,且可以指导实际服务创新项目。

就实际来看,创新并非是由单一因素影响与构建。"四维度模型"的整合是基于多项因素共同作用的,且对结构化形式有所应用。无论是哪一项创新,都可以当作模型之中的一种组合。具体模型内容如图3-5所示。

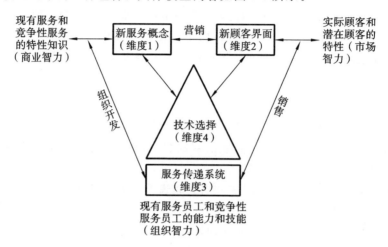

图 3-5　服务创新的四维度模型

（一）维度1:新服务概念

对于服务业而言,创新的目标更加偏向于理解某一问题方式与概念,且具备一定的无形性特征,即便一些服务自身就存在着有形要素。新的服务特征和有形物质间不存在关联性,所以服务企业的创新也就等同于"概念化创新"。服务企业在创新环节中,是需要对竞争对手提供的服务与产品以及顾客需求进行考量和了解的。企业能够利用对"新服务概念"的了解与分析,结合顾客需求变化与服务创新等模式,实现对自身商业潜力的挖掘。

对于制造业创新流程而言,产品是有形的,然而在服务领域之中,创新却大多属于无形类别,也并非实体物品,究其根本,就是提供解决问题的新方式与概念。所以服务创新在某种程度上来说等同于"概念化创新"。

在"新服务概念"开发流程中,服务企业要对部分基本问题做出明确解答。例如:企业需要通过怎样的产品来吸引新顾客?怎样对服务进行传递?竞争者需要提供什么类别的产品?这些均属于"新服务概念"内容。此概念创新属于市场驱动类别,企业可基于创新来源的分析与市场需求的扫描来挖掘创新来源。从"新服务概念"维度来说,企业提供服务具有相关要求,且在竞争者的服务提供方面,需要做到准确了解与认知,特别体现在创新特征的把控方面。在"新服务概念"认知基础之上,服务企业能够不断结合顾客需求以及市场变动情况来对原有服务进行改进,并由此实现"商业智力"的构建。

"新服务概念"维度和其余三个维度间存在着紧密的关联性。这一概念创新的基础就是新技术机会，除此之外，在新服务生产流程上也有所涵盖。

（二）维度2：新顾客界面

对于服务创新而言，顾客界面设计就是第二个维度，例如顾客交流形式、合作形式以及服务提供形式等。在现阶段的服务创新研究领域中，对顾客界面实行研究与分析成为新的焦点，然而从大规模生产制造业的创新研究环节角度上来看，学者们大多会忽视顾客、企业与供应商间的交互功能。

从某种程度上看来，顾客在服务生产流程中占据了重要的部分，尤其体现在为顾客提供最终服务环节之中。当前，创新的主要来源就是顾客与服务提供者间的交互与沟通。对于并不存在显著特征，且容易被取代的服务与产品来说，最为核心的就是顾客和服务提供者间的界面，除此之外，新顾客交互作用模式的不断研发也是极其关键的。要想实现创新，首要条件就是获取企业潜在用户与实际用户的信息。

在顾客界面中，顾客和企业间的交流形式是有所偏向的，另外，在服务传递给顾客的形式上亦有所涉及。受到服务业顾客需求导向的因素影响，企业对服务传递与生产流程的参与度不断增加，因此顾客界面也逐渐得到关注。举例来说，银行ATM的诞生改变了企业和顾客的交流合作模式，使企业业务能够直接展示在顾客面前。大体来看，银行ATM属于顾客和企业交互形式上的创新。除此之外，大规模财务管理系统与电子数据交换等也都属于顾客界面的主要创新案例。

在顾客界面的设计过程中，需要对服务企业的基本问题进行考量，例如企业潜在顾客的挖掘，以及如何和顾客进行沟通等。企业要想创建良好的顾客界面，首先要回答的就是上述问题。

现阶段服务与产品的提供在顾客导向方面极具偏向性，顾客在服务传递与生产流程中的参与度得到提升，顾客界面愈发关键，这也是服务业普遍存在的情况。然而，这同时也带来了相应的问题和弊端，例如，不断增强的顾客化造成了创新绩效测度难度的提升等，这些都需要深入分析与探讨。

（三）维度3：服务传递系统

进行新服务产品传递与生产的组织被称之为服务传递系统维度。此维度在服务企业的内部组织安排上是具有偏向性的，换而言之就是利用合理组织协调、管理及安排，令员工有效执行工作，同时开发并提供创新服务产品。与服务传递系统维护存在关联性问题的共有两个方面，其一是如何推动员工实现工作化及服务产品的传递，其二则是如何进行员工授权。

对服务传递系统维度而言,完善现存组织结构和提高现有员工水平,并与新服务开发需求相适应,是核心所在。假设无法适应的话,就采用员工能力培训及组织结构设计等方式,实现创新的推动与实施。服务传递系统维度和顾客界面维护间存在着一定关联性和影响性,尤其体现在两个部分。第一,管理应当要进行绩效创建与标准的输出,消费者能够对自身获取的预期服务有所确信。员工和消费者间,内部组织和传递方式之间皆相互影响,且能够交互和扶持。举例来说,在商业流程之中引入电子商务需求,在商业流程的重组上,是存在较高要求的。这除了可以对实际商务交易形式进行改变之外,在交易前后流程方面亦有所变更,且能够影响到员工与内部组织的能力和水平。第二,出于对顾客满意度获取的考量,一些专业服务企业应当进行员工授权,如此,员工的创造性也会得到提升。从员工授权方面来看,服务传递系统维护最为关键的就是组织,特别体现在专业性服务方面。利用合理授权形式,可以提高员工的灵活性,还可以保障创新效率的提升以及活动的顺利执行。

(四)维度4:技术选择

服务创新能够在缺乏技术参与的条件下出现,出于对此方面的考量,我们可以得出,在服务创新方面并不是只有技术这一个关键维度。但即便如此,技术在创新环节中的重要性也是无法忽视的,技术创新与服务创新间有着极大的管理性,技术创新的优势在于能够对服务流程的人性化与便捷性进行提升,大部分服务能够利用技术实现效率的提升。

服务创新存在诸多特定机构技术,尤其体现在环境服务的检测与清洁系统技术方面。这些特定机构技术与特定服务机构之间存在着相应的关联性。当前来说,一些技术已经实现了较为广泛的应用与普及,ICT(Information Communications Technology)就是如此。ICT可以处理多类别服务机构之中大量的信息工作。学者们提出,服务创新最为核心的推动力就是ICT,此类观点中,影响力最高的就是"逆向产品周期"理论,该理论诞生于20世纪80年代中期,是由学者Barras提出的。该理论认为,在创业流程中出现的创新,实际上是基于信息技术的吸收与应用。然而从本质上来说,服务并非全部属于"应商主导型",更多的是服务企业引入技术之后实行其余创新活动的现象。

只要是服务创新,就必然对四个维护内容有所涵盖,新的服务同时也表明新服务理念的提出与新服务交付系统的研发,在运动工作形式和消费者关系改变的基础之上,实现信息技术的运用。对于具备创新意识与认知的服务企业来说,第一步就是维持对市场与竞争对手的敏感性,且在自我方面需要具备一定程度的明确认知。在此条件之下,只有利用和消费者间的接触,了解顾客要求及特征,才能最终实现管理模式以及组织结构的调整,为新服务的诞生提供保障依据。

第三节 旅游业服务创新影响因素分析

许多学者经过研究都认为不同行业部门的服务企业会呈现出不同的创新行为。Tetaer(2003)对零售贸易业、运输服务业、金融服务业、计算机服务业以及技术服务业五个服务部门的服务创新模式进行了调查。研究结果显示,服务部门在创新程度及创新活动参与度方面存在较大差异。Camacao 和 Rodriguez(2005)进一步提出了具有不同创新度的三大类服务部门,他们提出,致力于从事研发、软件以及其他计算机活动的服务企业具有高度创新性;从事电信、金融及其他商务服务的服务企业具有一般创新性;从事批发、交通及公共服务的服务企业具有低创新性。学者们对服务创新的研究更多来自关注某一特定行业的创新模式,主要集中在金融服务、知识密集型服务、电信及信息服务、公共/卫生保健服务四个部门。从某种程度上来说,旅游业是一个综合服务业,包括食、住、行、游、购、娱等元素,兼备知识密集型服务和劳动密集型服务的特点,因此,旅游服务创新有其自身的特点。本节以扎根理论方法为主要研究方法,将深入分析旅游业服务创新的影响因素。

一、基于扎根理论的旅游业服务创新影响因素分析

本节研究采用质性研究方法,具体的质性研究指导理论来自扎根理论。扎根理论最初的目的是帮助发展社会学理论,特别适合对微观的、以行动为导向的社会互动过程的研究(Strauss 和 Corbin,1997)。扎根理论之所以能够不断延伸到其他学科领域,关键在于很多社会科学领域的研究对象具有过程性和互动性等特点。管理学以各类组织和各种管理活动为研究对象,研究的是组织内人与人之间、人与组织之间,以及组织与组织之间的互动过程,因此,管理学研究非常适合采用扎根理论研究法。扎根理论强调从田野观察获得原始资料,在原始资料中寻找所要研究问题的核心概念,然后通过不断对比和编码,挖掘出概念之

间的内在联系并构建出研究的理论框架。扎根理论从本质上看是一种从原始资料中归纳分析产生的理论,自下而上地对资料进行归纳和浓缩,形成理论。扎根理论研究遵循以下流程,如图3-6所示。

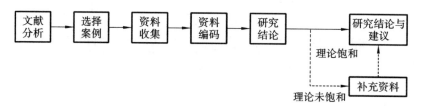

图3-6 扎根分析流程

其中资料编码过程包括开放式编码、关联式编码和选择式编码。

（一）研究的信度和效度

许多定性研究者都指出,定量的信效度概念不同于定性的信效度概念(Guba和Denzin,1998；Kirk和Miller,1986)。Lincoln和Guba(1984)认为信度是指重复性,效度则是指可靠性、稳定性、一致性、可预测性和正确性。本研究主要采用以下方法收集资料以保证结论的信度和效度：为确保资料来源的真实性,所有文字资料均来自笔者深入旅游企业的访谈或国内公开发表的核心期刊中的专访文献；访谈资料尽量做到无损转化,全部使用"本土"词语对意义单元进行编码；使用不同来源的资料,包括笔者深度访谈资料和权威专访文献,既避免了笔者的主观性,又避免了前期访谈问题设计中的不足,丰富了资料的深度和广度,提高了研究的信度和效度。

（二）研究过程

1. 抽样

Strauss和Corain(1990)在《质性研究概要》一书中,介绍了三种不同的理论性抽样,即开放性抽样、关系性和差异性抽样以及区别性抽样。在扎根理论分析的过程中,应坚持理论抽样的思想,即不断地检验理论,由已经初步形成的理论去指导研究者下一步的资料收集,逐步去除理论上薄弱的、不相关的资料,重点关注理论上丰富的、对构建理论有直接关系的资料。

那么在深度访谈的过程中,研究者需要进行多少次访谈才能构建起所要研究的理论呢？这取决于研究者构建理论时面对的内外部条件。内部的条件通常是理论已经达到了概念上的饱和状态,理论中的各个部分之间已经建立了相关、合理的联系。外部的条件主要包括研究者所拥有的时间、财力、个人兴趣和知识范围等。对所要研究的概念、类属和理论而言,理论饱和的状态就是从访谈中获取的信息已经开始重复,不再有新的、重要的信息出现。

在研究旅游业服务创新时,本研究采用了开放性抽样的调研方法,将抽样对象确定为具有一定规模的旅游企业中的总经理、副总经理、市场营销部门经理和员工。在样本选择时要注意以下几方面:第一,明确研究主题,因为研究主题为旅游业服务创新,所以首先考虑的是在服务创新方面表现卓越的旅游企业,这样所选出的样本就极具代表性和说服力;第二,考虑地理位置因素,在上述范围中选取公司在湖北或在湖北地区有分公司的旅游企业为重点抽样对象,最终选取了五家旅游企业作为研究对象,对其高层管理人员、营销部门负责人和员工进行了深度访谈;第三,为了保证资料的多渠道来源,以二手资料为补充,同时查阅了权威期刊中优秀旅游企业家的专访文献,作为补充资料来保证研究的效度。抽样被试选择情况详见表 3-1。

表 3-1　抽样被试情况表

抽样企业	企业描述	被试人员
A	湖北地区先进旅游企业	总经理、副总经理、部门经理
B	最具创新能力的旅游企业	总经理、副总经理、部门经理、人力资源部员工、员工
C	《中国旅游报》中的旅游企业家专访	总经理或副总经理

2. 深度访谈

访谈是扎根理论研究中非常重要的数据收集方法,在本研究中多次对样本单位的主要负责人和营销部门人员进行了深度访谈。在深度访谈过程中,笔者根据受访者的身份进行了有针对性的提问。笔者围绕焦点事件/实践,从事件/实践产生的外部环境背景、行为主体、发展脉络、里程碑以及最终结果等视角出发设计访谈问题,具体的访谈问题如下。

(1)企业自成立至今在服务上有哪些变革性的举措?推出了哪些在行业内比较领先的服务或是顾客非常认可的产品?

(2)这些创新改革的效果如何?

(3)与同行业企业相比,企业的资源和能力有哪些优势?服务变革需要哪些资源和能力的支持?

（4）企业能够进行不断服务创新的原因是什么？

（5）请介绍企业与其他企业的合作情况。

（6）您认为哪些因素会对旅游业服务创新产生重要影响？

由于不确定的信息非常多，在访谈的第一阶段，笔者先选择旅游业的总经理或副总经理等高层管理者进行深度访谈，他们是最能够提供大量有用信息的受访者，在对高层管理者的访谈中，最长的访谈进行了 2 个多小时。对高层管理者进行访谈是因为他们对企业情况了解得最全面，在访谈过程中他们可能会提出研究者没有设计到的有意义的问题，可以修正访谈提纲设计，使后续的访谈更具全面性。在对一线员工的访谈中，选取了业务能力较强、业绩较好的员工作为访谈对象，如果在访谈中出现信息量不足或者信息冗余时，则要适时放弃。在对二手访谈资料进行收集的过程中，笔者在《中国旅游报》中选取了近年刊发的访谈文章，所选访谈文章涉及的企业皆为业内经营业绩较为突出的旅游企业，并且其访谈文章的内容必须包含旅游服务创新。

（三）资料分析

在资料分析前，首先对深度访谈资料以及相关文献和文件中取得的资料进行筛选和整理。检查所记录的访谈内容与研究主题的关联性，如果偏离旅游服务创新的研究范畴，则剔除该部分内容。具体分析步骤如下。

1. 开放式编码

所谓开放式编码是指对数据进行逐行编码，将其逐层概念化和抽象化，通过不断比较把数据及抽象出的概念进行分析并重新整合的过程。在开放式编码中，研究者要摒弃个人的主观思想和偏见，以一种尽量开放的心态去对待收集到的资料。开放式编码的目的是从资料中发现概念类属，并确定其属性和维度。在研究编码过程中，笔者会对原始资料进行初始概念化，为了避免笔者的偏见，在编码时使用了被访者的原话，并从中挖掘初始概念，本研究一共收集到了 610 条原始语句以及初始概念。但由于初始概念的层次较低、数量庞杂，且在一定程度上存在意义上的交叉。为此需要将相关概念整合在一起以实现范畴化，删除出现次数少于 2 次的初始概念，仅仅保留出现次数在 3 次以上的概念。

整理得到的初始概念和若干类属详见表 3-2，为了节省篇幅，对每个类属只列示 3 条或 4 条原始语句及其初始概念。

表 3-2 开放式编码

类属	初始概念
信任	A:"我们必须从顾客角度出发,认真思考顾客需要什么?顾客一直在寻找什么?其实,他们就想找到一种信任和认可。如果我们的服务和努力能让顾客真正地了解并认可,那么,我相信我们公司就是顾客一直在千万个企业中寻找的那一个。" B:"具备丰富的专业知识也很关键,要想顾客所想,想顾客所未想,为顾客提供'增值'服务,使顾客对我们有信任感和依靠感。" C:"公司多年坚持诚信经营,有很多老顾客对我们十分信任,使得我们树立了自己的品牌,我们积累了很多优质的顾客资源,现有阶段还能很好地进行经营。"
长期关系	A:"我们不仅提供一个方案,还要帮他执行,这是一个长久的关系,最终我们的目标和他们的目标将达到一致。" B:"与每一个新顾客开始合作,就着眼于长远,希望用最好的服务来留住他,以确保顾客不流失。" C:"和顾客保持长期的双赢关系,注重创新技术的同时又稳健经营。"
共同目标	A:"我们要与顾客结成的是一种战略合作伙伴关系,这样会有一个共同目标,顾客的需求我们非常清晰,我才能给他最低的成本、最佳的服务。" B:"我们不仅提供一个方案,还要帮他执行,这是一个长久的关系,最终我们的目标和他们的目标将达到一致。" C:"我们寻求与顾客建立长期且平等互惠的合作关系。当双方处于一个互惠的条件下,每一方都能朝着一个实现双赢的目标进行长期投资。" D:"传统的发展理念是不能和顾客抢饭吃,不仅如此,还要与顾客站在一起,协同发展。"
市场反应	A:"要在服务上不断地推陈出新,首先要保持高度的市场关注度,不断留意市场的新动向。" B:"旅游市场竞争日趋激烈。特别是这两年,顾客需求起了很大的变化,以前的顾客要求简单,只要按照旅游合同提供服务就可以了,而现在顾客需求内容正在日益整合,更多的是多种需要综合服务的概念,是一种解决方案。这就要求旅游企业整合自己的全部资源去满足顾客的需求。"

续表

类属	初始概念
需求信息获取	A:"我们必须要很清晰地定位顾客的需求,明确顾客第一位的真实需求是价格还是其他因素。" B:"我们会根据顾客的时效性、安全性、个性化等要求,拓展出不同的细分产品。"
需求理念	A:"要想用服务征服顾客,就要使企业的服务能力一直走在顾客需求前面,要超前匹配他,他才不会淘汰你。" B:"我们每一项业务的开展,都是基于服务的增加,各个业务模式拓展、管理的创新都是基于顾客的需求,是为了给予顾客更好的服务。"
知识获取	A:"汲取其他公司,甚至其他行业的先进理念,把公司做大做强。" B:"创造一切条件,如通过外请业界专家、组织参观等形式,让公司的中层人员有机会了解和学习新的知识。" C:"我们注重国际交流和考察,吸取如美国、澳大利亚、德国、法国等发达国家的旅游业先进理念,更注重对国内先进企业及同行业企业的学习。"
知识理念	A:"没有知识就没有思路,没有思路就没有出路,要善于接受新事物,善于接受新观点。" B:"我们必须清楚地认识到只有不断学习,不断提高实践的能力,企业才能紧跟时代,否则将被淘汰。唯有不断进步,才能打造出中国最健康的旅游企业,才有机会续写美丽的传说。" C:"我们认为旅游从业者应该讲效率、做事透明、具备高度的责任心、不断追求服务改进、不断追求专业化、不断学习拓展视野。"
人力资源管理	A:"作为一名企业家,如果说理念新、决策准是一个必需的前提,那么有一个和谐进取的团队,拥有科学的人力资源管理模式就是成功的根本。" B:"二次创业首先解决的是更新观念,注重人力资源的开发与管理,这样企业才能在二次创业中再次腾飞。" C:"绝对的引进和绝对的靠自己培养,在实践过程中都会遭遇不同的问题,这个要具体问题具体探讨。刚起步的公司靠引进人才能够迅速发展成一个较为成熟的规模性企业,但更多立足于自己的培养。"

续表

类属	初始概念
高层管理团队	A:"我们公司有一个很好的高级管理团队,我认为这个团队,第一,相互团结、相互帮助;第二,这个团队的领导者都十分年轻,有一股拼劲;第三,能够接受新的事物。" B:"我们有一个国际化的管理团队。" C:"我们班子有不断创新的经营理念。"
企业家	A:"要想企业的寿命长于企业家的寿命,只有不断地创造与创新。" B:"创业创新,革命的路上不能停步,过去是过去,未来是未来,转变增长方式,调整产业结构,这些要靠创新,没有创新都会是老样子,最终被淘汰。" C:"对于一个企业领导者,必须要面对一些陌生的东西,善于学习,善于研究,不仅是自己要学习,还要让自己的组织变成一种学习型组织,只有不断地学习,才能维护组织的健康、激活组织。"
员工关系	A:"良好的员工关系是能否实现创新成果的最基本的要素。" B:"企业如果与员工之间没有良好的感情关系,企业不相信员工,员工也不相信企业,争论很可能以一拍两散而告终,这样是不能实现创新的。" C:"员工和企业应该形成命运共同体。" D:"公司与员工之间应该构成伙伴式的工作关系。"
培训	A:"为快速有效地解决人才问题,我们每年都要在公司内部选拔10余名优秀员工去培养旅游人才的顶尖学府深造、学习国外领先技术与先进经验。" B:"除了高级人才的引进,企业还非常重视普通人才的培训。" C:"公司寻找多种机会安排经理级以上管理人员参加的如管理、财物及MBA等培训班的学习。"
国家政策	A:"公司的规划与政府的规划部署相吻合。" B:"在成本方面,旅游是投入大产出少的行业,因此需要政府提供资金和政策上的支持,鼓励旅游企业科技创新、提高科技服务含量。"

续表

类属	初始概念
基础设施	A:"旅游业属于第三产业,这个产业环境受到铁路、公路、水运等基础设施的制约。" B:"为了促进旅游发展,还需建立更加高效的公路、铁路网络。"
技术	A:"旅游业是信息密集型产业,信息是其生命力的源泉,旅游业与信息技术的结合具有内在的必然性,信息技术已逐渐渗透旅游业的各个环节。"

2. 关联式编码

关联式编码的主要任务是发现和建立概念类属之间的各种联系,以表现资料中各个部分之间的内在关系。关联式编码的目的是发展类属的性质和层面,使类属更严密。同时将各个独立类属联结在一起,发现和建立类属之间的潜在逻辑联系。通过进一步分析,发现在前文开放式编码中得到的不同类属在概念层次上存在多种内在联结。根据不同类属之间的相互关系和逻辑次序,对开放式编码中得到的类属进行了重新归类,一共归纳出 5 个主类属。各主类属代表的意义及其对应的关联式编码范畴详见表 3-3。

表 3-3　关联式编码形成的主类属

主类属	影响关系的类属	关系内涵
顾客关系	信任	顾客对旅游企业充满信心及依赖的意愿,即对其可靠和善的感知,信赖旅游企业的承诺以及采取的行动
	长期关系	与顾客之间长期稳定的合作关系
	共同目标	旅游企业与顾客结成利益共同体,旅游服务的创新致力于实现两者的双赢
市场导向	市场反应	对市场发展趋势的预见以及对市场变化的反应
	需求信息获取	对顾客需求要点的定位
	需求理念	企业发展过程中对顾客需求的重视程度
知识因素	知识获取	企业通过多种途径获取知识的过程
	知识理念	对知识和组织学习的重视程度
	培训	对企业管理人员和员工进行培训

续表

主类属	影响关系的类属	关系内涵
人力资源	员工关系	企业对员工的态度和重视程度
	企业家	通过变革寻求改善组织的人
	高层管理团队	企业发展的决策团队
	人力资源管理	组织为实现目标而进行的一系列有计划的人力资源部署和管理活动
外部环境	国家政策	政府法规、政策和政策执行力度
	基础设施	实施旅游服务的基本平台
	技术	影响旅游业发展的技术

3. 选择式编码

扎根理论的理论构建主要是通过选择式编码来完成的。选择式编码指的是在已经发现的概念类属中,经过系统分析,选择一个"核心类属",并将分析集中到那些与该核心类属有关的编码上面。表 3-4 概括了旅游业服务创新影响因素的三级登录过程。

表 3-4 旅游服务创新影响因素三级登录过程

三级编码	二级编码	一级编码
旅游业服务创新影响因素	顾客关系	信任
		长期关系
		共同目标
	市场导向	市场反应
		需求信息获取
		需求理念
	知识因素	知识获取
		知识理念
		培训
	人力资源	员工关系
		企业家
		高层管理团队
		人力资源管理

续表

三级编码	二级编码	一级编码
旅游业服务创新影响因素	外部环境	国家政策
		基础设施
		技术

基于表 3-4 的总结，本研究确定了"旅游业服务创新影响因素"的相关核心类属。以此为基础，建构和发展出了一个旅游服务创新影响因素的理论构架，如图 3-7 所示。

图 3-7　旅游业服务创新影响因素

二、模型阐释和研究结果

从图 3-7 可以看出，顾客关系、市场导向、知识因素、人力资源以及外部环境是旅游业服务创新的主要影响因素。

（一）顾客关系

顾客关系是影响旅游业服务创新的重要因素，这一结论证实了国内外许多相关研究的成果。Von Aippel(1978)认为顾客在服务创新过程中扮演着积极的角色，他们能够识别服务产品开发的新构想，要在创新中取得商业成功就需要理解顾客的需求并使他们参与到创新过程之中。Beta 等（2003）主张，供应链整合是促进供应链伙伴创造价值和竞争力合作的重要概念，应该将信任和关系承诺放在实现"供应链整合"最优先的位置。

本研究将顾客关系因素分为三个维度，分别是信任、长期关系以及共同目标。其中信任指的是顾客对旅游企业充满信心及依赖的意愿；长期关系指的是企业与顾客之间长期稳定的合作关系；共同目标指的是旅游企业与顾客结成利益共同体。良好的顾客关系可以对旅游服务创新起到巨大的推动作用，这主要是基于两方面的原因。第一,与顾客之间的良好关系可以使旅游企业更方便、准确地掌握顾客的需求信息,从而可以使创新更具目的性。旅游企业嵌入顾客的程度越深,对顾客需求的了解就越深,越能创造出多种服务来满足顾客不同方面的需求。第二,与顾客之间的良好关系可以使物流旅游企业更容易获取旅游行业的知识,通过与自有知识的整合创造出新的知识,而知识的创造为服务创新提供了持续不断的动力源泉。在服务创新中,旅游企业可以为顾客提供新的服务构想,并在新服务的开发过程中提出修正意见,在新服务引入市场后,也便于接受新服务并产生更强烈的使用意愿。许多国内外知名旅游企业都非常专注于建立良好的顾客关系。

(二) 市场导向

影响旅游业服务创新的另一个重要因素是市场导向,市场导向对创新的作用在很多研究中也得到了证实。Zaltman、Ducan 和 Aolbek（1973）认为通过适当的市场情报搜集,以及之后组织创新的决策、执行等经营活动,可以更好地实现企业目标,同时,他们还提出了"市场导向—创新—绩效"之间的关系链。本研究将影响旅游服务创新的市场导向因素分为三个维度,包括市场反应、需求信息获取以及需求理念。其中,市场反应指的是对市场发展趋势的预见以及对市场变化的反应；需求信息获取指的是对顾客需求要点的定位以及对顾客需求变化的把握；需求理念指的是企业发展过程中对顾客需求的重视程度。

面对全球旅游业劳动力成本上升、产品同质化竞争激烈、利润率下降、消费者需求更加苛刻等难题,旅游企业不得不改进服务方式。现代旅游业的市场竞争不仅是单个企业间的竞争,更是企业所属供应链的整体竞争。面对市场环境的变化,旅游企业必须保持高度的市场关注度,对顾客的需求信息有准确的了解,对旅游需求变化的趋势做出科学的预测。旅游企业的服务创新不但要立足市场,还要发现市场、创造市场、分享市场。

(三) 知识因素

知识因素对旅游服务创新有重要的影响,这也证明了 Caamp 等学者的相关研究成果。本研究将影响旅游业服务创新的知识因素分为知识获取、知识理念和培训。其中,知识获取是指企业通过多种途径获取知识的过程；知识理念是指组织对知识和学习的重视程度；培训指的是对企业不同类型人员的培训。

为了获取更大的市场份额,旅游企业需要不断采用先进技术,改变组织结构和运营流程,增加创新服务的种类。对于旅游企业来说,组织学习是实现服务创新的内生动力之一。此外,注重组织学习的旅游企业会有意识地加强与外部环境的交互,不断从外部环境中获取新的知识,对自身的创新资源进行补充,使组织产生持续创新的动力。

（四）人力资源

人力资源是旅游企业最重要的战略资源,对实现旅游业服务创新具有决定性作用。本研究将人力资源分为企业家、管理团队、员工关系和人力资源管理四部分,认为人力资源对旅游企业的服务创新有重要影响,并证实了相关研究的一些成果。企业家具备的素质主要体现在以下几方面,即创新精神、科学决策、承担风险。张玉明(2011)等学者认为企业家作为企业成长的一种特殊人力资源,是企业改革和创新的核心。在员工关系方面,Can发现目标认可、奖励职业发展、团队合作、建立共同语言、R&D员工经验共享等单一实践与企业创新绩效正相关。在人力资源管理方面,Jimenez和Stora等学者研究发现,人力资源管理系统与组织创新战略存在正向相关关系。Scauler等指出当企业采取创新战略时,公司在进行人力资源管理时,需要员工能容忍不确定性和模糊性,具有创造力,勇于承担风险和责任,且具有合作精神。

随着现代社会知识更新的加快,对知识的掌握也有更高的要求,而掌握各种知识的人则变得越来越关键。正因为人才是旅游企业服务创新的关键,企业要实现持续创新就必须注重人的开发和管理。目前,人才问题已经成为制约国内旅游企业发展创新的瓶颈,在创新方面表现卓越的旅游企业都非常重视企业的人力资源管理,想方设法培养和引进高级人才。为此,旅游企业应制订全面、科学的人力资源管理计划,合理开发、培训各类型人才,完善人才激励机制,重视人本观念和团队观念,最大限度地发挥人力资源管理在旅游企业创新中的推力作用。

（五）外部环境

本研究认为旅游业服务创新的外部环境影响因素主要包括三方面:一是宏观政策;二是基础设施;三是技术。在市场经济条件下,一切经济政策或涉及经济利益的社会政策实质上都是政府对市场活动的干预。旅游业服务的创新也将受到宏观经济政策的影响。如政府对节能减排的要求、油价的涨落等都将对旅游业产生影响,进而影响其创新战略。对于旅游业来说,国家的产业政策调整将会对旅游业服务创新产生很大影响。国家的产业空间布局、产业结构布局、产业兼并重组等都要求旅游企业紧跟政策走向,不断开拓新的市场,创造新的服务,这样才能抢占市场先机,获得竞争优势。此外,基础设施也是影响旅游业服务创新的重要因素。技术的发展尤其是信息技术的发展极大地影响了旅游业的发展以及旅游业服务创新的进程,现代旅游业服务的创新很大程度上是建立在信息技术基础上的,因此技术因素将对未来旅游业服务创新的方向产生重要影响。

第四章　旅游业服务创新体系框架

创新是时代的呼唤、竞争的需要、发展的必然。本章结合旅游服务发展实际和最新发展态势,从服务观念、服务技术、服务产品、服务市场和服务管理等层面的创新分析构建起旅游业服务创新体系的框架结构,并认为上述几个层面的创新是相辅相成、相互作用、协调发展的关系。

第一节 服务观念创新

一、服务观念创新概述

(一)观念创新的内涵

观念是人们对客观世界的理性认识。观念一旦形成,对人们的行为就具有驱动导向和制约作用,它是任何一种管理文化中最基本、最核心的内容,是不同行为赖以存在和相互区别的依据。

观念创新是人们适应客观世界发展和变化,并科学、准确地把握客观世界变化的规律和发展趋势,以正确的方式构建新的思维、新的理念、新的思想,以形成对客观世界新的、正确的认识。可以看出,观念创新的落脚点是观念与客观世界的变化相吻合。但是,观念作为人的主观认识范畴,由于人具有自身局限性和认识事物的有限性,往往与客观世界的规律性表现出不相吻合的一面。服务观念更是如此,由于深受传统文化内核中消极因素的影响,至今一些陈旧观念仍存在于社会和个体的心理中,服务观念创新任重而道远。

(二)服务观念创新的限制性因素分析

第一,社会意识形态层面中各种片面、陈旧的观念和意识依然存在,其认为服务低人一等、服务业是伺候人的行业的观念仍有一定市场。因此,社会普遍认为服务人员不需要具备多高的素质,只要相貌端正、老实听话即可。殊不知,正是这种观念限制了一部分高素质人员进入服务行业,扼制了现有服务人员的创造性思维和才智的发挥。使其停留在日复一日、年复一年的重复性劳动操作的水平上。甚至服务行业的管理人员也有此类认识。即使有些管理人员是从基层干起的,一旦进入领导岗位,马上把管理与服务截然分开,造成人为的对立和隔离。这种现象尤其应当引起我们的重视。

第二,目前在服务科学的理解与把握方面仍存在诸多误区。相当一部分人认为服务就是一种实践性操作技术,从而无法提升到理论层面加以探讨,服务科学更是无从谈起。出现这种论调既有主观上传统观念影响的原因,又有客观上服务理论积淀不深等方面的原因。其实,服务作为一种人与人的交往方式,广泛存在于社会生活的各个层面,蕴含了社会学、心理学、经济学等诸多学科的内容理论。服务科学理论体系亟待建设。

二、服务观念创新的先导作用

观念一旦形成,就会对人们的行为产生驱动、制约和导向作用。同样,服务观念的形成、发展与创新也将对企业行为产生导向作用。服务观念创新对旅游企业和服务的先导作用表现在以下几个方面。

(一)推动"以人为本、唯人兴业"服务管理观念的形成

ISO9004-2:1991《质量管理和质量体系要素第2部分:服务指南》对服务的定义是"为顾客的需要,供方和顾客之间接触的活动以及供方内部活动所产生的结果"。可见,真正做到为客人提供优质服务,除了以顾客为本,还要以"作为供方内部组成要素之一"的员工为本。因此,"顾客至上,员工第一"是符合以人为本管理原则的辩证统一的理念。"以人为本、唯人兴业"的观念具体体现在以下两个统一中。

(1)尊重人的价值,实现员工的价值和顾客价值的统一。使员工认识到所从事的旅游服务业是施展才华、展示能力、实现价值的舞台。以端正的态度、优质的服务技能满足顾客的需求,并从顾客的满意中获得满足。

(2)实现员工和顾客在精神和物质两方面需要的统一。员工从事服务行业,不仅是谋生的手段,也是作为充实精神生活的方式。顾客住店不仅满足食宿的基本物质需求,也是满足人性自由和心灵愉悦等精神需求,因此要注重对员工物质精神的双重激励,注重对顾客物质需求和精神需求的双重满足。

(二)促进"我为人人、人人为我"相互服务理念的确立

在分工日益细化的现代社会,每个人不可能只依靠自己生产的产品生活,人与人构成一种相互依存的关系。服务就是这种依存关系的具体表现。要想享用服务,必须同时也为他人服务,从事旅游服务也是如此,通过良好的服务赢得良好的效益,个人收入随之增加,再用获得的收入去购买他人的产品和服务,如此循环形成经济发展的良性互动关系,说是为人民服务也好,赢得自利也好,总之,旅游服务工作不是"低人一等,伺候别人"的行业,它不仅仅是在满足别人的需

求，同时也在满足我们自己的需求。伤害客人就是伤害我们自己，激怒客人就是自招烦恼。

（三）强化"相互尊重、相互理解"的服务心理观念

"我为人人、人人为我"的相互服务主要是从社会经济角度透视的一种公平交换行为，而相互尊重和相互理解则是心理和人际交往方面应遵守的准则，即"要想得到别人的尊重，首先要尊重自己和自己的工作，进而尊重服务对象，最终才能得到别人尊重"的一般准则。常听到有些服务员抱怨得不到客人应有的尊重，而产生对服务工作的厌倦。不可否认这有客人素质修养方面的原因，但服务员自身的原因才是根本，服务态度、热情、意识均有所欠缺，造成工作质量不高，从而引起顾客的不满。这些显示出员工对自己和自己工作的不尊重，同时也提示我们提高顾客满意度必先从员工的满意度和心理状况入手。

宽容和理解客人也是员工必备的心理素质，尽量站在客人角度设身处地地着想，即使真的是客人错了，也要把"对"让给他人，努力营造一种相互尊重和理解的融洽气氛。心情好的客人会因此而更好，心情一般的会平添快乐，心情糟糕的客人也会"多云转晴"。服务至此，将是一种科学与艺术的完美结合；服务员至此，将是人间的天使、快乐的福音。

（四）引导"面向需求，不断创新"的服务研究观念深入人心

服务观念创新使服务研究不断深入，更加注重市场和顾客需求，更加重视服务创新的系统性、动态性和长期性。具体表现在以下研究观点。

（1）旅游服务创新体系是一项系统工程，是由诸多具有特定功能的要素（服务观念、服务技术、服务产品、服务市场、服务管理）组成的不可分割的整体。

（2）创新不是突发奇想，也不是一蹴而就的，需要大量基础性工作的积淀，需要企业苦练内功，"功到自然成"。

（3）创新不是一劳永逸的，一次创新并不意味着创新的结束，而是下一个创新过程的开始。时代在进步，环境在变革，创新也是永无止境的。

三、服务观念创新体系

在人们对服务陈旧观念有所转变的同时，知识经济时代的发展趋势带给人们一系列新的观念，并初步形成了服务观念创新体系。

(一)服务产品观念

1. 服务是有价值的产品

由于服务不像一般有形产品一样具有明显的交换过程,所以传统观念认为,服务产品价值难以量化计算,且不能积累,对促进国民经济增长的意义不大。但我们应当看到,服务凝结了人类无差别的劳动,因而具有价值,服务具有满足人们某些需求的功能,因而有使用价值。此外,服务乘数效应的发现和应用,以及旅游服务对国民经济的带动作用逐渐改变了人们对服务拉动经济增长的漠视态度。服务是有价值的产品的观念深入人心。

2. 服务是在变更的动态产品

服务不同于一般商品的特性,它还表现在服务具有心理性功能,而不是物理性的物品。人的心理需求是不断变化并难以满足的,这决定了服务产品也要随市场和顾客心理需求的变化而不断变更,满足顾客需求的目的是最终实现服务交换价值。

3. 服务是可组合的产品

对一般商品而言,单件就可满足客户的需求,不需组合。而对服务需求的多样性和多元化,使服务的组合成为必要,而服务的弹性和服务组成的多样性使得服务的组合成为可能。所谓组合产品,就是把两个或两个以上的服务产品组合起来,以一个价格销售给顾客,达到吸引不同顾客对象的目的。

(二)服务技术观念

主要表现在从思想观念上确立服务是一门具有知识含量的技术,由于技术变革和引进带来服务的现代化、自动化、智能化、舒适化、市场化、产品化等特点。旅游业作为服务业中的朝阳产业和新的经济增长点,在经济全球化和社会信息化的影响和推动下,已成为具有相当技术含量的产业,电子计算机技术和网络技术在旅游企业中的应用已较为广泛。旅游服务业正经历着从劳动密集型向技术(知识)密集型的转变,旅游服务已经实现从传统的人工操作向现代服务运作的转变。

(三)服务市场经营观念

主要体现在网络经营观念的确立上。进入知识经济时代,网络犹如一颗耀眼的新星映入人们的眼帘。它既是包含丰富知识的浩瀚海洋,又是高速传输的信息通道。通过网络,旅游企业可快速准确地了解市场动向和几乎每一个消费者的需求,同样消费者也可以将自己的意见反馈给旅游企业,进而提供给它们不同的旅游产品组合,使旅游产品的供给向"度身定做"的方向发展。这样不仅提高了生产者与消费者之间的协调合作水平,从而提高产品质量,而且大大降低了旅游企业的销售成本。现今,世界上每天都有成千上万人在使用网络。运用网络进行营销有着巨大的现实和潜在市场。旅游服务企业的网络经营主要体现在以下几个方面。

一是国际互联网(Internet)与企业内联网(Intranet)的结合。国际互联网技术的发展将引发企业经营者信息交流方式、企业管理模式、企业文化以及企业组织结构的一系列变革,伴随互联网规模的扩大和技术的成熟,用互联网技术构造的企业内联网也悄然走进企业。内联网主要用于企业内部信息传递和数据资源管理,在国际互联网上注册网址,设立网页,从而建立新的企业生产营销体制与信息收集和反应机制,并且可以灵活变更,重塑业务合作伙伴关系以适应市场的需要,实现企业经营机制和管理观念的根本性变革。

二是对"数字化"空间的适应。以网络为特征的信息化大潮已扑面而来,世界经济开始融入一个数字化的世界之中,无论是交易手段,还是经营管理模式,都不可避免地陷入数字化的空间。"数字化"生存方式给消费者带来方便的同时,也给企业经营带来了新的挑战。譬如,消费者虽然摆脱了随身携带现金不安全和交易烦琐的困扰,但在网上支付电子货币交纳定金或在旅游过程中用密码控制的智能卡进行结算时,旅游企业就面临着如何解决网上交易不安全的新问题。因此,要想在新的市场环境竞争中立于不败之地,就必须适应"数字化"环境并在其中找到生存空间。

三是通过网络建立企业快速反应系统。快速的信息反馈使企业变得视野开阔,"耳聪目明"。信息网络建立了旅游企业和服务市场之间的桥梁,企业可以快速、准确地了解市场动向和顾客需求,节省中间环节,降低推销成本。同时消费者也可以通过网络将自己的意见加入生产过程,使自己成为部分生产者。这样的结果使企业迅速地对市场和消费者的需求做出反应,发展迎合消费者个别要求和品位的"敏捷制造"技术,并建立起企业的快速反应系统。

(四)服务的知识管理观念

在信息化革命的推动下,知识成为企业内在性、关键性的生产要素,确立知识管理观念成为一种必然。知识管理是在信息管理基础之上更高级的管理,它强调把人力资源的不同方面和信息技术、市场分析乃至企业的经营战略等协调统一起来,共同为企业的发展服务,从而产生整体大于局部之和的经济效果。有效的知识管理不在于企业拥有合适的软件系统和充分的培训,它还要求企业的领导层把集体知识共享和创新视为赢得竞争优势的支柱。要想实现服务企业的知识管理,须做到以下几点。

一是设置专门的知识管理部门。知识作为生产要素,包括各类信息数据、图表、图像、想象、态度、价值观以及其他社会象征性产物等有形无形要素,要充分发挥其潜能,就需要有专门的管理机构对其进行有效的管理。主要思路是整合企业有关部门,包括信息部、销售部、公关部与人力资源和社会保障部的有关职能,组建知识管理部,设立"知识主管"岗位,负责通过市场分析、数据整理、信息加工,提炼创造出对企业决策最有价值的知识供决策者选择和利用。为此,知识管理部除了要对知识进行有效的收集、分类,建立面向知识的管理网络,并监督知识的流向和使用外,还要负责与企业的专家脑库进行联络与交流。

二是推行全面知识管理观念。知识的经济价值需要通过生成、利用和共享的过程得到体现,但这一过程在现实中只是局限在少数工作中。要实现知识的经济价值,必须将其全面推广。在组织中推行全面知识管理,其过程主要包括旅游市场调查、服务新产品开发、服务产品定价等。

三是合作与知识共享观念。在信息化、知识化管理中,应打破传统企业在分工上的官僚等级制度,重新设计企业的价值流程和结构,重新对不同岗位的员工和领导者进行定位,使这些有不同教育和文化背景的人实现积极合作,共同享用对企业至关重要的知识,使其更多的交流、更多的行为一致,并承担更多的责任和塑造共同的文化,在知识共享中实现企业的快速发展。

四是重视人力资本的作用,建立有效的制度安排。主要是激励包括员工在内的企业经济主体发挥主观能动性。知识虽是经济增长的发动机,是企业持续发展的推动力,但知识来自员工的学习、创造激情和创新能力,不同的制度和机制对于企业经济主体的创新能力起到不同的激励作用,唯有建立起激发员工努力学习、不断创新的制度和机制,企业才能树立起浓厚的创新氛围和风气。

五是增强重视无形资产的观念。知识经济时代,无形资产的重要性日益凸显。近年来有关无形资产的使用和转让权利方面的纠纷呈上升趋势,服务企业尤其要重视对知识产权的保护,包括企业标志、注册域名、自主开发新产品的技术专利等,此外,应当把包括形象口碑、信息资源、时间资源等在内的旅游企业无形资产放到与资本、技术和劳动力等有形资产同等重要的地位进行研究、开发和管理。

(五)复合观念

物质世界是辩证统一的。有些看似矛盾的观念在旅游企业中却可以在对立统一的规律支配下得以"和谐相处"。

标准化与个性化的统一。标准化与个性化是相对的,今天的标准化可能是昨天的个性化,而今天的个性化也许会成为明天的标准化。这一演进机制是通过标准化到个性化再到后标准化的发展轨迹来实现的。

多元化与专业化的统一。多元化适应市场的变化需求和不同消费者群体的需要，多元化实质上对应的是个性化需求的经营模式，而专业化则专门针对某一特定消费者群体，是在市场细分之后对本企业经营范围和服务对象的理性定位。在市场经济条件下，多元化和专业化经营都能找到自身生存和发展的空间。

刚性管理与柔性管理的统一。刚性管理靠权威、命令、制度和规范来维持企业组织秩序。应当承认，此种管理方式在当前背景下仍是有效的，但随着信息技术的发展，包括管理方式在内的一系列变革相继呈现，刚性管理方式有向柔性管理方式转变的趋势，其目的是提升企业员工的创造力以提供智能型、个性化、灵活性和感情化的服务，以适应时代发展的需要。

有形资源与无形资源的统一。对于酒店这样以提供服务为主的旅游企业来讲，无形资源显得尤为重要，对酒店形象、口碑、时间、信息等无形资源进行开发和利用，可有效提高酒店运作效率、经济效益和社会效益。

第二节　服务技术创新

一、服务技术创新的内涵

（一）概念

技术创新是将技术转化为商品，并在市场上销售得以实现其价值，从而获得经济效益的过程和行为。以新的技术思想首次商业化为标志，国内学者刘纬华认为，服务技术创新是一种技术思想或技术方法在服务业领域的首次应用，并且带来服务提供方式的现代化、自动化、智能化、特色化、市场化和产品化的过程。

（二）要素

服务技术创新的要素主要有四个，即创新者、机会、环境和资源。创新者一般指企业家，还包括技术研发人员或旅游行政管理人员等。这些创新者根据市场需求信息与技术进步信息，捕捉创新机会，产生新的思想。新的思想在合适的经营环境与创新政策的鼓励下，利用可得到的资源（包括人力、财力和技术等资源），通过一定的组织管理方式，从而形成技术创新。这四个要素是技术创新活动得以开展的必不可少的因素,其中创新者是最重要的,创新者敢于冒风险,把技术成果引入企业的经济活动,是第一个"吃螃蟹"的人。此外,创新者还应包括企业员工和基层管理人员,他们处在服务第一线,直接面向顾客,更能了解顾客的细微需求变化。如开夜床服务的创新就是来自一线员工对顾客感受的细致观察和创新思考。其他如能源技术的应用与创新、设施设备的维修保养技术等也需一线员工在实际操作中不断总结经验,不断开展技术革新。

二、技术创新模式

(一) 技术推动模式

技术推动模式是指由技术发展的推动作用而产生技术创新。其表现为科学和技术的重大突破,使科学技术明显地走在生产的面前,从而创造全新的市场需求,或是激发市场的潜在需求。在这个意义上,服务技术创新即引进相关技术应用于旅游服务领域。该模式流程如图 4-1 所示。

图 4-1　技术推动模式的创新流程图

(二) 需求拉动模式

需求拉动模式是指技术创新始于消费市场需求,具体表现为由于顾客的需求对产品和技术提出了明确的要求,从而导致新技术的引进与发展,进而实现技术创新,最终满足市场的需求。可以看出,此种创新模式起始于市场需求,通过创新过程又复归市场来满足需求。该模式流程如图 4-2 所示。

图 4-2　需求推动模式的创新流程图

(三) 双重作用模式

双重作用模式是指在技术创新时,创新者在拥有或部分拥有技术发明或新技术方法的条件下,受到市场需求的诱发,并由此开展技术创新活动的一种模式。事实上,由于技术与经济的相互渗透,技术创新过程越来越复杂,涉及的因素越来越多,从而很难判断技术创新的决定因素究竟是技术推动还是市场需求拉动。如酒店娱乐方式经历了歌厅—舞厅—歌舞厅—卡拉 OK—MTV—KTV

(RTV、DTV)的演进过程,就很难说是消费需求迫切推动了创新,还是由于电子技术的发展激发了消费需求。双重作用模式强调把技术与需求综合考虑,认为技术机会和市场机会合成促使了技术创新的开展。该模式流程如图4-3所示。

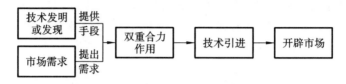

图 4-3　双重作用模式的创新流程图

三、服务技术创新的层面分析

前文提到,服务技术创新的目的是实现服务方式的现代化、自动化、智能化、特色化、市场化和产品化。现以此为思维起点和分析框架,透视服务技术创新的不同层面。

(一)面向现代化的服务技术创新

通过信息技术、通信技术和计算机技术的整合,为旅游企业所用,提高企业的外联能力和业务拓展能力,从而提高旅游企业的现代化水平。主要体现在计算机预订系统和网络营销等方面。

1. 计算机预订系统

从世界范围来看,计算机网络和电子信息系统带动了旅游企业内部结构的变化,成为市场销售的重要手段和策略。计算机预订系统最先由国际联号饭店和旅行商建立并发展,称为中央预订系统 CRS(Centralized Reservation System)。CRS 的核心是一个数据库,旅游企业利用这个数据库管理库存信息(主要是顾客资料),其优势在于拥有自己的全国性乃至全球性客房预订中央控制系统,不但能为成员酒店提供集团内订房服务,而且能与其他酒店集团合作,共同使用预订系统资源。

2. 网络营销

我国运用的网络营销软硬件技术尚有许多未解决的问题,这也说明我国旅游企业在运用信息网络技术进行业务外联和销售方面有较大的发展潜力和空间。要缩小与发达国家的差距,迎头赶上信息网络技术前进的步伐,要做的工作还有很多,主要集中在以下几个方面。

一是实施企业网络联合发展战略,实现信息资源共享,发挥规模优势。文化和旅游部在网上开展旅游形象的宣传,收到了良好的效果。国内旅游企业特别是面向国际旅游市场的企业,应积极运用网络营销系统,以不断提高企业的知名度和市场份额。

组建旅游集团成为理论界和业界讨论的热点,国家也对此寄予厚望。组建之初,就应考虑到利用集团的规模优势或借用国外现有的营销网络,或建立自己的网络系统,集团所属旅游企业就可以利用集团的网络统一对外、对内开展灵活机动的营销工作,最大限度地挖掘内部产品的销售空间,获得最大的收益。

二是转换企业职能,将旅游产品的提供者转变为产品的宣传者和咨询者。从网上搜索国内、国际的各种旅游信息并进行市场调研,为旅游者提供全方位的咨询和服务。

(二) 面向自动化的服务技术创新

主要指酒店管理自动化,即运用计算机技术开发酒店管理信息系统。该系统是一种基础的集成化人机系统,它利用电脑的硬件、软件、数据库和决策模型等来为酒店的管理与决策职能提供信息支持。就一个典型酒店而言,其电脑管理信息系统包括前台管理、后台管理和扩展系统三大系统。

前台管理系统的核心是为旅客服务并建立一个能够及时准确地把旅客在酒店的各项消费登记到旅客账户中去的一次性结账的实时账务处理系统。这要求系统的反应速度快,同时又要有高度的安全可靠性。有关调查显示,四星级和五星级酒店的电脑系统覆盖业务面广,功能较全面,并有专职人员负责电脑系统维护。三星级及以下星级酒店存在电脑系统覆盖面不广或未能全部应用的现象。可见,电脑管理信息系统在酒店大有可为。

后台管理系统的核心是财务管理系统。目前酒店后台信息管理系统的应用状况总体较差,且参差不齐。扩展系统主要是指计算机系统发展的最新技术应用。

管理自动化还体现在提升管理层的计算机操作水平上。增强计算机在市场分析和预测能力方面的应用深度,以便更好地辅助决策管理;借助计算机技术来研究现代酒店运营的经济和社会效果,以便更快速、更准确地收集数据、分析结果,并据此优化服务和管理策略;提高现代酒店在广告促销和顾客意见反馈研究中的电脑化程度,确保能够及时了解顾客需求和市场反馈,进而调整服务策略;利用电脑技术进行新产品和新服务项目的品质模拟,通过模拟实验和虚拟测试,可以在产品推出前解决潜在的问题并应对挑战,从而在实际投入市场前进行必要的调整和改进。

(三)面向智能化的服务技术创新

1. 智能大厦的建设

将数据通信、语言通信和图像通信纳入综合布线系统而建成的酒店智能大厦代表着酒店计算机信息技术的跨世纪发展。如商务楼层设有高速数据接口,客人和商户借助现代通信技术可在酒店与外界沟通;酒店接入国际互联网络,使客人手机在酒店任何角落与外界沟通成为可能;开通宽带多媒体信息网,可自由选看自己喜爱的影视节目和各种视频信息。另外,智能大厦的智能化还体现在酒店的各个部门,包括商务中心、客房、餐厅、酒吧等,客人都可享受到酒店提供的全球信息查询、电子邮件的接发及文件传输服务等多项商务专业通信服务。

2. 智能卡

随着技术的发展,为方便客人店内消费而产生的多功能智能卡成为酒店和消费者的新宠。原来的IC房卡向着店内餐饮、住宿、娱乐、购物的记账、结算,甚至异地购物等功能进行延伸,当然前提是酒店和购物商场之间有联网,并定有合约,能相互转账结算。上海首次实现了将智能卡技术和互联网通信技术相结合运用到酒店订房方面上的新突破。这种技术是通过一种名为"智能快速通"的服务器来实现的,采用大容量的智能芯片将持卡客人的入住登记单自动填写,以达到快速入住的效果。客人的入住记录、个人档案等都通过电脑自动读写,记录在"智能快速通"内,并定期自动传送到酒店集团,集团再做客户分析,及时传送到酒店内各部门,为顾客提供针对性、个性化的服务做参考。不断增加高科技含量的智能卡将为顾客提供更加高效优质的服务。

3. 智能门锁

酒店客房门锁的技术含量越来越高,且不断向智能化方向发展。从普通门锁到密码锁再到磁卡式电脑门锁,如今还出现指纹辨认和人脸识别智能门锁。

(四)面向特色化的服务技术创新

主要体现在提供多种信息服务和影视娱乐服务的视频点播系统(VOD)上。这种技术已成功并在一些豪华酒店得以应用。VOD系统是将客房的电视机与计算机相连接,使客人可以通过自己房间的电视查询客人留言、明细账单等信息。这是视频技术在客房服务中的运用,即利用酒店原有的有线电视网络和电话系统,通过视频服务器、采编工作站、机顶盒和应用软件,完成视讯服务系统,它可满足客人的多种需求。

1. 视频节目点播

这是视讯服务系统的基本功能,客人在房间可随时使用遥控器点播自己喜爱的影视节目,并可快进、快退、暂停、设时。

2. 服务指南

客人不用再翻阅厚厚的服务指南，可通过系统随时查询酒店的各项服务，既节约了印刷成本，又方便快捷，并且更加形象直观。

3. 电子留言

对于出差在外进行商务活动的客人而言，电子留言无疑给他们带来了巨大的帮助，所有的客人回到房间，一打开电视机，便可查询到在外期间是否有人给他们留言。且电子留言具有信息容量大、永久保留的优点，所传信息都能一览无余。

4. 账单查询

客人随时可以了解自己所消费的款项，只要按一下电视机前的键盘，账单即可在电视屏幕上显示出来，以便做好预算，避免以往查询账单操作上的麻烦，或出现反复核对账单的问题。

5. 目的地信息查询

在视讯服务系统中加入对于本地有关的信息介绍，如城市交通图、风景旅游图和相关景点介绍、本地土特产和购物的介绍、交通购票信息的介绍等，以便客人了解本地的有关信息，增加客人对酒店的信任和好感，为他们下次入住酒店打下良好的基础。

视频点播技术带来的客房综合服务，显著增加了酒店的客源和收入，这远远胜于未设置 VOD 系统酒店的收益。

（五）面向产品化的服务技术创新

科学研究只有转化为技术专利才能为社会所用，同样技术只有转化为可供出售的产品才能为企业带来经济效益。所以，不管是引进的技术还是酒店自主研发的技术，最终都要开发成直接出售的产品。有些技术转化成产品较为容易，如将门锁技术转化成相应的产品。有些要经过实验阶段，需要在考察使用效果和反馈顾客意见的基础上不断进行完善，调试后，方能大规模推广使用，如客房内温、湿度智能控制技术，VOD 视频点播技术等就属此类。

（六）面向市场化的服务技术创新

需求拉动型的技术创新模式本身就是对市场状况的有效反应，因为它是天然面向市场的。科研推动型技术创新在实现创新后，将面临着市场的考验，有一个如何面向市场、适应市场需求的问题。综合各种技术创新类型，其市场化运作主要体现在以下几个方面。

1. 新服务技术的市场化

它主要是解决将新型服务技术大规模推向市场的问题，如拆零销售服务的市场化。从社会、家庭到个人都可根据自己的具体情况向酒店提出需求,这些需求对酒店来讲是将原来的组合产品拆零化,形成单独的产品,满足客人某一方面的需求,如餐厅向客人提供厨师服务、配菜服务等。可见,拆零化本身也是一种创新。

2. 服务技术的社区市场化

发挥酒店专项服务特色优势,积极为社区服务,在拓展经营空间和利润来源的同时,培育酒店的社会知名度和美誉度,从而取得经济效益和社会效益双丰收。如提供社区保洁服务、洗衣服务和工程设备维修保养服务等。

3. 服务技术教育的市场化

旅游企业充分利用自身智力和物质资源,向旅游者或潜在的旅游者提供有关旅游方面的教育,提高公众的生活技能和旅游技能,如酒店面向社会开展烹饪技术教育培训,旅行社对公众进行旅游安全教育等。

第三节 服务产品创新

一、服务产品创新概述

(一)服务产品的整体概念

一般认为,旅游服务产品的整体内涵包括核心服务产品、支持服务产品和延伸服务产品等。核心服务是企业为顾客提供的最基本的服务,它能够满足客人最基本的需求并向客人提供最基本的利益,如酒店中整洁安全的客房和及时可口的餐饮都属此类;支持服务是企业为了客人能得到核心服务而提供的其他一些必需的促进性服务,没有支持性服务,核心服务就不能被提供和消费,如前厅的预订,入住登记和退房手续,餐厅的摆台、引座、点菜以及撤台等;延伸服务是在核心服务和支持服务的基础上提供给客人的额外超值服务,它可以增加核心服务的价值,使酒店的服务产品新颖独特并区别于其他酒店。酒店超值服务的内容决定着酒店的档次、规格和竞争能力,在当今酒店核心服务、支持服务大同小异的情况下,超值服务显得尤为重要,且成为当今酒店生存、发展、竞争和繁荣的手段。从这个意义上说,超值服务产品层面的创新应成为服务产品创新的重点。

(二) 服务产品整体概念对创新的影响

旅游服务产品的整体概念是对市场经济条件下服务产品概念完整、系统和科学的表述,它对服务产品创新的内涵至少有三个方面的重要影响。一是服务产品创新要以满足顾客基本利益为核心;二是整体服务产品组成中任何一部分的改变都可视为产品创新;三是只有通过产品三个层次的最佳组合才能实现服务产品创新的最佳效果。

(三) 服务产品创新的内涵

服务产品整体概念也说明了服务产品的市场地位和顾客对其印象的一种综合评价和反映。顾客能够从服务消费过程中得到的利益和满足程度,既取决于整体服务产品每一个层次的状况,也取决于它们的组合方式及由此产生的组合效果。因此,从整体服务产品的概念和消费者的观点出发,凡是为市场所接受、在消费者心目中被认为是"新"的,并能从中获得"新"的满足的产品,都是创新产品。由此可见,所谓服务产品创新,可以是创造全新的产品,也可以是对现有服务产品组成中某一方面的改造、重新组合或提高。依照此分析思路,我们可以总结出服务产品创新的几种常见类型。

二、服务产品创新类型

(一) 创造全新产品

创造全新产品指在创新观念的指导下,采用科学技术的新发明而创造的产品。这种产品不仅对酒店而且对整个市场来说都属于新产品。这对于酒店进入市场、抢占市场具有十分重要的意义,如运用高新技术建成的酒店智能监控系统,使客人更具有安全感;客房内设立微电脑控制系统,通过电话或者手机就可控制房内的电器设备和淋浴设备,使客人更具有方便感;视频点播系统(VOD),利用该技术可实现视频节目的点播、影视节目轮播、电视购物、电子留言、电子邮件、结账通知等诸多功能,为客人提供无微不至的专业服务。全新产品的特点是在迅速抢占市场获得高收益的同时,隐含着高风险。

(二) 创造换代新产品

根据产品生命周期理论,当一种产品在市场上进入生命周期的衰退阶段时,会对其进行改进,以不断推陈出新,延长其生命周期,增强在市场上的生存和发展能力。如客房门锁的不断演变就体现了换代产品的特征,从普通门锁到密码锁再到磁卡式电脑门锁以及指纹辨认智能门锁等，一代比一代更先进、更安全、更实用。创造换代新产品是在原产品基础上不断进行创新，通过更新换代满足消费者需求，这是增强酒店竞争能力的一种方式。

（三）开发新用途产品

其目的或是适应新市场需求的变化趋势，或是满足消费者的某些特殊需求，从而使消费者得到更多需求上的满足。如适应环保及回归自然的消费趋势以环保和可持续发展理念为主题的生态酒店、绿色酒店产品已经出现并受到消费者的青睐。以满足某一细分市场的独特需求的产品，如行政商务楼层、无烟楼层、单身女性套房、情侣套房等也相继推出，有此方面需求的消费者自然对此情有独钟。

（四）模仿创新产品

模仿创新产品指通过引进或模仿别人的产品生产形式，并结合自身特点加以改进创新，生产出自己的系列产品。模仿创新绝不是机械地照搬照抄，而是在消化吸收的基础上融入了一定的改进和再加工。具体形式可以是模仿其他行业的产品，如将蛋糕、面食的制作引入酒店并研制出新的品种，或在酒店内销售，或外卖，也可以是模仿其他酒店的产品为我所用，当然，这要在遵守有关知识产权法规定的前提下进行。

（五）推出新概念产品

在理念先行、概念流行的时代背景下，将理念和概念产品化，给顾客提供现实的旅游产品成为旅游企业的最高境界。在这里，概念产品化和产品理念化已融为一体，成为旅游市场的新宠。

（六）开发极端产品

极端产品是市场差异化战略的尖端体现。它们以独树一帜的创新理念挑战传统，为同质化严重的商业环境注入一股鲜活的力量，成为新时代商业创新的重要方向。例如，深海体验酒店，顾客从入住开始就如同潜入深海，体验潜水员的真实生活，感受海底世界的神秘与壮丽；太空主题酒店，内部装潢仿照宇宙飞船，顾客可以在零重力床上休息，甚至在模拟星空下享受睡眠；倒挂酒店，所有房间设计均为倒立状态，挑战重力极限，提供前所未有的居住体验。这些都属于极端餐饮和住宿产品类型。这些极端产品的开发，不仅仅是为了追求新奇，更是为了满足消费者对个性化服务和特色体验的需求。它们打破了传统酒店和餐饮业的框架，通过提供独一无二的服务和环境，吸引了那些寻求非日常体验的顾客。这种超个性化的产品和服务，不仅能够创造出新的市场机会，还能够推动整个行业向着更加多元化和创新性的方向发展。

根据以上分析,一方面,服务产品创新与服务观念、服务技术、服务市场、服务管理创新有着密不可分的联系,甚至融合渗透在一起,因此,服务产品创新有一定的难度;另一方面,服务产品创新的程度影响服务质量的高低,进而决定着旅游企业价值能否实现,服务产品创新可以说是旅游企业的生存之本和旅游服务创新的核心。

三、服务产品创新的系统程序

旅游服务产品的整体性、系统性和生命周期短的特点,决定了其创新过程要有严格的系统程序和科学的动态管理方式。一般而言,旅游服务产品创新的程序包括以下几个环节。

(一)市场调研和企业状况分析

没有调查就没有发言权。市场调查是产品创新的基础性工作,目的是为新产品创意构思和筛选方案提供依据。以酒店业为例,调查内容主要包括以下几个方面。

(1)酒店市场经营环境分析。如当地的经济发展状况和趋势、本地的旅游吸引物状况、本地的交通可进入性状况、本地酒店业发展的总体状况。

(2)竞争对手分析。如与本酒店形成竞争关系的酒店经营状况,通过分析了解竞争对手的产品经营特点,寻找自身产品的经营机会。

(3)酒店自身产品分析。此分析主要是了解自身服务产品的特点和发展潜力,从而为更好地实现自身经营目标寻找优势。

(4)客源市场的分析。此分析主要是了解顾客的消费需求变化情况,从而不断寻求新的方法来满足顾客的需求变化。

(二)创新种类选择和组合

根据对酒店创新能力和市场需求状况的综合考虑,在创造全新产品、创造换代新产品、开发新用途产品和模仿创新产品四个创新种类中进行选择和有机组合。

(三)创新模式选择

一是独立研究开发。如酒店通过自身的研发,发明了某种产品或者通过购买专利的方法获取某种发明的专利权,然后把它投入生产,创造出全新的酒店产品。

二是模仿。即仿制其他行业或同类其他酒店的创新产品。由于创新的酒店产品并不能在短期内占领所有市场,如果被模仿者没有酒店联号、酒店集团、特许权转让等组织制度,模仿者就很容易进入市场。但正如前所述,模仿不是简单的仿制,而往往是对原有产品的改进。

三是技术手段和技术方法的引进。这是酒店通过正当的、合法的渠道从同类酒店那里得到创新产品的生产技术和方法,可以节省酒店的产品创新时间和创新费用。

正所谓"风险与收益成正比",上述三种模式的困难程度和创新风险依次递减,但是企业收益也依次递减。究竟该采用哪种创新模式,应根据市场需求状况和酒店自身情况综合考虑。

(四)创新产品的市场检验

市场是残酷而公正的。根据上述产品创新种类和模式设计开发出的服务产品是否成功,要投放到市场去检验,以便从顾客的角度提出建议,更好地了解和掌握创新产品的市场需求特点,为顾客提供更全面、更合适的服务产品。

(五)再创新

总结产品创新取得的成果,使之形成一定周期内产品创新的依据,发现并修正在市场检验中出现问题的产品创新思路,将这些新思路融入下一阶段的创新周期中,形成服务产品创新的循环。

第四节 服务市场创新

一、市场创新的提出

在竞争日趋激烈的市场经济条件下,旅游企业要想在市场中站稳脚跟,并逐步扩展自己的生存空间,就必须主动适应市场,并通过自身行为改进和完善竞争环境,即市场创新。所谓市场创新,是指旅游企业通过研究潜在市场以及利用不同的营销组合去积极地引导消费,创造需求,从而开辟新的市场,创造新的客源等一系列活动。应当指出,所开辟的新市场可能是以前并不存在的,也可能是已存在的、酒店尚未进入的市场,还可能是现有目标市场份额的扩大。总之,市场创新为旅游企业拓展了新的顾客群,新的顾客群又为旅游企业服务创新体系的建立提供了动力,从这个意义上说,服务市场创新是构筑和扩大旅游企业成长空间的关键,对其他层面的服务创新起到积极的推动和引导作用。

二、服务市场创新的运作模式

市场定位是指旅游企业根据市场竞争情况和自身条件,确定其服务在目标市场上竞争地位的过程。具体而言,就是旅游企业在目标顾客心目中为服务创造一定的特色,赋予一定形象,以适应顾客一定的需要和偏爱,从而使服务在特定的顾客群心里占有位置,留下印象。实现准确的市场定位,需要大量的基础性工作准备,需要有相应的定位策略。

(一)市场定位的基础性工作

科学严密的市场调研、缜密细致的市场细分、精心选择的目标市场、准确快速的市场定位共同构成市场定位的一般程序。此方面的论述已较多见,对服务市场定位有着一定的参考价值。

(二)市场定位的策略

1. 首席定位

首席定位是使自己的服务或服务的某一方面成为同类市场中第一的抢先策略。因为人们总是对位居第一的事物印象最深。实施首席定位策略的旅游企业要考虑到人人都有先入为主的心理,因此要进行相应的可行性分析,自己的服务产品能否在市场上成为第一名,有可能性就为此而努力,无可行性就要考虑转向其他定位策略。

2. 侧翼定位

在市场经营中能成为第一(即使是某一方面的第一)的市场领先者毕竟是少数,居于第二或其次一些位置的产品或服务仍可通过适当的产品特色定位,占据同类市场中一个牢固的位置。放弃与之针锋相对的竞争,绕过障碍寻找市场缝隙和领先者没有注意到的市场"空白",发挥自身优势,避实就虚,酌情定位于领先者和竞争对手的侧翼,通过富有特色的服务定位,赢得人心,求得生存与发展的广阔空间。

3. 适度定位

旅游企业进入市场都要进行市场目标定位,如果不切实际地盲目拔高市场定位目标,使市场定位目标过高,企业的服务产品价值就难以实现且无法打开市场进而拓展市场。相反,定位过低则会因缺乏有效的市场反应而同样不能顺利开辟市场。市场定位应建立在市场调查和分析的基础上,以清晰和适度为基准。

另外,市场定位的适度策略还表现在旅游企业能随市场的发展变化而不断调整自己的定位目标。

三、服务市场创新的方法与技巧

对于每一个旅游企业而言,开辟的市场越多,其市场竞争力就越强,市场知名度就越高,所获收益也就越多。因此服务市场的创新既要善于开发新颖的产品,形成新的消费需求,又要善于开拓和占领别人看不到或看到却不愿或无力开拓的市场。基于此认识,服务市场创新的方法和技巧可以总结为抓住"三点",找准"三个地带"。

(一)服务市场创新的"三点"式

第一点是吸取他人优点。即留心其他旅游企业市场开发策略,将优点加以综合,并附加上自己的特色,形成"人优我特"的竞争优势,为企业创造出新的消费阶层,开辟新的消费市场。

第二点是抓住市场盲点。指众多旅游企业对已经出现的需求趋势缺乏应有的敏感且视而不见,欲进行市场创新的企业通过努力将潜在的消费市场转变为现实的消费市场,或消费者的需求只是部分得到满足,需进一步完善以提高其满足程度,如客房内娱乐设施的设置与满足家庭度假消费者的室内娱乐需求。

第三点是冷点中求热点。即在市场开拓中,充分发挥逆向思维的作用,"反其道而行之",往往能避免市场周期性变化带来的消极影响。同时,也能迎合消费者求异求特的心理特征,如很多星级酒店只盯住高档消费者不放,应当注意被视为"冷点"的低档消费者亦有很大的消费潜力。最先"冷中求热"的酒店将受益于此,启动冷点市场,扩大市场份额,提高经济效益。目前很多星级酒店"放下架子",面向工薪阶层服务,这起到了很好的经济效益和社会效益。

(二)服务市场创新的"三个地带"

第一个是寻找空白地带,即在各种现有市场的基础上,寻找空白,填补缝隙。在市场开发中,常有一些被众多竞争者所忽略的"空白"或"死角"地带。抓住空白而不盲目追随他人,把触角伸向别人不愿做、不能做、不屑做的领域,往往会取得意想不到的成效。如广州一家酒店发现下午时间段很多老年人无固定休闲场所,就将下午餐厅空闲期改为午后茶点供应时间,结果生意兴隆,开辟了一个稳定的老年人餐饮市场。

第二个是弥补断裂地带,即发现其他同类酒店的缺陷或不足,"乘虚而入",

及时推出满足相应需求的产品,以弥补这种断裂地带。这要求旅游企业掌握市场竞争中最薄弱的环节,通过调整供需矛盾赢得市场。

第三个是关注边缘地带,指看似被占领或应该被占领的市场却处于"三不管"地带的状态。如果将大量的边缘地带聚合起来,就等于占领了大块市场,如很多酒店将目光盯在颇有消费能力的中年商务客人身上,而忽略了被认为消费习惯保守的老年市场和开发价值不大的少儿市场。随着消费观念的转变以及老龄化社会的到来,随着三口之家的小家庭结构出现,这两个市场将蕴含着无限商机。

另外,旅游企业通过将新的营销方式,如服务营销、网络营销、关系营销、绿色营销以及整合营销等引进酒店营销体系,然后进行不同的营销组合,这都是进行市场创新的有效途径。

第五节 服务管理创新

一、服务管理创新的内涵

国内文献中最早提出管理创新概念的是芮明杰教授,体现在其著作《现代企业管理创新》一书中。该书对管理创新的定义是:"管理创新是指创造一种新的更有效的资源整合范式,这种范式既可以是新的有效整合资源以达到企业目标和责任的全过程式的管理,也可以是新的具体资源整合及目标制定等方面的细节管理。"可以看出,管理创新至少包括以下几种情况:提出一种新的经营思路并加以实施,如果这种思路是可行的,便是管理的一种创新;创设一个新的组织结构形式并使之有效运转,组织结构是企业管理活动及其他活动有序化的支撑,其变革也是管理的一种创新;设计一种新的管理模式,是指对企业整体资源或部分资源进行有效配置的模式;提出一个新的管理方式,一种新的服务管理方式可以提高服务效率,协调服务组织的人际关系,可有效激励员工;进行一项制度的创新,制度是企业资源整合的规范,既是企业的行为规范也是员工的行为规范,制度的变革有利于资源的有效整合,因此,制度创新也属于一种管理创新。

无论是产品创新、技术创新还是市场创新,都属于广义上技术层面创新的范畴,任何技术层面的创新都离不开管理创新的基础,因为市场经济体制中运行企业只有通过管理创新才能使各项工作处于有机的动态协调发展状态。根据管理创新包含的五种情况,结合服务运作实际,笔者认为,服务管理创新主要应包括服务战略管理的实施、服务组织的创新和人本(以人为本)管理模式的构建等几个方面。

二、实施服务战略管理

服务战略管理是指在研究服务经营和管理规律的基础上,为有效地组织和利用企业内部的各种资源,使之适应外部环境,决策管理人员对整个企业在未来一个相当长时期内的经营活动做出总体谋划与指导。目的是实现企业经济环境、自身资源状况与企业经营战略目标三者之间的动态平衡和统一,以便使企业或集团有持久的竞争优势。

酒店企业在竞争态势日趋激烈的市场环境下,在有效需求亟待拉动的行业背景下,企业进行整体运作,实施迅速反应管理战略理应提上议事日程。

(一)"迅速反应"理念

迅速反应 QR(Quick Response)源自市场营销理论,是指在少量多品种的买方市场环境中,应顾客的需求,以最快的速度生产顾客所需的商品或服务的一种管理战略。其内涵着重突出时间这一酒店无形资源的作用,从而为企业赢得持续竞争能力。其外延包括供应链条上相关企业的迅速反应管理、最优服务、合理价位等要素。

(二)迅速反应管理的结构框架

迅速反应管理(QRM)作为酒店的一种竞争战略,其主要内容由"迅速反应"(QR)和"有效消费者反应"(ECR,Efficient Customer Responses)组成。由于两者的根本目标是一致的,"迅速反应"和"有效消费者反应"同时意味着消费者能在最短的时间内,在最适当的地点,用最合理的价格买到最需要的酒店产品和服务。因此将两者整合且统称为迅速反应管理。显然,"四最"的实现既是实施迅速反应管理的基础和前提,又是目标和归宿。

1. 最短的时间——实施迅速反应管理的核心

时间是酒店的一项重要的无形资源,体现的是酒店为满足消费者对时尚的追求而对市场的敏感性和反应能力,从而使酒店成为本行业的领导型企业并始终保持不败地位。由此引出时基竞争(Time-Based Competition)的概念。所谓时基竞争指酒店运用"时间"作为建立竞争优势的核心价值,时间被看作决定经营绩效的重要因素。这里的时间一般指酒店新产品或服务的上市时间和消费者由于认同而决定购买的时间。无疑,从开发、推出上市到销售的整个过程时间(即经营循环时间)的管理是提高酒店竞争能力的重要方面。因此,缩短经营循环时间成为时基竞争的核心。

2. 最适当的地点——实施迅速反应管理的基础

最适当的地点即相对于消费者来说最方便的地点。旅游类型的多样化和目的地的多中心化使得旅游消费者的移动轨迹是不确定的。迅速反应管理要求酒店转变"位置相对固定、只能让消费者异地消费"的传统观念。通过充分而周密的市场调查,进行科学的市场细分和市场定位,以特定顾客群为服务对象,发挥自身特色和优势来进行分方式、分档次的分区服务。这种分区服务的特点是负责产品生产和服务项目开发的部门可以分布在全国甚至全球的网络组织中,而每一分区则专注于某一区域的销售与服务工作。这一模式的表现之一是极端性酒店类型相继出现,客车宾馆、森林宾馆等流动式酒店已成为现实并受到消费者欢迎。海底宾馆、水下宾馆等酒店产品将随着海底探险旅游和水下蜜月旅游的开展而逐渐变为现实。将来技术条件允许了,建造月球宾馆也并非天方夜谭,酒店(饭店)大王希尔顿集团就提出并开始研究这一设想。表现之二是酒店产品和服务供给的弹性化,如分时度假和交换系统的建立,酒店、别墅可由顾客在异地之间相互交换。另外,酒店厨师可应顾客的要求上门提供宴会或拆零式服务。所有这一切都将彻底或部分地改变酒店"产权不可转移性、空间不可移动性"等传统特征,同时,这也给酒店经营者带来了更大的压力。他们需要帮助实现服务的分配和运用销售支援性工具,需要酒店组织结构的改变,要求管理者在提供信息和确定顾客服务群上花费更多的时间。这些都需要酒店管理信息系统的建立和完善。

3. 最合理的价格——实施迅速反应管理的关键

价格是影响消费者购买决策和行为的敏感因素,特别是对日益成熟和理智的消费者来说更是如此。他们手中掌握着大量的供给信息,在决定购买之前会反复地比较,同等价格比质量,同等质量比价格。有的旅游消费者在这方面最为突出,酒店赚每一元钱他都能帮你算出来。面对如此"精明"的消费者,酒店定价不得慎之又慎。一方面,迅速反应管理要求合理的、双方都能接受的价位,另一方面,迅速反应管理战略中的其他要素又为酒店制定较有竞争力的价格提供了保障,如供应时间的缩短,意味着员工加班费的减少,酒店设施设备闲置时间的缩短,酒店服务价值的充分利用和重复利用等。这也就大大降低了酒店的成本花费,相对于同类竞争企业,这为酒店取得了一种比较优势,在激烈的竞争风浪中始终能够把握主动,或保持原价,获取超额利润,或适当降价,增加市场份额。由此也可以看出迅速反应管理战略要素之间的一种良性互动关系。

4. 最需要的服务——实施迅速反应管理的终极目标

时间、地点和价格等同属迅速反应管理的竞争因素,最后都要接受市场的公正评判,即顾客对所提供服务的评价和满意程度。从这个意义上说,提供给顾客最需要的服务是酒店管理者在实施迅速反应管理战略过程中,在时间最短、地点最佳、价格最优等基础上所追求的终极目标。除了上述三"最",提供顾客最需要的服务还有内外两方面的直接影响因素。一是与上下游合作伙伴建立关系,可称之为供应链管理(SCM,Supply Chain Management),即相互关联的酒店企业之间以及与其他企业之间,通过已建立的跨企业管理网络进行有效运作的一套管理方法。在此供应链中,物流、资金流和信息流可根据各企业需求情况进行相对自由调配,以实现信息共享和资源的优化配置。同时,还可以降低单体企业经营风险,摆脱自身组织局限性等。实际上就是通过应用管理及信息技术,建立关联企业之间的战略联盟,不断缩短对顾客需求的反应时间,提高酒店自身及对方企业(更多的情况是多方)的竞争力,从而实现"双赢"进而"大家赢"的新型关系。二是酒店内部成员之间合作伙伴关系的建立,可称之为同步工程(CE,Concurrent Engineering),即强调内部成员之间的合作、信赖和信息分享,建立起对顾客需求的共同认识和对市场变化应有的敏感性,以便保证最终提供给顾客服务的整体效果,并进一步保持服务质量的稳定性。同步工程集中了集体的智慧和力量,可缩短新型产品和服务上市的时间,因此它还是实现迅速反应的重要方法之一。同步工程的实施关键在于管理方法的配合和工作习惯的改变,而不仅仅是信息技术的介入。

据以上分析,我们可以构建起酒店迅速反应管理的结构框架,如图 4-4 所示。

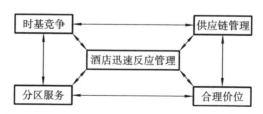

图 4-4 酒店迅速反应管理框架

三、服务组织创新——从等级制到柔性化

传统的组织结构遵循严格的等级制，像企业上层领导人员在最顶层，部门中层管理人员在下面紧随，基层管理人员和操作人员在最底层的金字塔式形式，已不能适应快速变化的现代市场和客户需求以及技术发展带来的压力。服务组织创新的目的正是增强企业参与市场竞争的能力，对意外的变化不断做出反应，以及适时根据可预期变化的意外结果迅速调整。出于这种考虑，建立柔性化组织是服务组织创新可供选择的模式。

所谓柔性，是指随时适应需求变化的能力。在残酷竞争的市场环境和"适者生存"的法则支配下，建立柔性组织是服务企业长期的组织变革战略目标，而非为避免危机而采取的临时和定期的简单调整。柔性化组织具有适应性、可变性、灵敏性和系统性等特性。以往那种层次过多、分工过细、固定不变的酒店组织机构已经成为现代酒店快速决策、灵敏反应的障碍，酒店服务组织创新势在必行。主要思路有以下几点。

（一）减少管理层次

目前大部分酒店组织结构的层次过多，由总经理（分管副总）、部门经理、主管、领班和员工组成的管理长链传递信息渠道长、环节多、速度慢，因而效率低下、反应迟钝。另外，过多的层次往往使员工对上层的依赖性增强而工作独立性减弱，遇事先请示，等一级一级批下来时早已延误大好商机。要改变这种状况，就必须精简机构，减少管理层次，以少层次、扁平化的组织结构取代多层次、垂直型的组织结构，进而增强企业组织结构的适应能力。中层管理人员的职责要得以转变，应把主要工作放在对员工进行业务培训和传递业务信息上，而不是作为一个对员工进行监督和管理的层次。

（二）加强各职能部门之间的沟通

和其他行业的企业相比，酒店内各部门之间的沟通联系相对紧密，但实质性沟通较少，特别是管理信息流通不畅，影响了酒店对各种变化的及时反应。实施柔性管理，就要加强各部门之间的横向联系，缩小和消除职能部门之间的壁垒。提高酒店整体的反应灵敏度，如营销部（或专门的信息部）及时将有关市场动向反馈给客房部、餐饮部等前台部门，以便根据市场动向及时调整酒店产品或产品的提供方式，提高酒店内各部门的合作水平和运作效率进而增强企业对市场需求的反应能力。

（三）培养掌握柔性技术的人才

柔性管理是一种智能化服务管理方式，对管理人员和员工的素质要求较高。员工不仅要熟练掌握本岗位的职责和操作规程，还要熟悉其他相关岗位的操作技能和规程，以适应情况变化和组织变革的需要，管理人员也要掌握柔性管理技术，随时适应酒店柔性组织的可变性。因此，必须把柔性管理放在相对重要的位置，加强对酒店各方面人员的教育和培训，提高他们的综合素质和对柔性组织的适应能力。应当指出，建立柔性组织，实施柔性管理，就必须利用好酒店各种资源中最具有柔性的资源，即人力资源。柔性管理的核心就是以人为本，把人看作管理的起点和终点，明确人是管理的客体和主体。人本管理是服务管理创新的重要内容。

四、多维人本管理模式——从 CS、ES 到 EL 和 HL

人本管理经历了从 CS、ES 到 EL 和 HL 的演进历程。

CS（Customer Satisfaction）是指顾客满意或顾客满意度，其思考角度是以外部顾客为中心，倡导"顾客第一"，重视顾客利益而相对忽略内部员工及其利益。

ES（Employee Satisfaction）是指员工满意或员工满意度，相对于 CS，ES 更强调以员工为中心，倡导"员工第一"，信奉"只有满意的员工，才有满意的顾客"的管理哲学，强化了员工在企业经营中的沟通协调作用。

EL（Employee Loyalty）是指员工对企业的忠诚或忠诚度，其主导思想是通过关心员工、爱护员工而获得员工对企业的忠诚，使员工视企业为家，把自己的奋斗目标和前途命运与企业紧密联系起来。

HL（Hotel Loyalty）是指酒店忠诚，指酒店对员工（顾客）的忠诚，主导思想是酒店为获得忠诚员工（顾客）而采取的各种服务于员工（顾客）和忠诚于员工（顾客）的措施、策略和承诺。

从 CS、ES 到 EL 和 HL 的演进体现了多维"以人为本"的哲学，从外部到内部，从"他人"到"自我"，对酒店管理涉及的"人"进行了多维层面的分析，理清他们之间的因果关系和前后联系，深化了人本管理的内涵，有利于不同层面"人"的行为整合，探索一种新的酒店管理理念和管理模式。

酒店作为管理的主体，研究其对员工忠诚和对顾客忠诚的实现途径对酒店服务管理的创新具有理论和实践意义。

（一）沟通

从理论上分析，沟通属于服务营销要素之一的、有形证据中的一个重要内容。不了解顾客的酒店很难做好服务营销,同样,员工作为酒店的内部"顾客",也是服务营销的对象,不了解员工的酒店也很难做好服务内部营销。缺乏表达自己思想机会的员工会有被遗弃的感觉和由此产生孤独感,以致很难和酒店建立一种亲密关系。在高科技信息交流异常便利的年代里,加强面对面的交流沟通尤其必要。交流过后要对员工的意见进行及时的反馈,做出适当处理。相信那些直接和顾客接触的员工知道他们的意见和顾客一样受到酒店的重视时,会大大提高工作的积极性。

(二) 培训

酒店忠诚的表现就是保证员工长期的工作机会。从根本上讲就是要通过加强培训和鼓励学习来提高员工被雇佣的能力。其一,鼓励员工树立持续的终身学习观念。如果不能在员工的工作期限内帮助他们成长,就不可能期盼他们全心全意为酒店服务。终身学习必须成为酒店福利的一部分,也应成为人力资源规划中的核心组成部分。通过激励员工的进取心和上进心,推动酒店的长期发展。其二,要全体动员,通过内部优秀员工的经验介绍和现身说法来相互借鉴,相互学习。这可以起到鼓励先进、鞭策后进之功效。这种方式可以看作是对传统的专职培训、专家讲座等形式的有效补充。

(三) 授权

因受日常规范的约束而产生的压抑感使员工遵从落入俗套的工作方式。这在竞争日益激烈和市场需求柔性化趋势日益凸显的今天,是不利于酒店的生存与发展的。通过授权,给员工一定的自由空间,可充分发挥其内在的潜力和创造力。这是一种富有挑战性的工作,更是对现状的一种挑战。如果想让酒店的经营管理和服务质量更上一层楼,就必须设法寻找改进现行制度的方法。授权员工,为允许和鼓励员工成为酒店的伙伴营造一种良好的氛围。当然,酒店管理者要做出这样的决策并非易事,因为它还要求酒店能宽容员工在行使权力时所犯的错误,能继续鼓励员工再尝试。曾获得美国企业最高质量奖的丽兹·卡尔顿酒店有这样一条规定:任何员工不管他采取什么办法,只要能就地消除顾客对酒店的不满,可动用2000元以下的金额来处理,无须请示。这需要酒店领导者有一定的魄力,需要酒店与员工之间相互信任,更需要员工对酒店忠诚。

综上所述,服务观念、服务技术、服务产品、服务市场与服务管理等层面的创新是相辅相成、密不可分的有机整体。其中,服务观念创新是一切创新的先导;服务技术创新是其他创新的动力和支撑;服务产品创新是服务市场创新的有效载体和实现手段,市场最终要靠创新的产品去满足顾客;服务市场创新又是服务产品创新的动力源泉和支撑手段,市场创新的结果是为产品创新价值提供最终实现的基地；服务管理创新是创新体系的基础，在市场经济体制下运行的企业只有通过管理创新才能使各项工作处于有机的动态协调发展状态。五者共同构成旅游服务创新体系框架，它们之间的关系如图 4-5 所示。

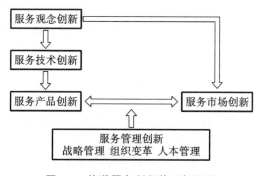

图 4-5　旅游服务创新体系框架图

第五章　酒店业服务创新研究

第一节　酒店业服务创新的概念和意义

一、酒店业服务创新的概念

随着体验经济时代的到来，顾客的需求呈现出多样化和个性化的特点。如何通过服务创新来满足顾客的需求成为酒店业经营管理的重点。为顾客提供多样化、个性化的服务，已成为酒店业取得市场份额和利润增值的主要手段。作为服务业重要组成部分的酒店业，有着独特的服务创新模式。厘清何为酒店服务创新、酒店服务创新的内涵和意义、影响酒店服务创新的因素等问题，这对于酒店业提升竞争力和可持续发展具有重要意义。

学术界对服务创新开展了相应研究并取得了一定成果，但是针对酒店业的服务创新探讨较少，并且并未对其定义进行规范，综合来看主要是我国学者分别从酒店业的信息整合、服务改进和服务创新的目标、范围、具体内容做出了相应的研究界定。尽管酒店服务创新在理论上并没有形成广泛统一的定义，但在实践上具有公认的重要性和价值。有关酒店服务创新概念和内涵的相关文献梳理详见表 5-1。

表 5-1　酒店服务创新的概念内涵

学者	酒店服务创新的概念内涵
林美珍和 郑向敏（2004）	酒店服务创新是指酒店通过整合和信息再处理的方式对待原有服务相关的知识，以期在此过程中创造出全新的服务或者得到改进的服务
吕毅华和 徐仰前（2008）	酒店服务创新主要针对酒店的产品进行定义，是指为满足顾客多方面的需求（食宿、休闲、娱乐等）而进行的一系列服务的改善和改进以及提出新的服务理念或服务产品形态，这些改善和改进的服务都是与顾客需求相关的有形物品或者无形服务。此外对于一家酒店而言，以往没有的，都可算作创新

续表

学者	酒店服务创新的概念内涵
徐仰前、王娜和韩玉（2010）	酒店服务创新同样包含了有形创新和无形创新，有形创新通常是指相应产品等可见物质的创新，而无形创新诸如服务产品品牌、流程、方式、环境、酒店物业等只有在员工的支持和执行下才能得以成功实现
薛秀芬和张芸（2008）	酒店服务创新是指酒店企业为增强企业能力、提高企业效益、加大企业增值、提升顾客满意度、提高服务人员幸福感、增强企业核心竞争力而开展的一个系统工程，是通过对生产和服务系统中的要素进行重新组合而实现的

资料来源：作者根据相关文献整理。

基于上述文献，本研究将酒店服务创新定义为酒店业在满足顾客需求的前提下，在酒店战略的指导下，引进新的管理理念或方法，采用现代化服务技术，完善现有酒店服务和开发新的酒店服务，提高酒店服务质量和效率，从而增加酒店附加值及核心竞争力的过程或结果。

二、酒店服务创新的意义

（一）知识经济时代的到来

知识和技术成为现代企业竞争的优势，对于知识密集型企业来说，更是企业的核心竞争力。通过知识管理实现企业、团队及员工的知识共享，有助于推动企业的创新。酒店业作为劳动密集型行业，在长期的运营中，管理者缺乏对知识的管理和对知识共享的重视。知识经济的到来，促进了酒店人员对知识和技术的重视，推动了酒店服务创新理念的产生。例如，酒店通过引入智能客房系统、提供定制化服务等手段，满足了客户对智能化、个性化的需求，从而赢得了市场份额。酒店业顺应潮流，引进酒店自助入住机，用户可以自助开房、退房、结账，节约时间的同时也提高了酒店服务质量，进一步实现了酒店的服务创新。

（二）酒店业竞争激烈

中国饭店协会发布的《2023 中国酒店业发展报告》及《2022 中国酒店集团及品牌发展报告》显示，我国酒店行业供给持续增长，截至 2022 年 12 月 31 日，我国连锁酒店客房总规模将近 553 万间，同比增长 81 万余间。《2022 年文化和旅游发展统计公报》显示，2022年末，全国共有星级酒店8365家，全年全国星级酒店营业收入1177.68亿元，平均房价318.48元，平均出租率38.35%。报告显示，我国酒店客房数量的增长速度远大于酒店平均出租率，这使得酒店客房供大于求。此外，我国酒店业发展在行业内部呈现明显的结构分化特征，以五星级酒店为代表的豪华型酒店受运营成本居高不下、地产投资高峰等多重因素影响，发展速度和规模增长速度呈现连年降低的态势。以如家、汉庭等连锁酒店为代表的经济型酒店在经历过高速增长时期后，由于同质化严重和供给过剩，现已进入洗牌阶段。综上，酒店业市场竞争加剧是当前酒店业发展止步不前的原因之一。

从酒店业现有的竞争格局来看，无论是中高端酒店还是经济型酒店，都既有自身的竞争优势，又有不能回避的发展问题，而且酒店行业内部同质化竞争严重，服务模式缺乏创新，服务内容趋同，使得顾客只能根据价位、地理位置等因素来选择酒店。为了在市场竞争中取得一席之地，酒店业务必彻底改变传统观念，将提高顾客价值创造作为新的经营理念，通过实现差异化、个性化服务，进一步提升酒店的核心竞争力。因此，酒店业服务创新迫在眉睫，只有从根本上突破传统酒店的服务模式，带给顾客全新的服务体验，才能使酒店业的发展更上一层楼。例如，一些酒店通过提供特色餐饮、举办文化活动等方式，吸引了大量消费者。此外，通过不断创新服务模式和提升服务质量，酒店还能提高客户满意度和忠诚度，从而稳定市场份额。

（三）国家政策的引导

党的十九大报告指出，创新是引领发展的第一动力，报告中曾50余次强调创新。党的二十大报告强调，坚持创新在我国现代化建设全局中的核心地位，并对加快实施创新驱动发展战略作出重要部署。可见，创新对于现代化经济而言具有重要的意义，特别是在新常态背景下，酒店业需要积极寻求出路，在服务创新方面有所突破，而不是止步于"同质化"的服务模式。新时代酒店服务质量的好坏关系到酒店品牌的塑造，创新理念对于酒店业的服务创新有着深远影响。酒店业服务创新不仅顺应世界经济以及消费者的需求，也推动了当今服务业的发展，成为经济增长的新动力。

综上所述，知识经济时代的到来、酒店业竞争的加剧以及国家政策的引导都对酒店服务创新提出了更高的要求。通过不断创新服务内容和形式，酒店不仅能够提升自身的竞争力，还能满足消费者的需求和期望。因此，对于酒店企业而言，服务创新是实现可持续发展的关键因素之一。

第二节 服务创新对酒店业的影响与作用

酒店是随着人类旅行活动的开始而出现的,它最初的功能就是住宿服务。回观过去,早在全球第一座酒店(饭店)建立的时候,酒店领导者方面就已经体现出了创新经营理念,提供餐饮服务;之后在从大饭店到商业酒店的改革过程中,创新技术更加深入,增加了洗浴服务;陆续发展起来的综合酒店就提供了这些服务,并且沿用至今。世界现代化酒店的产生具体可分为四个阶段,详见表5-2。

表 5-2 酒店业发展阶段

各个发展阶段	面向人群	选址	风格特点
客栈时期	信徒、外交官、商人等	马车道、驿站、海港附近	简陋、只供住宿
大饭店时期	王室贵族、社会名流	繁华的大城市	规模大、设施豪华
商业酒店时期	商务旅行者	城市中心、铁路附近	设施舒适、价格适中
现代新型酒店时期	社会大众	城市中心、郊区、公路旁等	满足客人各方面需求

酒店业的雏形是小客栈,始于12世纪至18世纪,12世纪至15世纪处于客栈前期阶段,15世纪至18世纪处于客栈后期阶段。它是随着商品生产和商品交换的发展而逐步形成的,在法国、意大利、英国等国相当普遍,其中以英国的客栈最为著名,其主要是指乡间的小旅店,仅给客人提供住宿服务,不提供餐饮服务,其特点是功能单一、规模小、设施简陋,而且安全性差,管理比较懒散,经常发生偷盗和抢劫的现象。它主要面向的人群是路过的传教士、外交官吏、信使、商人等,为其提供一个简单的栖身之所。经营方面属于家族企业,没有专门人员管理,相对来说,小客栈时期的酒店雏形功能性很弱,谈不上管理和创新意识。

从18世纪末至19世纪末,大饭店时期到来。1829年,美国波士顿的特里蒙特饭店(Tremont)是世界上第一座现代化酒店,也预示着世界酒店业的兴起。特里蒙特饭店内设170套客房,200个餐厅座位,是酒店历史的里程碑,开创了大酒店经营的先河。酒店装修的特点是设备设施非常豪华、规模很大,主要面向王公贵族等上流社会人群。以"客人永远是对的"为服务宗旨,有非常规范的礼节和接待仪式。与小客栈相比,大饭店时期的创新服务是为客人提供餐饮服务、豪华设施和周到的服务,也就是说,大饭店时期的发展相对于客栈时期而言发生了质的变化。

一、创新在大酒店向商业酒店变革当中的作用

20世纪初是大酒店发展到商业酒店的过渡时期和最为活跃的时期,同时也是酒店业发展的新时代,这为现代酒店业的发展奠定了重要的基础。埃尔斯沃思·米尔顿·斯塔特勒是当时美国最大酒店业的领导者和经营者。1908年,斯塔特勒饭店在美国巴法罗建造,由于20世纪初全球的商务旅行急剧增加,所以该酒店是专为旅行者设计的,与当时美国的经济形态相适应。它改变了之前客栈时期和大饭店时期的经营环境和价格条件,创造了平民大众所能接受的价格和服务,同时也开创了世界上新型酒店的服务理念,即为客人提供最佳服务的经营理念。其特点是酒店规模比较大、环境舒适、价格合理、服务周到齐全,而且以盈利为目的。他认为酒店经营成功的根本要素是地点原则,酒店选址非常重要,最好在城市中心或公路边,面向旅游者市场,这样会使消费人群扩大,其经营活动讲究经济效益,目的是迅速盈利,这对当代酒店业的经营有非常重要的影响和启迪作用。

当时的商业酒店管理者斯塔特勒在酒店经营中还有许多革新和措施,具有超前的创新意识。第一,他建立了标准化服务,例如,在他的酒店里,每套客房都设有浴室,有通宵洗衣和送报上门等方便客户的服务项目;第二,在经营方面特别注重服务水平,他亲自编制了《斯塔特勒服务手册》,这是以他名字命名的非常具有代表性的经营手册,开创了现代酒店的先河,之后兴起的豪华酒店必备的就是酒店服务手册;第三,实行低价格政策,跟客户打心理战,使客户感到收费合理,钱花所值,维持客户忠诚度;第四,酒店管理逐步科学化,主张实行市场调研活动,用事实说话。

二、创新在提升酒店管理服务当中的作用

在酒店业竞争日益白热化的今天,酒店数量急剧增加,市场份额骤然减少,

客人对酒店服务的要求不断提高,特别是个性化服务,管理人员和服务人员极不稳定,使得酒店产品同质化严重,这个时期每个酒店都在深谋远虑地策划以争取企业长远的发展,同时刺激利益最大化,这是企业立足此行业的根本目标。说到底,发展才是硬道理,酒店作为一个企业,必须考虑长远的发展,延长企业寿命,即使遇到困难,也应该积极探索,打破常规。酒店该如何发展呢?实践证明,创新思维显得尤为重要。21世纪是科技与人文交错的时代,因此,创新是酒店未来发展的必经之路,酒店只有通过不断的创新才能实现更高层次的跨越,将对手远远甩在身后。

酒店作为服务业的一种存在形式,酒店的管理者是创新意识和举措的主要来源以及实施者,他们要根据客人的需求以及企业内部管理方式来抉择长远发展战略,全方位实施酒店管理和服务的变革创新。例如,位于襄阳市中心的美居酒店通过一系列的管理与服务创新,成功吸引了众多客户的目光,并在市场中站稳了脚跟。

装修硬件创新方面,在装修设计上采用了可持续发展的理念,使用环保材料和节能技术。客房内安装智能温控系统,自动调节室内温度,减少能源浪费。同时,酒店的公共区域和客房内部装饰采用当地艺术家的作品,不仅提升了环境品质,也为客人提供了独特的文化体验。此外,酒店还引入了智能家居系统,允许客人通过手机应用程序控制房间内的灯光、窗帘和娱乐设备,提供便捷的个性化服务体验。

管理理念创新方面,酒店管理层采用了扁平化管理模式,提高了决策效率和员工参与度。管理层鼓励员工提出创新意见,并实施了一系列员工培训和发展计划,以提高员工的专业技能和服务质量。酒店还引入了绩效管理系统,通过设定明确的绩效指标和激励机制来提高员工的工作满意度和忠诚度。

营销方式创新方面,为了吸引潜在客户并增强品牌影响力,酒店利用社交媒体和数字营销策略进行推广。酒店通过与旅游博主和影响者合作,在网络上创建了吸引人的形象,并通过用户生成内容(UGC)来展示真实的客户体验。此外,酒店还开发了一个定制化的移动应用程序,使客户能够轻松预订房间、定制服务和参与忠诚度计划。

服务文化和质量管理创新方面,酒店致力于提供卓越的客户服务,并建立了一套全面的质量管理体系。通过定期的客户满意度调查和反馈机制,酒店能够及时了解并解决客户的需求和问题。酒店还强调建设服务文化,通过内部培训和激励措施,确保每位员工都能够提供热情、专业的服务。为了巩固客户忠诚度,酒店推出了个性化服务,如定制旅游指南、庆祝特殊场合的服务等,以此来满足客户的个性化需求。

美居酒店通过在装修硬件、管理理念、营销方式以及服务文化和质量管理等方面进行创新实践,不仅提升了客户体验感和环境品质,也提高了运营效率和员工满意度。同时,通过运用数字营销和个性化服务,酒店成功地吸引了潜在客户,增强了品牌影响力,并通过独特的服务文化巩固了客户忠诚度。这些创新举措充分体现了酒店管理者的创新思维能力和对市场趋势的敏锐洞察能力,且美居酒店的全体员工也齐心协力。因此,美居酒店的成功在于管理者不断提升的创新意识和全体员工的努力。以下简单总结创新意识在酒店管理和服务当中的作用。

一是提升了酒店的核心竞争力。酒店通过在管理和服务方面的不断创新,给客户提供其他酒店所不能提供的高质量、有品位、有品质的个性化服务,既维护了现有的客户,又开发了新的市场,最终获取巨额利润,这明显增加了企业的核心竞争力,帮助其在激烈的酒店业竞争中保持领先位置。

二是促进了我国酒店业的宏观发展。当今社会以第三产业"服务业"为主导行业,酒店作为社会中的一个重要服务单位,它们通过加强自身管理以及服务创新能力,不断给消费者提供更加贴心、更加到位的服务,这不仅提高了我国服务业的整体水平,也更加促进了我国酒店业的宏观发展。

三、信息时代的创新管理

随着信息时代的到来,企业的竞争方式也发生了新的变化,酒店业同样也离不开网络信息,酒店服务和管理逐渐信息化发展。利用网络开展酒店业务是现代酒店经营的重要标志之一,这加快了我国酒店业向以电子信息技术为代表的智能化服务型酒店发展的速度。企业通过互联网搭建统一的信息应用平台,将客户、酒店、供应商、合作伙伴以及本企业员工等群体统一为一个整体,目的是能够更加直接地面向客户提供酒店创新服务。随着酒店业竞争和发展速度的加快,租用客房的利润空间越来越小,酒店之间客源的争夺日益激烈,酒店如果要维持或者扩大收益,只能降低运营成本和提高效率,达到目标最有效的办法就是开通信息化服务。当今酒店的竞争实质上是酒店信息化的竞争,信息化正改变着酒店业的竞争模式,信息化管理将成为未来最受欢迎的管理模式之一。中国要想快速成为世界旅游强国,中国酒店信息化的发展就必须具有超前意识,走不同寻常的创新之路。同时,全球酒店业领导者也在密切关注信息技术的发展,美国酒店及旅游业财务与科技专业人员协会的调查报告显示,先进的信息化技术已成为今后亚洲乃至全球酒店业重新获得竞争优势的重要工具。

酒店初期的信息技术使用是以宽带高速数据网络为核心的"数字化酒店",其特色是有宽带接入线路,具有浏览公司网站、查询相关数据、客户自助服务、员工移动办公系统等功能。同时,酒店开通了订房管理功能,即使身处异地,也可以随时上网选择自己中意的酒店,通过网络宣传企业形象以便顾客了解酒店设施和服务,顾客也可以直接跟酒店面对面沟通,让酒店提供更为个性化和人性化的服务,这是酒店创新意识的体现,实现了以"宽带"为特色的酒店创新服务。

随着信息技术的深入运用,国际上众多酒店领先应用了众多软件,主要包括前台管理、销售管理、财务管理、人力资源、餐饮和成本控制管理、远程数据库交换、智能自动化系统和门锁管理系统等,通过不断思考、不断创新,酒店逐渐形成了在信息时代的新竞争优势。对酒店业来说,网络订房已经是信息时代最简单不过的小创新,酒店可以在网上宣传酒店设施、服务项目、餐饮特色、旅游景点、购物指南等卖点,顾客在网上可自由选择服务项目,完成预订之后,系统就自动生成了一项预订记录,酒店确认后执行并产生电子卡,手续简单精确。其中,主要项目有可自动化智能感应、小酒吧自动化管理、消费次数、需求偏好等等,酒店在顾客消费后将数据留存备用,这一系列的信息化技术使酒店管理方法逐渐由经验管理转向科学管理,将酒店内部每个部门都进行了信息共享,既降低了酒店的运作成本又提高了管理和服务效率。

携程旅行网是目前跟旅行社和酒店合作非常好的一个信息平台。它给酒店提供的功能越来越多,最开始是同行平台,后来又新增了消费者平台,这给酒店开展网络订房、订票和自我宣传提供了很大的空间,加快了酒店业以网络订房、订票和娱乐项目为主的对外电子商务发展的步伐,如果没有信息技术,即使酒店建立强大的信息管理系统,也只能将财务、管理等信息完整归档,距离电子商务还有一段距离。酒店业和旅游业息息相关,现在酒店依托信息技术对旅游产品进行有效整合,将旅游的餐饮、住宿、游览、购物、娱乐等进行一系列整合,形成了专业化的整体优势。因此,现代信息技术在酒店和旅游业的发展中起着至关重要的作用。

四、企业创新推动酒店管理和服务的内在分析

在迅速发展的当今社会,创新意识是企业生存发展不可缺少的重要思维,甚至是一个企业的灵魂,不论是国有企业、私人企业还是酒店业,行业的领导者都积极地将创新融入管理和服务中。对企业来说,创新包括很多方面,如技术创

新、体制创新、文化创新等,但战略变革迫切需要的企业文化才是企业创新的完美体现,将内在本质创新和外在表现创新成功组合,不断主动地进行深层次的文化创新,激发企业员工创新思维潜力,更有助于企业员工创新理念的形成,增强企业员工的凝聚力,最终实现企业的全面创新并提升企业的核心竞争力。这一理论同样可以应用到酒店业中来,下面将简要分析它们的内在关系。

(一)酒店业中的技术创新

作为企业创新的一个方面,技术创新可以提高生产效率、降低生产成本、改进工艺。当今消费者的个性化需求不断涌现,传统的标准化管理模式和技术改革已经不能适应日益发展的酒店业,因此,坚定不移地走技术创新路线,依靠技术进步带动酒店业的发展已经刻不容缓。传统的酒店竞争以粗放式措施为主要竞争手段,大规模地投放高价值硬件设备设施,通过不良手段抢夺客源,并没有在日常管理和经营上深入研究,过去的经营方式已经很难满足当今消费者不断增长的需求,因此,传统的资源战日后将发展为精细的技术战。

此外,有的酒店规模小、实力小、待遇少,很难吸引酒店方面的专业人才,特别是技术创新方面的人员,其所占员工总数的比例少之又少,与国际上发达国家的酒店业相比,差距较大。技术创新在酒店的应用将会逐渐成为企业的一项重要无形资产,酒店给予技术创新人员相应的报酬补偿,有效地激励了研究与开发人员,有利于酒店组织建立技术创新组织,刺激酒店收益增长。

(二)酒店业中的体制创新

体制创新有利于企业日常工作的有序进行,便于企业各方面管理,也可以弥补之前老旧体制的弊端,引导酒店沿着正常、正确的方向发展。在当今发展迅速的信息社会中,来自各方的文化知识日益膨胀,酒店若要适应此状况,就要结合酒店自身的特点,对原有的一些内部原始制度进行创新,以适应酒店在信息多变的环境中生存发展的需求。具体包括以下方面:将原有的已经不适应市场竞争需要的一些管理制度、工作流程和决策事宜进行创新;必须加快制定和完善相关的信息管理制度;通过沟通、交流提高酒店员工再学习的能力和文化素质,最大限度地发挥员工的潜能;全面掌握市场最新信息,提升酒店对新信息的反映速度和利用率,对信息进行充分的消化吸收,保持酒店企业活力充沛;尽快引进国际上新的竞争体制。以上企业体制创新如果能在酒店业中应用得当,我国酒店业未来会有突飞猛进的发展。

(三)酒店业中的文化创新

创新意识不仅仅是宽泛的理念,更应该与本企业的文化相融合,因此,酒店应更加注重企业文化的发展,以此提高酒店员工的整体素质以及塑造个人的价值观,进而发展成为酒店重要的支撑力。企业文化有内在和外在两种形式,企业环境是企业文化的一种外在象征体现。万达国际饭店是企业文化创新的标杆,一年四季国内外客人不断,创新文化是其经营的重要理念,不断创新是其生存发展之道,它之所以成功,与创新文化的融合应用息息相关。企业环境是企业文化创新的外在条件,针对不同国家消费者的习惯和特色,万达国际饭店在国内酒店业率先开辟了酒店的特色楼层,其中有代表性的"槐之轩"和"樱之苑",是专门为日本客人服务的两个楼层,从入住环境到生活用品以及服务员,无不渗透着日本气息,日本客人感受到的是如家庭一般的酒店服务。"济州岛"楼层是专门为韩国客人设置的,同样吸引着韩国客人频频入住,服务员身着地道的韩式服装,讲着流利的韩语,让韩国客人流连忘返,惊诧称奇。员工素质是企业文化创新的内在条件,万达国际饭店有国内外先进的管理制度,并随时更新引进,更是有八个字的员工理念,即想事、尽责、行权、亲情。酒店定期对员工进行思想教育和业务培训,通过培训调动员工的积极性和主动性,增强其工作动力,此外,万达国际饭店还建立了员工基金,用于帮助员工解决特殊困难,这一创举让员工倍感家的温馨。总而言之,加强酒店管理和服务的创新意识,注重企业文化是推动酒店业快速发展的有效方法。酒店管理者要充分发挥指挥能力、决策能力、创新力、联想力以及意志力,保证酒店在市场竞争中与时俱进,勇立潮头。

第三节 酒店服务创新的四棱锥模型

任何一项服务创新都包含服务概念的创新、客户界面的产生、服务传递系统和技术四模块的有机联系。酒店与客户之间的共同作用以及新技术成果在实践中的运用是酒店服务创新开展的关键,如第三方酒店管理系统 PMS、通信平台、无线通信以及多种新的 IT 技术与信息系统的应用等。

酒店服务创新不仅局限于服务自身特征的改变,同时战略控制是保证服务创新顺利实施的关键。酒店服务创新与新客户服务界面、新服务传递系统等因素紧密联系。而服务概念的创新、客户界面的产生和新的服务传递都必须以服务战略为中心,服务创新如果与酒店整体发展战略不协调,就无法发挥其应有的作用。由此我们可以得出,酒店服务创新的"四棱锥"系统模式是由服务概念的创新、客户服务界面的创新、服务传递系统的创新、新的技术选择与应用及酒店服务战略的选择与协调这五个相互联系和作用的维度构成的，该系统模式如图5-1所示。

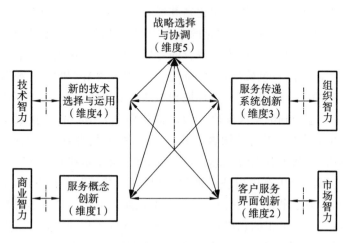

图 5-1　酒店服务创新的"四维度"系统模式

从图 5-1 可以看出，战略的选择与协调因素居于四棱锥顶点，其投影落于由服务概念的创新、客户服务界面的创新、服务传递系统的创新、新的技术选择与应用四要素组成的四棱锥的底面，这表明四要素要在服务战略的指导下进行作用，而酒店服务创新又是通过这个底面相互作用实现的。由此可见，战略选择与协调在酒店服务创新中起到核心作用。

"四棱锥"系统模式突出了战略管理在酒店服务创新活动中的核心作用，它对服务概念创新、客户服务界面创新、服务传递系统创新、新的技术选择与运用等四个要素起到了统筹规划的作用，它代表了更有意识和更有组织性的战略开发过程。这种服务创新是有意识的、受酒店管理人员控制的，具有战略目标的创新。

一、维度 1——服务概念的创新

酒店服务创新的第一个维度是服务概念创新，酒店服务创新通常是解决酒店客户某个问题的创新方式和方法，而不是一个有形的实物产品。新的服务概念要求必须对创新特性有准确的把握。该维度发挥的作用就是使酒店根据竞争者的行为和客户要求以及市场变化来改进原有服务并开发新的服务。任何行业，市场的开发都始终要放在首位，酒店行业也不例外。新的服务概念可以使酒店知道如何才能提供更具个性化、更便捷高效的酒店服务来赢得市场。同时,能够更加了解现有客户以及未来亟待开发的客户需要酒店提供什么样的服务,洞察竞争对手在这方面又采取了何种措施。

服务概念通常包含的三个要素,如图 5-2 所示。

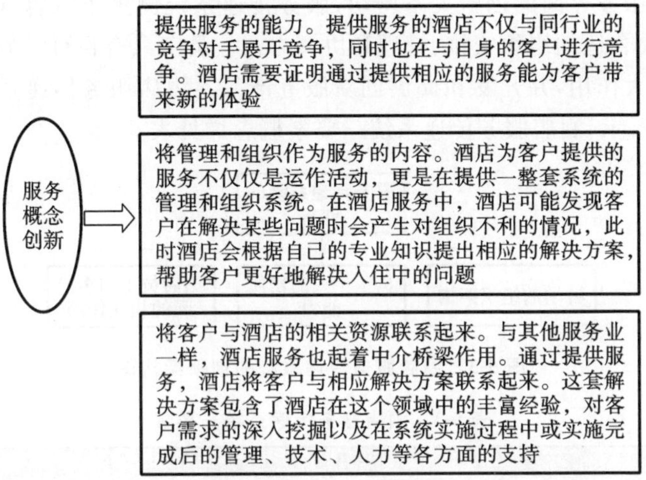

服务概念创新 ⇨
- 提供服务的能力。提供服务的酒店不仅与同行业的竞争对手展开竞争,同时也在与自身的客户进行竞争。酒店需要证明通过提供相应的服务能为客户带来新的体验
- 将管理和组织作为服务的内容。酒店为客户提供的服务不仅仅是运作活动,更是在提供一整套系统的管理和组织系统。在酒店服务中,酒店可能发现客户在解决某些问题时会产生对组织不利的情况,此时酒店会根据自己的专业知识提出相应的解决方案,帮助客户更好地解决入住中的问题
- 将客户与酒店的相关资源联系起来。与其他服务业一样,酒店服务也起着中介桥梁作用。通过提供服务,酒店将客户与相应解决方案联系起来。这套解决方案包含了酒店在这个领域中的丰富经验,对客户需求的深入挖掘以及在系统实施过程中或实施完成后的管理、技术、人力等各方面的支持

图 5-2　服务概念的创新

二、维度 2——客户服务界面的创新

酒店服务创新的第二个维度是客户服务界面的创新,包括酒店与客户交流合作的服务方式以及酒店提供给客户的服务方式。客户是酒店服务不可缺少的一部分,酒店与客户间的交流合作会产生很多创新服务。以客户为导向的产品和服务越来越丰富,客户也愿意更多地参与到服务传递之中。因此,客户服务界面的创新显得愈加重要。

在酒店的客户关系界面,为促使客户更多地参与到服务过程中,需要采用新的技术手段予以实施。酒店在与竞争对手博弈的过程中,要想抢得先机,最好的方法就是在客户关系界面上不断创新。创新的方法有很多,最有效的方法就是在服务过程中应用新的信息技术手段,利用现代化的信息管理方式收集现有用户和潜在用户的市场信息,同时加强收集用户对酒店服务系统的反馈。服务行业顾客至上,只有将酒店与客户关系服务界面不断创新,才能在客户竞争中占得先机。

三、维度3——服务传递系统的创新

酒店服务创新的第三个维度是服务传递系统的创新。服务传递系统的创新与客户关系服务界面的创新关系密切,服务传递系统侧重于酒店员工实施服务传递,这需要合适的组织安排、管理和协调方式。员工只有在科学的组织架构中才能发挥最大作用,并开发和提供创新服务产品。酒店服务传递系统创新架构图如图5-3所示,酒店服务传递系统三要素概念详见表5-3。

图5-3 酒店服务传递系统的创新架构图

表5-3 酒店服务传递系统三要素

三要素	概念
科学的组织构架	在酒店行业引入信息管理系统,要求有较大的商业和组织过程重组,这不仅改变了实际商业交易发生的方式,而且改变了交易前后的过程,相应的,酒店内部组织也会发生改变
员工个人的素质能力	为适应酒店服务创新的要求,酒店必须为员工创造新的学习环境和文化氛围,加大对员工能力的培训,提高个人素质,营造学习型组织,支持鼓励员工进行创新,充分发挥员工的创新潜力
酒店员工与客户间的相互作用	内部组织和传递方式与员工和客户间相互作用的方式不能分离,两者相互交叉、相互支持

四、维度4——新的技术选择与运用

酒店服务创新的第四个维度是新的技术选择和运用。在当代信息社会,每个行业领域都需要新的技术进行充实壮大,酒店行业更加注重在新技术方面的应用和推广,可以说"新的技术选择与运用"这一维度在酒店服务创新中的作用越来越重要,酒店可以通过某些高科技手段来使各方面工作变得更为高效,当然服务也包含其中。

新技术的应用为酒店服务水平的提高提供了智力保证,它为模型底面的其他三个维度创造了条件。新技术的应用为酒店服务概念的创新提供了可能性,推动了服务概念的创新;酒店与客户间的关系界面的创新也需要新技术的支撑,为创造新的关系界面提供技术保障;服务传递系统更需要技术做保证,没有新技术的运用,服务传递就无法顺利完成。因此,酒店服务水平和质量提高的前提就是加大对新技术的选择与应用。

五、维度5——战略选择与协调

酒店服务创新的第五个维度是战略选择与协调。在酒店服务创新各要素之中,战略选择与协调居于核心位置,处于战略管理之下的酒店服务创新才更具有意识和组织性。我国酒店行业近年来快速发展,面对日渐激烈的竞争,酒店只有根据自身实际情况以及外界环境的变化来及时调整酒店内部的战略选择。可以说,战略时机的决策创新会直接影响到酒店的生存和发展,只有在科学的战略选择指导下,才能充分发挥模型底面四个维度的创新能力,服务创新才更具有生命力,这种创新对酒店成长才更有意义。

综上所述,酒店服务创新是酒店未来发展的关键。只有将服务创新纳入酒店整体发展战略之中,通过新技术的创新运用,才能使酒店更具有创新理念,服务传递系统更加完善,与客户服务关系更加和谐,进而全面提升酒店核心竞争力。

第四节 酒店服务创新案例分析

一、MF大酒店概况

MF大酒店是由MF实业集团有限公司投资,按照国际五星级酒店标准兴建,采用国际上先进的设计建造理念,结合艺术化、时尚化的装修风格,配置完善的现代化硬件设施,是一家集客房、中西美食、休闲娱乐、会务于一体的综合性高端商务酒店。

酒店建筑面积 3.2 万平方米,楼高地面 26 层,地下 2 层。酒店地处 CBD 中心商圈,距离机场仅 30 分钟车程,驱车仅 10 分钟即可到达火车站,地理位置优越,交通便利。

酒店拥有总统套房、部长套房、豪华套房、行政客房、蜜月客房、标准客房等各类客房,房内各项设施设备一应俱全。酒店西餐厅装饰时尚温馨,中餐宴会大厅装修雅致并配有 11 个各具风格的贵宾厅房,可同时容纳 1000 人就餐。酒店设有无柱多功能会议大厅及其他各类中小型会议室 8 个,所有会议室均配有专业音响、视听系统、高速宽带接入及液晶投影仪等设备。酒店的室内游泳池、健身中心、棋牌室、美容美发、洗衣房等设施也一应俱全。地下停车场为宾客带来更加便利、私密的空间。酒店地下一层是员工的生活区域和文化娱乐区域,设有员工餐厅、员工洗浴更衣室和制服间等。

MF 大酒店希望带给顾客高品质的生活体验和高质量的服务,因此制定了翔实的服务标准,即酒店的《标准操作流程》及《酒店服务必读》。《标准操作流程》及《酒店服务必读》根据 MF 大酒店的实际情况制定,新员工入职后,人力资源部安排专员对新进员工进行培训和辅导,每月的在岗培训过程中,各部门也持续进行相关培训,促使员工熟练掌握服务标准。酒店集团非常重视服务品质,每周酒店培训部会对前厅、预订服务中心、餐厅、客房等进行服务品质检查,发现问题并完成报告,每月协同总经理、前场部门负责人进行重点问题回顾和改善策略的讨论。每年酒店集团还会安排神秘客户暗访及集团公司稽查,目的是对酒店的服务品质进行检查和督导。然而相较于一般成熟的五星级酒店,其繁复的服务标准、服务流程、使员工在执行过程中易产生倦怠情绪。在日常的服务标准培训中,部分培训流于形式,并没有真正地深入员工心中。因此,较高的服务标准和员工的实际表现之间,以及顾客对酒店的期望和实际得到的体验之间仍存在一定的差距,无论在服务品质还是服务创新层面,MF 大酒店都有着较大的上升空间。

二、MF 大酒店的 SWOT 分析

SWOT 即优势(Strengths)、劣势(Weaknesses)、机会(Opportunities)和威胁(Threats)四个单词的英文缩写。

(一) 酒店的优势

1. 酒店文化特色明显

作为一家文化内涵丰富的酒店,MF 大酒店将当地的特色文化植入到酒店

的设计和服务之中。坚持与自然和谐统一的理念，保留周边生态，呈现当地原本风貌，是 MF 大酒店独有的迷人之处。特色餐厅、空中花园、恒温泳池是酒店的特色打卡地，同时也是公司活动、新人举办婚礼的热门场地。酒店独特的设计理念和文化基因，使其在当地众多酒店中极具特色。

MF 大酒店将自身的设计理念编制成一套完整的《酒店导览词》，从酒店的整体概况、设计寓意到当地及中国的历史文化均有涉及，酒店培养一批员工成为导览员，为对酒店的设计和故事感兴趣的住客提供导览服务，传播酒店品牌与文化。

2. 感官体验独特

MF 大酒店希望带给顾客独特的六感体验。视觉上，设计师竭尽全力地使酒店的各个角落都能呈现美感，使顾客走入酒店处处都能欣赏到美；听觉上，有酒店的专属音乐；味觉上，中西餐厅各具特色，可尝到当地特色菜、海鲜等美食；触觉上，寝具的选用也格外用心，让顾客有舒适的睡眠；嗅觉上，香茅精油的香气是酒店的专属气味，同时 SPA 还提供四种不同气味与功能的精油，供顾客在芳疗体验时选择；心觉上，希望顾客在体验到五感的基础上可以获得适时适地的服务。

3. 服务品牌塑造

民悦汇是 MF 大酒店的核心竞争力，是核心顾客的聚集之处，以"倾己所能，为您所需"为服务理念，凸显一对一沟通优势并搭建顾客、酒店与民悦汇的三方载体平台，旨在使顾客在店居停时倍感舒适、便捷、贴心，进而提升酒店目标顾客的满意度与忠诚度。民悦汇肩负着酒店 VIP、政务、OTA、会员、业主及重点会议团队的接待任务，对重点顾客实施动态管理和客户关怀，同时对店内顾客进行日常服务与维系，负责收集顾客意见和客户关系管理（CRM）信息等，及时给予回复并定期收集整理和分析，协调各部门资源为顾客提供快捷、便利的服务，同时还负责管理宾客档案资料、部门指标分析及日常数据统计分析等事宜。

民悦汇以服务为先导，以技术为支撑，搭建综合式消费服务平台，提供切合顾客的最佳"体验式经济"服务，通过提供个性化和定制化的产品和服务给予顾客生活和工作上的深度支持，并获取综合最大化利益。民悦汇为酒店重点顾客打造服务扩展平台、资源整合平台，并努力成为重点顾客的深度支持伙伴。

（二）酒店的劣势

1. 硬件及环境维护不足

酒店因在市中心建设，极易受外界噪声干扰，且容易吸尘，十年的时间已有部分区域呈现出破旧的一面。酒店公共空间面积大，人力不足，难以做到全面清洁和维护。酒店公区摆放了较多艺术品,但管理权责分配不清,维护不当,有缺失、破损现象。有的客房配有户外阳台,阳台上的布艺躺椅、木椅、茶几等因常年摆放在户外,受风吹日晒影响较大,布艺躺椅椅套易脏,阳台大理石地面边角处有破损现象。

2. 管理模式尚不完善

MF 大酒店与国内品牌酒店和国际品牌酒店相比,还是一个非常年轻的品牌,在管理体系上变动较多,有些规章制度尚不健全,修改较多。人员的培养和晋升机制不够健全,缺少对员工的关怀制度,尚未有完善的网络化学习系统,学习氛围不强,员工晋升困难,导致人员稳定性不高,且酒店内部未形成合作、积极的文化氛围。

3. 休闲度假设施较少

MF 大酒店有多家不同特色的餐厅、SPA 游泳会所等设施,但仍令来体验的顾客感觉游乐休闲设施太少,尤其对于带小朋友来的家庭顾客而言,除了泳池外,酒店几乎没有儿童游乐场所,这对于想在酒店停留多日的顾客而言,缺少一定的吸引力。

4. 品牌定位模糊、缺乏对目标群体需求偏好的了解

MF 大酒店虽然有其特色,但品牌形象并不鲜明,品牌欠缺影响力。对目标群体的定位并不清晰,没有针对目标群体进行相应调性的宣传和活动的策划。酒店多数时候只聚焦于成为"网红打卡地",并没有进行深度品牌理念宣传和特色服务产品研发。酒店邀请来体验的自媒体从业者,绝大多数与酒店的目标客群,即年轻有为的新中产家庭有较大差异。酒店的主流客群定位在以商务、旅游为主的"80 后""90 后",他们具备良好的经济基础和事业积淀,乐于尝试新生事物,舍得在提高生活品质上付费。以商务出行及亲子家庭出游为目的的消费者在选择酒店住宿时越来越注重质量优势、服务体验和精神满足,价格不再是主要的考量因素。目前酒店的产品、服务、所传达的生活理念并没有完全围绕这一人群的关注点去设计,未能树立鲜明的品牌形象,传达品牌理念,因此难以使消费者对品牌产生价值共鸣。

(三)酒店的机会

1. 经济发展和消费升级带动需求释放

随着国内人民生活水平的提高,我国社会进入了中产阶级加速发展的阶段,人们的度假旅行需求随之上升,在酒店的选择上也更讲究,除了干净、安全、便捷这些要求之外,有特色也成为人们考虑的条件之一,精神层面的享受需求日益突出。

2. 旅游业发展势头好

《2023年中国旅游经济运行分析与2024年发展预测》发布的报告预计，2024年全年国内旅游量将超过60亿人次，国内游发展势头好，人们开始选择国内城市度过假期，并选择高端酒店或特色酒店进行打卡，国内的中高端酒店迎来了转型升级的新机遇。MF大酒店每逢五一、十一假期，都能实现连续满房。

3. 社交媒体引发口碑效应

移动互联网的时代，企业开始逐步重视口碑传播的营销方式，从传统的微博、微信、OTA网站到抖音、小红书，渠道越来越多元，方式越来越新颖。很多人在出行之前都会参考社交媒体上的用户评论或者KOL的推荐。MF大酒店可借助这些多元的渠道，进行品牌的宣传和推广，同时在选择自媒体进行推广时，可选择与酒店目标客群相一致的KOL（关键意见领袖），通过宣传吸引目标客群，从而形成口碑效应。

（四）酒店的威胁

1. 本土星级酒店竞争激烈

本地的四、五星级酒店有10余家，2022年新开业的YA大酒店和RJ酒店坐落于市区中心地段，交通便捷、周边商业体丰富、客流量大，作为豪华型酒店，也迅速成为当地的新地标。相比而言，MF大酒店的地段位于老城区，价位高、硬件老化，使其在与这些新建的高端酒店竞争时，处于劣势。

2. 民宿、公寓成新宠

近年来，民宿、短租公寓也成为了人们出行时的热门选择。相比酒店，虽然不提供过多的人工、餐饮或其他娱乐服务，但房间的配置通常样样俱全、可满足住客日常需求，无论对以个人或家庭为单位入住的住客而言，这种自主入住的便捷性和房间的特色性都具有极大的吸引力。对于年轻人而言，每次旅行入住不同的民宿，也成为旅行途中的一段特色体验。各大旅游企业也开始布局民宿市场，携程于2021年发布"乡村旅游振兴"战略，计划打造10个高端乡村度假农庄，推动乡村民宿的品牌化、智慧化升级。民宿的扩张仍在继续，途家平台显示，2022年2月民宿订单已恢复至疫情前的70%，平台上已有200多万套房源在运营。

3. 国内酒店集团的高端化渗透

近年来，国内实力最强的酒店三巨头锦江、华住、首旅如家纷纷布局高端酒店领域。锦江集团收购了法国卢浮酒店集团、维也纳酒店集团和丽笙酒店管理集团。在高端酒店品牌方面，拥有J、锦江、昆仑、丽笙等品牌。2014年华住与雅高达成战略合作关系，发展雅高旗下中高端酒店品牌，如美爵、诺富特、美居，这三个品牌加上禧玥、城际,都隶属于华住高端事业部品牌。2021年3月华住与融创文旅集团宣布双方成立合资公司着力开发宋品、永乐半山等高端奢华酒店品牌。2012年,首旅携手安缦创始人Adrian Zecha创建奢华度假酒店品牌"安麓"。2019年,首旅与凯悦酒店集团成立酒店管理公司,创建中高端品牌"逸扉"。

4. 国际酒店集团品牌加速布局

国际酒店品牌成熟的管理体系使其在品牌运营和推广上具有优势,成为MF大酒店的强劲对手。近几年,国际酒店集团接连推出新品牌,如希尔顿自2018年以来,接连推出了三个全新品牌,微型酒店概念的Motto by Hilton、注重高级会议和活动空间的Signia Hilton以及具有亲和力的生活方式品牌Tempo;洲际则推出了奢华精选酒店品牌Vignette Collection。2021年,国际酒店集团迎来复苏,并加速布局中国市场,洲际集团2021年全年运营利润为4.9亿美元,大中华区系统规模客房数净增长近9%;万豪集团年度总收入138亿美元,同比增长约30%,计划在亚太地区新开的近百家酒店中,有半数以上将在中国开业;希尔顿2021全年净收入约4亿美元,客房净增长5万余间,与铂涛、碧桂园合作,在中国新签约酒店同比增长45%。

5. 疫情对酒店的冲击明显

自2020年疫情暴发以来,酒店受疫情的影响明显。中国饭店协会发布的《2021年中国酒店业发展报告》显示,2020年,中国大陆地区15间房以上的酒店类住宿设施相较2019年减少近6万家,客房数量减少200多万间。

酒店顾客数量的减少使得酒店必须在运营成本的管控上更加严格。如何在保证原有服务品质的基础上,降低能耗、节约食材成本、降低人力成本,成为MF大酒店日常运营的管理重点。然而这些管理要项,在实现过程中并非易事,能耗和食材的控制难免对服务品质产生影响,为控制人力成本,酒店大幅削减小时工,被削减的小时工的工作,需由酒店各部门正职员工补足,而这种人力管控方式几乎是强制性的,帮工的工作内容涉及餐饮服务、宴会服务、公共区域清洁、餐具清洁、客房清洁等,这就造成了正职员工的不满。这种情况不仅影响酒店的整体收入,而且影响酒店的组织氛围,在这种特殊的大环境下,如何维持组织的向心力,让员工与企业一同渡过难关,对酒店管理的稳定和服务品质的完善有着重要影响。

此外,在线办公软件和在线会议软件的广泛运用,也使原有的商务出行产生了变化,会议不再必须面对面的商谈,通过腾讯会议、钉钉、企业微信等APP,可轻松实现异地在线会议,人们也越来越习惯于在线会议这种方式,这就减少了商务出差、商务会议举办的需求，对酒店的营收也产生了影响。

综上所述，MF大酒店独特的设计理念和优越的地理位置使其在本地极具特色。随着人们在旅途中越来越关注体验感，MF大酒店基于六感的感官设计也是顾客获得良好体验感受的基础。然而较高的价格、老化的硬件、相对闭塞的交通、模糊的品牌定位等使其在同行竞争中处于劣势，作为一家主打体验的酒店，现有的休闲设施设备和服务水准尚不足以匹配其目标与理念。随着国内酒店品牌的高端化渗透、国外酒店品牌的加速布局和民宿、公寓的崛起，使得MF大酒店在未来将面临更激烈的竞争。随着旅游业的发展，消费升级带来的需求释放，借由社交媒体产生的口碑效应，MF大酒店仍有机会成为国内高端酒店的代表品牌。同时，作为一家文化创意酒店，MF大酒店主打差异化的竞争策略，通过品牌故事、惊喜服务和特色产品将品牌形象深入人心，帮助注重品质与体验的目标客群实现向往的格调生活，创造惬意、自然、愉悦的人文艺术体验空间。

酒店作为传统服务行业，服务和经营模式日趋同质化，新兴酒店品牌对传统酒店品牌产生了冲击，服务创新是酒店进行自我革新和保持独特性的必经之路和永恒话题，同时也应考虑酒店自身情况及外部环境，基于酒店不同阶段的不同特征制定有针对性的创新策略。通过对MF大酒店发展概况的梳理和SWOT分析，明确了酒店在发展过程中将面临的一系列问题和挑战，也明确了酒店自身的优势和劣势，以及当前背景下应努力把握的机会。在对酒店外部因素进行分析时，发现"体验"仍旧是未来酒店顾客关注的重中之重，传统的服务模式已经不能满足消费者个性化的体验需求。在这点上，MF大酒店自身的文创基因已经为其奠定了良好的根基，如何在此基础上让品牌定位更加清晰，如何让产品与服务深深打上酒店文化基因的烙印，如何将服务创新纳入酒店的运营管理，如何关注和不断改进顾客的体验感，如何将资源和行动聚焦在自身的优势和有更多机会的地方，如何引发良性的口碑效应，成为高端度假酒店品牌，是酒店应该关注和思考的问题。

三、MF大酒店服务创新现状分析

（一）品牌精神与文化不突出

体验经济时代，消费者更在意自己所购买的品牌是否满足了自己的情感需求，即是否能代表自己的价值观、品位、格调、圈层。MF大酒店的建筑设计普遍得到顾客好评，然而与其配套的软性细节，如体验活动的调性、服务的细节、酒店运营水平未能更好地发挥其品牌特色，继而未能产生品牌影响力。正如携程网中有顾客点评表示,"冲着 MF 大酒店品牌,实际体验很一般。""端午短假携家人短住了两晚,不得不说虽然整体建筑气势、软装标准、地理位置、房间面积都有着很好的初衷和代入感,但在诸如设备维护和卫生、组织活动的等级和调性、早餐质量、服务响应、客户群体等软性的细节上,确实是达不到对于 MF 大酒店这个品牌和所谓五星级的预期的。特别是酒店各岗位人员的专业度、服务意识和责任心,这方面感觉还有很长的路要走。"MF 大酒店对顾客的情感需求方面关注不足,未萃取出与之契合的品牌文化与精神,后续应尝试通过独特的品牌文化与精神挖掘,使酒店自身更具代表性,从而与顾客建立深层的情感链接。顾客提出 MF 大酒店的豪华酒店品牌形象尚不突出,市场推广力度不够,如有顾客表示:"品牌推广、知名度还不够,市场这方面做得不是特别好,应该针对人群推广,比如加勒比游轮是最豪华的,给人的印象就是游轮最好的就是皇家加勒比,如果我们可以做到让顾客觉得去最好的酒店想到的就是 MF 大酒店,那就很好。但现在提到之后,可能想到的是洲际或者其他品牌酒店,可见,MF 大酒店在周边的辐射力度不是很强。"也有员工提出,可以引入一些自带流量的品牌,对酒店而言可以尝试明星带货。总之,酒店应考虑如何更好地通过服务和产品传达酒店的品牌理念,创造想要传达的生活体验理念。也应考虑结合品牌 APP 及借助与酒店目标客群相对应的 KOL 宣传,帮助酒店引流,打造真正与品牌理念相匹配的品牌形象,不断创新,像建筑自身一样,有固有的特色和调性,不轻易被复制。

（二）服务创新理念与标准待完善

服务是酒店核心竞争力之一,酒店必须建立明确的服务理念并进行服务标准的完善与迭代,通过培训和管理,将服务理念和标准深入人心。顾客表示某些员工拥有较好的服务理念,擅长关怀顾客需求,而这种服务理念却没有深入到大部分员工群体中,如有顾客表示:"我在 SPA 遇到过一个员工,会与我互动,告诉我白天可以再来 SPA,体验会更好,还会问到我的喜好,问我喜欢的精油味道。还有一位日料的师傅,也会和客人互动,告诉我不同食材的吃法,怎么吃好一些。酒店的文化氛围比较浓厚,可以在这方面进行创新,制度不要约束员工太多。要让员工加强与客人沟通,发掘客人的想法。"也有顾客提出酒店的员工培训需要加强,专业素养有待提升:"酒店硬件完美,软件服务要加强。有些员工一问三不知,请培训好再上岗。住过宝格丽、四季、瑞吉等国际大牌,MF 大酒店不应该出现这样的服务人员。"对此,不少员工也认为服务做不到位,标准和理念还不够。因此,标准与理念的宣传及宣传的方式也是管理层待考虑的问题。沟通是拉近顾客距离,获取顾客需求,与顾客建立情感链接的桥梁,虽然酒店鼓励员工与顾客多交流,但 MF 大酒店的员工与顾客的沟通并不积极,通常只限于"必要沟通"，难以传达服务的温度，也无法挖掘顾客的需求进而进行服务的创新。顾客反馈："碰到员工的概率不是很多，一般是我主动挑起话题，对国内酒店而言，员工主动向客人打招呼或交流的比较少。可以学习游轮的员工，比较西方式，很主动，酒店的员工需要转换工作观念，把客人当家人，记住客人，并能和客人亲切的交流，这样就很能体现专业素质，但这点对酒店员工要求比较高，至少对管理层或干的比较久的员工，可以要求做到这一点，如果做到，这将是非常吸引人的，因为我们出差、工作，都希望感受到关怀。"酒店部分员工认可沟通的重要性："如果沟通得顺利，这是非常重要的一个加分项，比如客人有 8 分满意，如果你与客人沟通愉快，可以让客人的满意度达到 12 分，跟客人互动交流，让客人有宾至如归之感，客人对员工印象深刻，就会对酒店印象深刻。"

（三）创新产品研发与设计不足

MF 大酒店作为一家度假型酒店，希望顾客可以把酒店本身作为旅游目的地，在此停留多日，在休憩的同时获取独特的生活体验。因此，在规划了多家餐厅、SPA 之外，还不定期推出新的体验活动，然而这些活动并未从顾客的真实需求出发，未考虑目标客群的兴趣点，使得顾客的活动参与度并不高，活动也未达到预期效果。虽然 MF 大酒店是一家度假酒店，倡导顾客在此多停留，但是酒店内部的体验活动并不丰富，不少顾客表示："与海外酒店相比，其活动比较匮乏，国外一些度假型酒店会有一些收费的项目，但让顾客感觉参与很安全。去到一个陌生的国家，比如首都一日游，看看风土人情的活动就很好，不一定非要在酒店内部，可以融入城市中去，度假型酒店要考虑顾客的需求，给顾客最好的服务，把顾客想到的问题都覆盖就很好。"也有员工指出："目前娱乐项目少，市场部也在策划，增加娱乐项目和入住体验，现在儿童的娱乐项目少。"在活动的策划上，酒店多以自身盈利为出发点，以带动酒店收入为目标，无法吸引活动主体参与者，自然也不能实现盈利。此外，活动的宣传力度有待提升，活动的举办比较仓促，活动前没有充足的准备，宣传也仅仅通过公众号发布，宣传的内容和形式也过于传统、缺乏新意，无法精准触达目标群体。员工表示："活动不是很理想，性价比不高，活动没有想象中那么精致和完善，有欠缺，马马虎虎，比较敷衍，以盈利为主，没有在活动中考虑到顾客的感受，宗旨就不是让顾客开心。同时，顾客的参与度不是特别高，宣传不够，顾客对活动的了解程度很低。"

MF 大酒店的理念是希望让顾客在此可以充分地放松身心，所以并不十分鼓励带小朋友的家庭前往，所以整个酒店几乎没有儿童娱乐区。然而在大陆地区，有小朋友的家庭出门旅行一般都会全家出动，因此，儿童相关的空间、设施、餐具、商品、活动等需要重新纳入考量。对此，不少顾客也提出了这方面的诉求：

"体验活动不丰富,小朋友都留不住,我们来了都不知道带小朋友去哪儿玩。儿童游乐区有待落实,如果小孩子留不住,就只能去其他酒店。"

(四)服务体验管理待改进

若想提升顾客体验,顾客的意见和想法必须重视。MF 大酒店目前缺少顾客意见反馈处理机制,一方面,不少顾客都会对酒店提出问题或者自己的建议,但很多时候并没有得到反馈,员工态度不错,但是下次来的时候问题依旧存在。对于这点,不论是顾客还是员工都有相同的看法,如顾客表示:"因常年在国外,我们更注重结果,而不是态度,有时尽管员工态度很好,但是结果没有改,这也不令人满意。"员工表示:"咱们酒店收集客人声音的工具很多,但是实际到底能做到多少有效、有意义的反馈,是比较少的。"若能把顾客的问题进行记录和分类,并开展内部讨论,形成解决方案或计划,再通过一定方式告知顾客,会让顾客感受到被重视,同时也会对酒店建立起信任感。通过顾客参与,能够改善服务,带来服务上的创新。另一方面,酒店的日常管理和运营机制也需进一步改善。不少顾客有期待却失望而归:"总经理难道不去体验最基础的服务吗?其他管理层难道已经熟视无睹了吗?还是整个管理层能力就不行?多出去参观一下其他豪华酒店的服务,也是提升本酒店管理的一种方式,有机会再来的时候希望可以优化很多。"

此外,MF 大酒店的创新氛围较弱,员工希望给顾客提供不一样的服务,但由于缺少可利用的资源,无法取得相关部门的协助,事项申请流程太慢、得不到领导支持、缺少奖励机制等因素,使员工的创新热情不足。例如,有员工表示:"我曾经是个会创新的员工,但现在不是了。我认为需要一个积极的氛围,这种氛围能使人上进,现在基本上都是安于现状,各管各家。"还有员工表示:"酒店没有这种设施设备,员工想做得好,但没有配合,员工也做不好。前厅部是收集客人意见最多的一个部门,收集到客人意见,如果员工发现反馈后没有改变,员工自己就会感觉现状就是如此,自己也改变不了,员工就会越来越不愿意去做创新。"

再者,顾客参与在 MF 大酒店的日常运营中较少被考虑。员工提出可以举办一些活动邀请顾客参与服务评价,从顾客的角度出发,邀请顾客投票,比如微笑大使活动,可以让员工知道自己付出就能得到收获。此外,通过访谈发现,多数顾客都表示愿意参与到酒店的服务改进或创新活动中:"为了酒店,为了自己方便,会把问题提出来,给改进的机会,如果改了,下次再来就不存在这样的问题了,对双方都有好处。"因此,可考虑通过多种方式让顾客参与服务创新设计,帮助酒店提升体验。

四、MF 大酒店服务创新策略

(一) 品牌文化与精神重塑

品牌精神与文化重塑是 MF 大酒店服务创新策略的核心,一切创新都离不开对品牌精神与文化的感知和深刻理解。品牌接触点(罗选荣和韩顺平,2013)和品牌价值观(朱良杰等,2018)是顾客体验的影响因素,服务创新需要始终围绕品牌文化与精神进行。

MF 大酒店应基于本身的文创基因重新提炼品牌文化与精神,聚焦于消费者,着力于品牌情感价值的塑造,将品牌基因和美学设计体现在产品和服务上,赋予产品和服务强烈的情感属性,借由品牌及文化培训深入到员工的服务理念中,不断在服务中添加新的维度和体验,不断提升服务水平,进行服务创新,提供超出顾客需求之外的服务,让这种品牌文化与精神深入到酒店顾客的日常体验中,有利于创建更高层次的顾客忠诚度。同时,MF 大酒店应当将此延续到品牌宣传和营销策略中,通过自媒体运营,在微信公众号、抖音、小红书等社交媒体上,进行品牌形象的宣传,构建私域流量,增加大众对品牌的印象。

MF 大酒店还应尝试通过 APP 的开发实现生活方式的传播,让 MF 大酒店的品牌精神植入到 APP 的日常运营中,使品牌形象更为突出。MF 大酒店目前仅有自己的微信公众号,在微信公众号中有自己的网上商城,售卖房间、餐饮、精品等产品。然而微信商城的方式过于传统,只能作为基础必备,已经不能满足用户的需求场景,APP 的开发是 MF 大酒店进行品牌宣传和社群运营的必备载体。在 APP 中,除了预订房间、餐饮、SPA 服务、售卖精品、礼盒外,还可实现社群运营、积分兑换、会员特权等功能,通过线上活动,增加用户黏性,线上购买精品的用户后续就有可能发展成为住客,而住客也可能会通过 APP 购买精品,从而实现双向引流。还可将酒店的设计理念、发展历程、酒店 VR 等植入 APP 中,帮助品牌粉丝及潜在用户深度了解酒店信息。另外,应持续发起线上互动活动,开展社群运营,增强 APP 的用户活跃度,通过符合品牌调性的线上活动,吸引目标客户的关注。后期,还可考虑在 APP 中实现办理入住、退房、订餐、咨询等功能,使顾客可随时随地获得便利、快捷、舒心的专属体验。

(二) 服务创新理念与标准迭代

服务创新理念与标准迭代是品牌文化与精神传递的基础,固守原有的标准和理念,拒绝变革将阻碍酒店和员工服务创新的发展。对于中高端酒店而言,人性化、专业化的贴心服务仍旧是与顾客建立情感链接的关键。徐仰前和王娜等

(2010)将酒店服务创新分为有形产品和无形服务的创新,无形的创新,如服务方式等,需要借助员工的参与和执行,创新理念与标准的有效输入和更新迭代将有效促进酒店服务创新工作的开展。

MF 大酒店应打造具有品牌文化特色的服务体系,使品牌的服务理念更具内涵,在关注产品创新的同时也应关注服务创新,在做好基础服务的基础上,在服务流程与标准中融入服务创新理念,提供惊喜服务,在日常培训中增加服务创新的内容,丰富酒店的服务创新案例库,更多地与员工分享。

酒店还应基于传统和新兴的顾客触点,进行顾客体验之旅的创新设计。顾客体验不是基于一个时间点的概念,它是一个过程,包括了顾客抵达前、抵达后、离店后三个阶段,在这一过程中,顾客会与不同部门的员工接触,顾客能否从他所遇到的每一个员工那得到良好的服务体验,对顾客的整个体验之旅有重要影响,往往一个环节出现状况,就会降低顾客满意度。在顾客离店之后,应考虑如何建立与顾客的情感联系,比如发送生日祝福、送上节日关怀、为常客送上小礼品、邀请熟客参与酒店产品开发等。此外,随着酒店开始布局线上,通过 APP、OTA 平台等线上方式与顾客接触的场景增多,如何在与顾客面对面之前,就通过线上服务赢得顾客的喜爱,也是现阶段应该逐渐考虑的问题。比如在回复 OTA 平台的顾客留言时,能否用真挚的方式回应顾客的问题;在 APP 上回应顾客的问题时,能否准确快速的响应顾客;APP 的运营和内容能否吸引顾客、留住顾客,都将影响顾客的线上体验。同时,还应在顾客之旅的设计中融入 MOT(moment of truth)关键时刻的设计,分析顾客的注意点及影响顾客做决策的瞬间,有针对性地进行服务与体验设计。

MF 大酒店还应定时对服务流程进行反思和优化。一家酒店的服务流程往往是较为稳定的,服务的标准不常被改变,然而标准的流程并无法感动客户,因此,若想提供创新的服务,需定时对服务流程进行反思。部门可以每季度或半年开展会议,列出每个流程的服务蓝图,就服务的每个流程进行反思,讨论对于每个流程,客户的感受如何、员工的感受如何、员工如何做到更好。同时,列出在每个顾客接触点上员工可能会犯的错误,共同讨论如何做到减少失误,如何达成不同部门间的配合。例如,酒店的奉茶服务,本意是让每位远道而来的住客入住后,随即在客房品尝迎宾茶并缓解旅途的疲劳,但实际上因奉茶的服务时间较长,而前台经常面临人手不足的窘境,所以这项服务目前已形同虚设,因此可考虑将此项服务转换为特色体验服务,定期举行,请顾客选择是否要参与,且可一次性邀请多位顾客参与,增加顾客之间的交流。

酒店还应讨论如何在现有流程的基础上,提供个性化的服务,通过提供个性化的解决方案,补充流程设计的不足。比如在旅游旺季,非常容易发生顾客等房现象,如何维持现场的秩序且不影响顾客的度假体验,这极为重要。因此,除了在保持灵活的人力安排、提升工作效率的基础上,还应考虑在顾客等待期间,用创造性的方法来减少顾客等待期间的焦虑。比如可为中老年顾客提供免费的按摩椅体验券或品茶券、为年轻情侣提供大堂吧饮料券、为小朋友提供挖沙或乐高玩具、为旅行的顾客提供旅游景点或路线资料、为商务顾客提供安静的等待地点和咖啡、在大堂区域为顾客提供酒店特别准备的季节限定饮品和小食、为女士提供 SPA 的理疗体验券等。又如酒店的夜床服务,可考虑住客的情况,在留言卡片上给予个性化的提醒。诸如亲子活动,城市展览和酒店相关信息等,将用最自然、直接的方式告知顾客,让顾客最大化地参与到酒店的各项体验中。

(三) 创新产品研发与设计

创新产品研发与设计是品牌精神与文化的载体,顾客借由产品和服务,感受品牌精神,获得独特的品牌体验。根据 Heskett 和 Sasser(1990)的研究,产品创新是服务创新的重要维度之一,产品设计(杨自营,2012)也将影响顾客体验。在体验活动的设计上应充分考虑顾客画像,设计符合品牌调性的活动方案。MF大酒店的目标客群注重个人体验和品质,崇尚健康与自然,倡导生活美学,注重精神消费和个性化体验,他们希望从生活的各个方面进行体验升级。体验活动的设计应深挖顾客需求,要考虑顾客在体验之后能获取什么,而不只是酒店能获得多少营收,要设计出有特色的体验项目,让顾客深度感受品牌精神与文化。有些体验活动无法做到免费,但活动的品质应与其价位相当,让顾客获得的体验物有所值。销售解决方案也能成为创造顾客体验的途径之一。例如,酒店的建筑极具特色,一日之内不同时段皆有不同景色,因此可以考虑和摄影工作室合作,为入住的顾客提供旅拍的预约活动,拍摄出在 MF 大酒店独有的专属写真,为顾客留下美好的回忆,当顾客在朋友圈或小红书发布后,还可为酒店宣传。再比如,可以以酒店 SPA 泳池会所为主场,从一天的清晨开始,由私教和员工带领顾客体验慢跑、瑜伽、特色素食、精油芳疗、手工皂制作、冥想等一系列活动,完成一天的静心之旅。另外,也可帮顾客提供私人旅行路线定制服务或开发小众旅行路线,按照顾客的需求和兴趣点,从旅行路线设计到车辆安排,做全方位定制化设计,让顾客体验无忧。利用酒店资源和优势,也可举办酒店体验日活动,不仅对住客,也可开放给非住客,如摄影课堂、花艺课堂等,寓教于乐,一方面,可感受酒店风光,另一方面,让体验者有所收获。

酒店行业的服务理念在早期是很多其他行业学习的对象,然而随着各行各业对服务体验的关注度逐渐加深,酒店行业也可参考其他行业的做法,引入新的思路，进行服务创新。如可效仿汽车行业对车主开放品牌中心空间的使用，MF大酒店自身拥有非常多的空间，为惠顾常客，可在淡季的某些时间段内，开放某一区域给常客免费使用，提供免费的茶歇，以举办聚会或私人分享会。可通过线上的方式开放申请，以此方式邀请顾客"回家"，私享"会客厅"，顾客可邀请自己的亲朋好友参与，在过程中满足自身的情感需求。

（四）加强服务体验管理

服务体验管理是服务体验提升的关键，是服务创新的灵感来源之一，也是品牌文化与精神得以传承的保障。Sundbo 和 Gallouj(1998)在服务创新的影响因素中提出"管理"是企业内部的主要推动力之一，可针对顾客和市场需求，进行服务传递系统的改善提升，通过与顾客互动，找出需求并提供解决方案。

酒店需建立完善的顾客意见收集机制，加强与顾客的深度沟通，鼓励员工多与顾客交流，以部门为单位，每日收集顾客意见，每周汇整和讨论，并每月进行酒店层面的会议讨论。同时，为保证后续将反馈结果告知顾客，还应在收集阶段请顾客提供他们方便的联系方式，如电话、微信或者邮箱。在之前对顾客和员工进行的访谈中，双方普遍表示很多时候向酒店提出了建议或问题，但问题仍得不到解决，建议也没有被采纳，导致服务并没有改善。因此，建立酒店与顾客间的反馈机制，一方面，对顾客而言，可给予顾客明确的答复，使顾客感到被重视，获取顾客的信任，赢得忠诚的客户；另一方面，对于酒店内部员工而言，当员工得知酒店在积极地解决顾客的问题和需求时，也可让员工感受到酒店对顾客的关怀，从而增强员工对酒店的信任感和忠诚度。

迈克尔·赫佩尔（Michael Heppell）在《服务的艺术》中提到了雷达思维，MF大酒店可以在雷达思维的基础上，建立酒店与顾客间的反馈机制。所谓雷达思维（RADAR），是下面几个单词的缩写，发现（Realize）、评估（Assess）、决策（Decide）、行动（Act）、检查（Review）。发现问题，找出导致问题的根本原因和问题的相关方；评估问题，找出问题的根源和相关方后，可以发动团队成员进行开放式的头脑风暴，共同探讨，发挥员工的主观能动性，让他们在过程中成为观点的主要提供者，汇整大家提出的方案；决策，统观所有可行性方案，找出最佳的可行性方案，并确定方案实施的相关部门和人员，明确职责，如果属于一次性的解决方案，还应明确完成方案实施的截止时间；行动，实施可行性方案，通知并邀请顾客在下回光临时可以再反馈体验感受。当然不排除问题可能在现阶段并没有很好的解决，这时候应考虑如何向顾客进行反馈，制定话术，取得顾客的理解；检查，监督方案的执行，如果方案没有达到预期，则可以随时进行调整。通过运用雷达思维，使顾客与酒店之间的沟通形成一个闭环，当顾客发现他们提出的问题有得到改善,他们则会对酒店产生信任感,当下次再发现问题时,他们不会置之不理或者投诉,他们还会通过建议的方式告知酒店员工,因为他们知道酒店会给予反馈。

酒店还应通过顾客参与的方式帮助酒店实现服务创新。De Larrea 等(2021)提出,顾客参与将为新服务发展和现有产品迭代提供关键的灵感来源。在顾客访谈中,顾客普遍表示愿意参与到酒店服务与产品创新中来。顾客都想要得到被尊重的感觉,如果每位顾客在酒店消费期间,都有酒店员工去关心顾客的体验和感受,顾客大部分还是愿意说出他们的心声。也可借助 APP,增设顾客与酒店的沟通窗口,如"总经理信箱"等方式,使顾客可与酒店管理层进行直接交流,酒店也可给予及时反馈,使酒店与顾客之间形成良性互动,增强顾客的参与度,帮助酒店进行服务的完善和创新。

酒店还可考虑采用服务共创的形式,邀请顾客一同进行服务与产品上的创新。例如,酒店可以定期举办服务共创活动,定量招募顾客,顾客在报名通过后,在下次前往酒店体验后需完成一份服务创新相关的问卷,就酒店服务的现状给予评价并提出自己的创意想法。对于完成问卷的顾客,酒店可以发放有吸引力的礼品、优惠券或 APP 积分给予奖励。此外,也可举办专项课题的服务共创座谈会,邀请一些常客参与,在过程中,引导和启发顾客献计献策,提出创新观点,在内部沟通后进行创新服务和产品的转化,从顾客中来,到顾客中去。同时,可用视频、图片的形式记录座谈会过程,用于自媒体推广,对服务品牌的创建起到宣传作用。也可在推出新产品或新体验活动时,邀请本地熟客作为体验官,先行给予反馈。

MF 大酒店以往在服务体验管理方面的重视度不足,忽视服务体验和服务创新,酒店应当完善服务体验管理相关的制度和流程,通过服务体验管理,保持顾客体验全流程的一致性,同时,通过服务创新满足顾客个性化需求。

五、MF 大酒店服务创新策略实施保障

MF 大酒店服务创新策略的落地需要一系列的保障措施,可以从人力资源、财务、技术、制度四个层面制定保障措施,以支持酒店服务创新策略的执行。

(一)人力资源保障

企业文化和组织氛围对员工的服务创新起到正向激励作用,因此,应当制定相应的激励制度,鼓励员工创新。比如制定员工服务创新奖项,为在工作中提出

服务创新建议或进行服务创新的员工颁发证书和奖励,一方面,让获奖员工感受到被认可和有荣誉感,另一方面,建立标杆作用,鼓励和启发更多员工参与到服务创新中来。还可举办服务创新大赛,鼓励不同岗位上的员工进行服务创新设计,从中发现可落地的服务创新方案,应用到实际工作中。由此,在日常运营实践中,不断实现服务创新理念与标准的迭代。

服务创新是一种理念,而理念的建立需要借助培训去实现。MF 大酒店的培训体系虽能满足基本需求,但仍不完善,现有内容有待更新,应在现有基础上加强品牌文化培训,使员工先建立起品牌认同,深刻理解品牌想要传达的理念,以此指导日常工作的进展。同时,线上学习资源严重不足。随着的科技的发展,仅依靠线下的学习方式,太过单一,已经不能满足员工的工作需要。因此,酒店应着力开发线上学习(E-Learning)系统,并根据岗位的能力模型,制定学习地图,通过线上线下的混合式学习模式,丰富员工的学习资源,提升酒店的学习氛围,让员工通过线上平台,明确地了解自身的学习和发展路径。同时,每年应结合酒店的战略目标开展培训需求调研,开发相应的课程,进而开设一系列有关服务创新、服务体验提升、思维模式创新的课程,开阔员工的创新思路,鼓励员工进行创新。通过完善培训体系,明确学习发展路径,创造积极且开放的组织氛围,为员工的服务创新提供有益的环境基础。另外,品牌精神与文化方面的培训也应加强,应重新梳理课程内容,在员工入职后分阶段开放给员工,逐步加强课程学习,让员工在头脑中形成明确的品牌印象,并鼓励员工借由服务和产品设计在日常工作中传递品牌精神。

(二)财务保障

服务创新需要员工运用同理心,设身处地的为顾客着想,除了运用同理心,物质上的支持也不可少,物质支持对服务创新的实现有一定保障作用。财务部门应会同运营部门,共同制定一套财务标准,用于员工日常的服务创新工作,明确不同岗位、不同职级可使用的费用权限,给员工提供一定的资源和自由度,让员工可以发挥创意。

同时,酒店每年在制定预算的时候,也应为服务创新提供一部分预算,用于酒店整体硬件、软件方面的提升和创新产品与服务的设计,来配合服务创新活动的实现。也让酒店的常客,每年来酒店时会有不一样的体验。

(三)技术保障

在科技高速发展的时代,酒店也应顺应时代潮流,找寻突破口,将传统服务与技术融合,通过技术创新与升级,提升顾客的体验。比如,结合 VR 科技,实现线上语音导览功能,一方面,解决了旺季客人多,导览员人数不足以满足顾客需求的问题,另一方面,顾客可以随时随地获取导览体验,时间安排更自由。

同时,酒店也应考虑如何通过系统更好地实现顾客体验管理,有针对性地记录、统计、分析。目前,MF 大酒店仅前台及预订服务中心可以通过 OPERA 系统记录顾客的喜好和要求,其他各餐厅仅使用 Excel 进行顾客信息的记录,使用的工具过于传统,不能有效、完整地记录顾客信息,便很难更好地预知顾客的需求,进行服务创新。因此,酒店应逐步实现管理系统的数字化转型,逐步开发及更新酒店管理系统、员工管理系统、E-Learning 系统、客户管理系统等,通过系统,实现管理流程的优化,完善顾客档案,提升员工工作效率,给员工更多的时间和空间去与顾客交流,获取服务创新的灵感,挖掘需求,创造需求。

(四)制度保障

服务体验管理离不开制度保障。SOP 作为酒店运作和服务的操作标准,应当根据酒店的发展不断进行回顾和更新。MF 大酒店于 2019 年开始进行前场各部门的 SOP 内容更新,进一步明确服务标准。服务标准的制定和更新也要考虑实际的客户体验,根据日常收集到的顾客反馈,进行标准的调整,满足顾客的需求。同时,也应考虑员工意见,必要时进行工作流程的优化,减少工作中的阻碍,提升工作效率。此外,考虑当下酒店的人员构成中,"95 后""00 后"员工逐步增多,小时工、暑期工、内部帮工的比例也不在少数,可以考虑 SOP 的轻量化,以更简约的形式呈现,减少文字量,保证员工在了解服务原则的基础上,也给部分岗位员工一定的自由度,更好地实现服务创新理念与标准的迭代。

员工的服务创新还需要酒店给予一定的授权。对于此,酒店应当在规章制度中明确,不同等级的员工可以在哪些场景下进行服务创新,同时也应明确酒店可以提供的支持,各部门之间可以如何合作,以此来为员工的服务创新行为提供保障。通过与员工进行访谈,可以知道预算是限制创新活动的要素之一,因此,必须制定明确的现金预算、时间预算,并且在申请流程上应有一定的灵活度,因为,第一时间满足或创造顾客的需求,才能带来服务的创新。同时,可以定期开展部门或酒店的服务体验提升会议,回顾以往发生的一些案例,让员工畅所欲言,让员工提出在进行服务创新时遇到的各种问题,通过讨论达成共识和解决方案,及时调整酒店服务政策。

第五节 酒店服务创新的对策

通过以上对 MF 大酒店服务创新的案例分析来看,面对激烈的市场竞争,酒店业要想实现持续发展与成长,必须利用"创新"这一工具,提高服务水平与质量,才能保持企业旺盛的生命力。

一、基于服务接触三元模型的服务创新

服务创新是提升服务运营管理效率和满意度的主要手段。根据服务接触三元模型可知(见图 5-4),服务创新源自组织、员工和顾客三大载体。一个要素为了自身的利益来控制整个服务接触的进程,使"组织""员工""顾客"三方都能接受并在三方之间保持平衡,是服务创新策略的关键。酒店服务提供和服务接受的主体都是人,服务理念的落实、服务过程的实施,都是通过员工传递并交付给顾客的。只有通过服务创新,在酒店全体员工中建立起自上而下的服务创新意识,提高员工和顾客双方参与服务创新的积极性与主动性,才能让服务创新效果和价值得以提升。

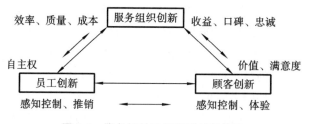

图 5-4　服务接触三元模型创新维度

二、企业维度的创新策略

(一)企业为顾客创造新价值

1. 优化入住流程

酒店在办理登记入住过程中,对于无特殊要求的顾客,可以指导其使用自助

设备办理入住登记、离店结账、发票开具等程序，提升服务效率，减少等待的时间，满足顾客对服务效率的期望，也能够减少纸张使用，更加绿色环保。对于不方便使用自助设备而又必须等待的顾客，酒店员工可以在此时向顾客提供酒店产品介绍、当地文化旅游咨询等服务，同时与顾客沟通，询问顾客喜好、出游需求等信息，为顾客提供的个性化、定制化服务做好准备。

2. 升级服务场景

服务本身是无形的，但顾客经常会通过一些有形展示的要素对服务进行评价。酒店的硬件设施是有形服务最直观的展示窗口，顾客对酒店的第一印象如何，对其购买价值是否匹配的评判绝大多数来自于此，酒店的硬件设施是影响顾客感知和缩小服务差距至关重要的影响因素。有些酒店的房间、家具、设施设备等经历了多年的使用，已到了日常维护不能满足其良好的使用功能和为顾客提供优质使用体验的阶段，亟待升级更新。客源较少的空闲时期，是酒店进行硬件设施升级改造的最佳时段。酒店除了需要对房间、家具等的破损以及设备和运营物资的损坏进行翻新和采购外，更重要的是在过程中充分考虑未来的新需求和新趋势，增加符合卫生安全需求、科技发展需求的设施设备。比如，在维修空调的同时，增加带有空气过滤功能的组件，或是将豪华客房区的中央空调更换为独立空调，改进新风系统；对豪华客房区一楼房间进行改造，将原有不可打开的封闭玻璃更换为可开敞式的落地窗，实现开窗通风功能；购买带有病毒过滤功能的空气净化器作为房间的标准配置；增设房间智能控制系统，实现刷脸入住、语音控制、手机 APP 线上服务等功能；添置前台自助入住设备、红外线测温仪、服务机器人等，满足顾客对卫生、安全、无接触服务的需求；开发酒店后台运营管理的小程序或者 APP，对顾客需求、运营物资采购需求、库存管理、能耗管理、设施设备日常维护、异常状况的监测识别等进行管理。这些举措能够减少部门间的沟通障碍、提高服务响应速度、提供合理的保养计划，从根本上提升酒店的整体运营效率，实现人性化、个性化的服务提供和高效管理。

3. 强化清洁流程

升级客房部服务标准清洁程序，要求房内设施及接触面等在常规清扫之后必须进行全面消毒，所有客用品必须一客一换；对酒店公共区域及电梯按钮、门把手等易接触的地方每日多次清洁，开启公共区域的各通道门，保持空气流通；在酒店大堂、卫生间、餐厅等区域放置免洗洗手液，准备口罩、消毒湿巾等随时提供给有需要的客人使用；加强酒店载客车辆、服务工具、员工工作区域的日常清洁工作，在客人看不见的地方也做好保障服务；严格把控采购标准，严格审核供应商资质，要求保证所有采购物品及食材的安全性及可溯源性，要求供应商提供合格的检验检疫报告。

4. 开拓本地市场

针对当下顾客对自然、生态、休闲、健康生活方式的追求,酒店可以利用自身环境优势,挖掘酒店潜力,打造新的产品和增值服务。提出"酒店即目的地"的全新休闲度假概念,在以往"房含早"的单一产品基础上,重复利用酒店内部场地及环境优势,挖掘酒店本地文化及资源,将酒店产品创新与寻求合作伙伴相结合,推出"房+X"的适合全年龄层度假需求的全新产品体系。"X"可以是下午茶、特制餐饮、SPA、室外瑜伽、清晨太极等酒店内开展的活动,也可以是骑行、徒步、观星等户外活动,还可以是学习美食制作、寻访古城建筑等当地文化探索项目,以此满足亲子游、家庭游等高频消费客群的需求。

5. 丰富酒店产品

针对酒店休闲和商务两大客源的不同需求,提供不同的产品。为亲子游客人提供针对小朋友的自然教育课程,比如酒店园区内植物的辨识和写生,当地点心和手工艺品的制作活动;为希望享受短暂放松时光的父母提供儿童托管服务;为休闲度假的顾客提供户外野餐、纪念日惊喜等服务项目;为在度假时需要兼顾工作的顾客提供远程会议设备及工作空间等可以满足移动办公需求的服务。让客人在酒店能够享受放松、休闲的沉浸式体验的同时能够有丰富的活动选择,这无形中延长了顾客的住宿时间,也为酒店带来了经营收益。

(二)企业为员工提高自主权

员工的满意度在很大程度上影响着顾客的满意度。工作价值、认同感、成就感和职业发展对员工满意度的影响逐年升高,因此,为员工赋能,就是为企业自身的发展赋能。

1. 鼓励员工服务创新

酒店管理者首先应当从以往自身的管理经验中跳脱出来,及时更新观念,具有前瞻性的视角,将创新视为酒店发展的重点。管理层可以通过培训的方式,与员工分享酒店业的新动向、顾客消费的新趋势、酒店服务的新知识,鼓励员工主动学习,培养员工的创新意识。同时多与员工沟通,从员工处了解顾客的新需求和顾客对服务创新的建议,了解年轻一代员工的新想法,并通过适当的激励制度来明确员工实施创新行为的意义,激发员工的创新精神,使服务创新理念深入到每一位员工的心中。授权是体现企业对员工信任,激发员工主动性、创新性的有效形式。通过对一线员工进行合理的授权,可以让员工在顾客服务中,对顾客的需求给予及时的反馈,提高服务的效率,提升顾客的满意度。酒店需要重新梳理员工授权的制度,充分听取员工的意见,更新现有授权的范围和标准,使员工能感受到企业的信任，提高员工满意度，从而在服务中更加主动关注顾客需求，对现有服务环境和工作模式提出创新性的建议，实现酒店全员开展服务创新的目的。

2. 简化管理层级

酒店的组织架构存在着管理层冗余以及一线服务人员中实习生占比较大的问题。管理层太多容易导致人浮于事，沟通和信息传达不直接等问题。按照酒店的规模，需要对管理层人员的层级进行精减，各部门只由一名部门负责人进行部门工作的监督和指导，其余经理、主管的工作职能进行调整，减弱主管、经理层级的管理监督职能，转而要求其切实参与到直接对客服务和员工服务知识技能的培训中。这是因为主管、经理级员工已具备充足的专业知识和技能，由他们直接对客服务能够比基层员工更有经验，对服务场景的把控更加适度。对基层员工进行岗位合并，合理配置实习生岗位比例，通过部门间交叉培训使员工具备一岗多能的技能，让基层员工不再因为简单重复劳动而产生工作倦怠。

3. 优化岗位职能

酒店还应当根据市场变化的特征和行业发展的趋势对招聘要求和岗位进行重新设计。减少机械重复劳动的岗位和职能要求，将现有销售经理、前台接待和礼宾员等岗位的工作职责进行调整，增加面向线上的岗位，诸如OTA运营、新媒体运营，为顾客提供个性化、定制化服务的酒店行程管家等新的岗位。在招聘时，除了关注学历和技能水平外，应增加对员工的观察能力、理解能力、情绪能力和其有助于服务工作的个性方面的能力考察，将合适的人放在合适的岗位。通过管理层的精减，将空余出的预算用于提升基层员工薪酬水平和工作激励，达到既能为酒店节省人力成本，也能使员工价值感得以实现，还能使顾客满意度得到提升的"三赢"价值共创。通过岗位的再设计，增加年轻一代员工的工作获得感。

4. 加强员工关怀

酒店业是直接与人打交道的行业，最根本的原则就是"以人为本"。面对市场，必须把消费者放到第一位；面对运营，必须把与顾客直接接触、负责服务承诺交付的员工放到第一位。关注员工身心健康及经济情况等问题，提高员工的满意程度。首先，做到及时有效的采取针对性防护措施，保障员工的健康安全。其次，可以由酒店人力资源部牵头，聘请外部专业人士，开设员工心理咨询热线，为有需要的员工提供免费心理咨询服务，确保员工情绪的稳定。由各部门负责人开通员工无障碍沟通的渠道，听取员工意见，了解员工需求并及时给予反馈。最后，可以为酒店员工购买相应的健康保险，增强员工的归属感和认同感，激发员工的责任感和积极主动性。

5. 创新员工培训方式

根据行业培训的经验来看,在酒店生意高峰时,时间成本太高往往不能开展系统性培训,而淡季生意时,正是组织员工进行学习和提升的好时机。在这个时期内组织员工开展各种形式的学习,不仅有助于提升员工的能力,还能使团队保持活力和热情,提高凝聚力。将员工收入与工作效能进行挂钩,使员工的工作效率得到提升的同时也能获得实质性的收益,同时还能给酒店节省人力成本。这一时期的培训需要有针对性。酒店业在信息技术、大数据、人工智能得以广泛运用的当下,要加强酒店科技型人才队伍的建设,培养员工的科技意识,提高利用科技更好地为顾客服务的能力,还要为员工创造岗位交叉培训的机会,将多任务工作作为酒店员工的常态化要求。针对员工年龄结构年轻化,需求兴趣多样化的特点,摒弃原有的课堂式、教授型的培训模式,转而采用游戏、场景模仿、角色扮演、圆桌午餐等员工感兴趣且接受度高的培训方式,更能收获较好的培训效果。

三、员工维度的创新策略

(一)员工为企业贡献效能

1. 提升服务效率

通过服务接触三元模型可知,服务提供的效率和质量会影响顾客的满意度,较高的顾客满意度会为企业带来更加忠诚的客户,进而促进企业收入和利润的增长。针对酒店内顾客的用餐需求,实行不同就餐场景和不同用餐方式的餐饮服务模式。宴席及多人用餐提供"公勺、公筷",会议餐饮则建议顾客以自助餐形式用餐,客房送餐则利用服务机器人替代人工服务环节,完成送餐、收餐等服务,过程中有效实现与顾客零接触,既保证各个阶段的餐饮卫生与安全,又完成餐饮服务的标准化,同时提高服务速度和服务效率。针对外卖需求,酒店应加强与第三方外卖平台的合作,利用酒店设施完备、团队专业的自身优势,保证食品的安全与专业运送,打破酒店餐饮的空间限制,有效拓宽餐饮服务业务范围,将酒店餐饮优势与线上平台资源进行融合。

2. 提高服务质量

酒店通常遵循的是标准化的服务流程,随着顾客的"见多识广",他们期望更高的服务质量,对服务的感知也愈发敏锐,追求服务个性化已成为趋势,标准化的服务已无法满足不同类型顾客的需求。因此,酒店亟须将"差异化"服务思维运用到服务中,树立以顾客价值为导向的服务理念,培养每一位员工及时、敏锐地洞察顾客的不同喜好和需求的能力,满足每一位顾客的服务需求。员工需要随时保持服务热情,展现积极主动的待客之道,向顾客传达出"我随时愿意为您提供真诚、可靠的服务"的信息,真正去关注顾客,能够预测、识别顾客的需求,想顾客之所想,急顾客之所急,为顾客创造细致、惊喜、个性化的服务,向顾客传达酒店的人文关怀,让顾客在体验服务后能够"备受欢迎、备感暖心"。

3. 主动控制成本

员工与酒店之间是相互支持、共同进退的关系,酒店的经营状况与员工的获得感息息相关。作为员工需要主动关注了解酒店的经营管理情况,为酒店的良性运转出一份力。员工不需要太多专业的知识,只需要通过日常工作,便能为酒店的成本控制出一份力。在能源成本控制方面,员工在离开办公室时或营业区域不开放时随手关闭照明、空调和不使用的设备,工程部员工可以根据水、电的峰谷价格,在价格低位时安排园区内景观水池的清洗,客房部员工可以在价格低时安排大型洗衣、烘干设备的运转。在运营成本控制方面,财务部、前厅部等纸张用量大的部门,需要注意尽量双面打印或者回收单面打印的纸张作为草稿纸使用,尽量使用添加碳粉或回收再生墨盒。餐饮部、客房部的员工在清洁餐具和打扫房间时,要注意力度和标准,减少不必要的物资损坏。全体员工都要主动爱惜、维护酒店的设施设备、物资、环境,为酒店成本支出的减少和酒店经营的良性运转贡献一份力量。

(二)员工为顾客提升满意度

1. 感知控制

现代酒店管理之父斯塔特勒说过,酒店从根本上只销售一样东西,那就是服务。顾客的满意来源于对酒店服务的感知,而顾客满意与否则是决定其是否会再次消费的决定性因素,因此,对酒店来说,所有的服务都应充分考虑满足顾客的何种需求,为顾客提供何种服务,以使其享受到独一无二的体验和获得值得回忆的经历。员工是与顾客直接接触、传递服务价值以及服务的直接提供者,员工的着装、展现的服务态度、提供的服务行为以及整个人的精神面貌都能影响到顾客对服务的感知,因此,在工作中遇到对个人情绪和工作状态产生一定程度影响的事情时,员工仍需要提醒自己主动进行调节和适应,时刻保持良好的服务热情和积极的服务态度,争取随时能为顾客提供达到期望值甚至超越期望值的服务,以自身提供的优质服务令顾客留下美好的旅行记忆,成为顾客再次入住的首要选择。

2. 服务营销

顺应人们生活消费高度线上化的趋势,酒店可以借助管理集团与互联网旅游头部企业达成的战略合作优势开展渠道营销。依托网络平台上庞大的客户群,通过直播带货、预售囤货等互联网新型营销模式进行产品的宣传和销售,扩大酒店品牌和产品的影响力。协同酒店、景区、旅行社等资源,设计套餐、线路等产品,进行联合促销推广。同时,抓住年轻一代消费者热爱新事物、渴望分享的社交心理需求,鼓励员工利用酒店微博、微信公众号、小红书、抖音等互联网社交平台的大数据优势开展精准营销,设计符合不同平台用户特点的推广文案,并配合试住体验打卡、旅游博主分享、网红达人探店等方式,使产品能够精准触达目标客群并与顾客产生沟通和互动。利用酒店自身微信公众号和视频号,由员工自发创意组织活动,如开展酒店产品介绍、酒店服务云体验、菜品制作教学、五星级酒店秘方菜谱公开等直播模式,作为酒店营销活动的入口,为酒店造势赋能。这些新兴的私域流量渠道可以让酒店通过更低的获客成本实现更高的用户转化率和更强的品牌黏性。

四、顾客维度的创新策略

（一）顾客为企业贡献口碑和忠诚度

1. 顾客参与服务创新

服务创新驱动因素的研究已经表明,顾客是企业开展服务创新最重要的外部驱动因素,顾客的个性化需要和对服务的知识分享,是企业开发新服务的重要依据。因此,顾客需要重新定位自己在服务传递和交付过程中的角色,顾客不单单是服务的接受者,更应该主动地成为服务创新的参与者和服务价值的共创者。顾客可以在选择或者预订酒店时,主动地告知自己的需求、提出自己对产品和服务的疑问、表达自己的担忧,以帮助酒店了解到顾客的需求,从而能更好地提供差异化、个性化的服务,也为酒店的服务创新提供依据。顾客在入住酒店的过程中,被酒店邀请参与餐饮新菜品试吃、水疗新产品体验、酒店跨界新产品试用、酒店新服务体验时,应积极响应并全身心投入,给出详细的体验感受和改进建议,这会使新产品更符合顾客需要。酒店可通过回馈顾客消费券、赠送酒店服务产品、提供酒店会员礼遇等方式,答谢顾客的参与,甚至在新服务产品落地后,邀请当时建议被采纳的顾客重返酒店进行体验,在实现价值共创的同时,也收获忠诚客户。

2. 提高顾客忠诚度

通过服务价值链可知,顾客忠诚是企业价值增值和盈利增长最为关键的因素,维护忠诚顾客的花费远低于赢得一位新顾客,5%的忠诚顾客将带来超过

25%的利润增长。因此,酒店所有的服务、产品都应当围绕提高顾客的满意度展开,期望将顾客变为忠诚顾客,增加顾客的复购率。同时,忠诚顾客还会自主担任酒店的宣传大使,向身边的亲友推荐酒店,形成良好的口碑传播效应。酒店应当充分利用好管理集团发达的会员体系,维护好会员,在常规积分、优享折扣等会员礼遇的基础上,还应为入住酒店的会员提供差异化的增值服务,比如,在会员预订酒店后,为其配备专门的行程管家,事先了解其行程安排、特殊需求等信息,做好在店期间的一对一服务和离店后的评价反馈收集工作;为会员送上具有当地特色的小礼品;根据会员的级别,赠送欢迎水果、安睡甜汤、接机接站服务,或者支持会员积分兑换酒店的饮品、足部 SPA、瑜伽课程等产品,使积分有更多的应用场景和实用价值。

(二)顾客为员工提供满意评价

1. 创新无接触服务模式

针对顾客提出的服务人员少、响应速度慢等问题,酒店可开发一套店内使用的小程序,在顾客需要客房送物时,可以自行在线上提交服务需求,客房服务员接到指令后能够快速响应并提供服务。当客人面临门锁失效需要服务员协助开门时,可以自行在线上提交信息,核实住客身份后,利用小程序即可打开房门;顾客还可以通过小程序实现自助退房、结账、开具电子发票等功能。这样一套小程序可以保障顾客和员工在无接触的状态下实现服务的传递和交付,使顾客不再因服务等候时间长、服务响应速度慢而做出负面评价。员工也能够不再陷于重复简单的基本工作,取而代之的是获知顾客的个性化需求并及时提供反馈与服务,达到提升服务效率、提高顾客满意度的目的。同时,酒店在餐饮服务上可加速线上线下的资源整合,通过与零售平台的合作,销售具有酒店品牌特色的,经过初步处理和预加工的"半成品",多渠道发展酒店餐饮新零售,有效实现对酒店优势产品的整合,延伸酒店产品链,扩大客源市场,为酒店带来新的餐饮收入增长点。

2. 鼓励顾客对服务的积极评价

顾客的积极评价代表了顾客对企业提供的产品和服务的认可,而对于酒店这类大量通过员工直接接触顾客提供产品和服务的企业来说,顾客的积极评价还代表了其对提供服务的员工本身的认可。顾客的好评往往与酒店优秀员工、"服务之星"等评选和激励相关联,因此,顾客满意是员工获得认同感和价值感,提升满意度的重要来源。顾客应当在自己全新、个性化的需求得到了满足,享受了优质服务体验后,对员工的付出给予真诚的肯定并表示感谢,而员工则会在工作得到认可后,更加主动地思考如何为顾客创造更好的服务。顾客对服务的积极评价最终会转化回顾客身上,令顾客享受到员工自主提供的更加优质的服务体验。

第六章 旅行社服务创新研究

第一节 旅行社服务创新的概念

一、旅行社服务产品

目前,国内学者对旅行社产品的观点大部分比较倾向于杜江教授的观点,杜江认为旅行社的产品就是旅行社为满足顾客旅游过程中的需要而向顾客提供的各种有偿服务。陈小春认为旅行社服务产品就是旅行社在满足顾客空间移动过程需求的基础上,购买旅游供应商的产品并进行加工后提供给顾客的相关有偿服务,此观点比较倾向于杜江教授的观点,同时,他也指出,旅行社服务产品实际就是一条旅游线路。宋子千认为旅行社产品包括两个组成部分,即旅游供应商产品和旅行社自身提供的附加服务,其中,旅行社附加服务又可以分解为产品组织、直接服务以及销售和品牌等。张梅认为传统的旅行社产品即旅游线路,但基于旅行社的生产职能可把旅行社产品分为两种,一种是旅行社不添加附加值的代理产品,另一种是旅行社生产产品。由此可见,宋子千与张梅的观点相似,两者均对旅行社产品进行了两个层次的划分。严敏认为旅行社服务产品是指旅游中间商通过购买旅游服务供应商的服务与产品,以旅游线路为基本载体,通过旅游服务人员对其进行加工和处理,以满足旅游者在空间移动过程中的各种需求,最终给顾客带来有价值的体验服务。

二、旅行社服务产品创新

夏少颜对旅行社产品创新概念的归纳也是基于对旅行社产品内涵两个层次划分的理解,进而把握了旅行社服务产品创新的具体内容,他认为旅行社产品创新主要是旅行社内部服务的创新,是旅行社以市场需求为导向对旅游线路六大依附要素的组合、设计、采购活动的创新以及顾客服务的改进和完善。张英侧重从技术创新的角度理解旅行社服务产品创新,其认为旅行社产品创新是指为了达到旅行社经营目标,创造具有市场竞争优势的产品过程,它既包括全新技术的使用、全新产品的设计开发,也包括现有技术、现有产品的改进。苏丽春从市场营销理论的角度认为，旅行社产品创新就是以旅游市场需求新趋势为导向，运用市场细分化原则对旅行社现有产品进行更新或设计开发新的旅游产品，开拓新的经营领域和经营线路。严敏认为旅行社服务产品创新是指旅行社在充分了解市场反馈情况和顾客需求信息等基础之上，对旅游线路进行再设计，与旅游供应商之间寻求新的合作方式，以提高服务人员的服务质量。这是以提高顾客体验满意度为目的，保持其竞争优势的一个过程。

第二节 旅行社服务创新模式

在如今激烈竞争的市场环境下，旅行社不再是仅仅充当一个中介的作用了，为提升自身竞争实力，旅行社对服务供应商提供的各种服务要素进行组合、加工等，形成更具有精神文化内涵的组合旅游产品。为此，为适应新组合产品的发展，旅行社在表现形式及运作模式等方面都推出了新的创新模式。

一、旅行社的创新表现形式

在数字化互联网时代，旅游业面临许多新的机遇和挑战，大多数旅游业已经利用互联网技术直接在网上经营运作，直接面对顾客提供一条龙服务，旅行社除了有传统的实体旅行社，同时也出现了在线旅行社 OTA（Online Travel Agency），这一新的表现形式。

（一）实体旅行社

实体旅行社是指以实体的门店形式对外提供服务的旅行社，如中国国际旅行社、中青旅控股股份有限公司、中国康辉旅行社集团、广之旅国际旅行社有限公司及广东南湖国际旅行社有限责任公司等都属于实体旅行社。

在互联网时代，实体旅行社若仅停留在以往的运作模式上，将无法保持自身的竞争优势，为适应时代发展，一些实力较强的旅行社不甘于现状，都竞相开发适合自身发展的旅游网站，如中旅总社及国旅总社等实体旅行社官网。通过官网，公司可以直接面对顾客群推出自身的旅游服务产品，直接在网上进行促销，同时，顾客在官网论坛上对旅行社推出的服务产品进行交流评价，以促进旅行社的改进运作来提高运作效率和顾客满意度。

（二）在线旅行社 OTA(Online Travel Agency)

在线旅行社是网络信息化时代背景下的产物,是实体旅行社的补充,主要是指以信息网络技术为载体,以旅游信息库、电子化商务银行为基础,在线完成类似传统旅行社所有功能的网上旅行社,主要的代表有携程、同程旅行、飞猪旅行、去哪儿、马蜂窝、途牛、艺龙旅行、穷游、客路、缤客等。

目前,在线旅行社种类繁多,且运营方式各不相同,在我国主要有三种类型的在线旅行社运营模式:其一是以为散客提供"机票＋酒店"预订业务为主导的在线旅行社,主要代表有携程旅行网和艺龙旅游网等;其二是以为散客提供旅游信息垂直搜索服务为主导的在线旅行社,主要代表有酷讯旅游网、去哪儿网等;其三是以为散客提供旅游景点、旅游线路服务为主导的在线旅行社,主要代表有途牛旅游网、悠哉旅游网等。

二、旅行社的创新运作模式

无论是传统的实体旅行社还是新型的在线旅行社,都在努力充分利用网络信息资源强化自身的竞争实力以获取更多的经营利润,网络信息技术的应用,不仅改变了传统旅行社的格局,同时也改变了传统旅行社的运作模式。在线旅行社的运作模式也在不断更新变化以适应顾客的个性化需求。

（一）实体旅行社的运作模式

传统的实体旅行社通过搭建官网,将自身提供的服务产品一并在网上平台发布,实体旅行社通过官网可以直接面对顾客群推出自己的旅游服务产品,将服务产品在网上进行促销,这改变了以往靠宣传单或者宣传广告等传统促销手段,通过旅行社网站,顾客可以随时了解旅行社推出的服务产品,进而根据具体情况选择合适自己的服务产品。同时,在接受完旅行社服务之后,顾客可以在官网的在线聊天室、论坛或者留言板上对产品及服务进行交流评价,这种方式也直接提高了旅行社服务产品的促销效果。

（二）在线旅行社运作模式

1. "机票＋酒店"运作模式

创立于1999年的携程旅行网实现了传统旅游和互联网的无缝结合,携程是国内首家为顾客提供在线预订业务(主要包括酒店及机票的预订业务)的在线旅行社,这种"机票＋酒店"的运作模式除了携程旅行网使用外,还有艺龙旅游网及真旅游网等代表。携程有两种运营模式:一方面,携程通过会员的形式将旅客群吸收成为携程会员或者在机场等一些固定旅游出行场所通过手机客户端注册为携程会员;另一方面,携程与服务供应商如酒店和航空公司建立合作关系,在整个运作过程中,携程为酒店或航空公司提供了客源,从酒店或航空公司中获取佣金利润。

随着服务业创新驱动的发展,旅游电子商务市场竞争日趋激烈,简单的"机票＋酒店"的运作模式渐渐无法完全满足顾客的需求,基于此,携程开始在服务产品内容上、在与服务供应商合作关系上以及顾客预订模式上都进行了更新升级,详见表 6-1。

表 6-1　在线旅行社携程模式创新发展

发展类型	具体内容	综合发展模式
在服务产品内容上	携程开始推出多元化发展战略:如相继推出导游服务、租车服务、门票服务等	以"酒店预订、机票预订、旅游预订、商旅管理、门票预订、旅游攻略"六大业务模块为主导,集线上预订与线下旅行社、酒店和无线手机客户端为一体的综合性旅游服务供应商
与服务供应商合作关系上	作为服务供应商及顾客间的桥梁,携程开始以参股或控股模式参与到酒店等服务供应商中开展深度合作模式	
在预订模式上	手机移动互联网发展,带动在线服务业的移动互联网发展,携程通过进入手机在线预订领域,实现线上、线下和无线三大预订领域综合发展	

2. 旅游服务信息垂直搜索模式

旅游服务信息垂直搜索模式主要是指通过搜索引擎的强大搜索功能,深度挖掘并合理化整理旅游服务领域的相关信息,并将信息展示在网站上供顾客选择,可以说,该模式是纯粹意义上的线上旅行媒体平台的直销模式。以 2005 年成立的去哪儿旅游网为代表的旅游垂直搜索模式,其商业模式是"百度＋携程"的垂直搜索模式,通过一套智能化的比价系统,为消费者在众多的网站中搜寻酒店、机票、度假、门票等最有效的旅行信息,但并不直接参与交易过程,而是为旅游实际交易提供无形推力。这就是说,旅游垂直搜索服务的运营模式是不直接参与旅游服务产品的交易环节,其主要的利润来源是点击付费和品牌广告展示费用等。

3. "旅游线路"运作模式

无论是"机票＋酒店"的运作模式,还是旅游服务信息垂直搜索模式,两者很少涉及或者可以说是几乎没有涉及旅游线路的服务问题,以途牛旅游网、悠哉旅游网等为主导的在线旅行社专门为散客提供旅游景点和旅游线路服务,线路服务主要有以下两种:一是在线旅行社向传统的实体旅行社购买成熟的旅游线路,变成自身网站的库存产品,在这种方式中,传统的实体旅行社即为在线旅行社的服务供应商,而在线旅行社是渠道销售商;二是在线旅行社自主研发旅游线路,这些自主研发的旅游线路更能体现顾客的个性化需求,更具有代表性,然后通过互联网技术分门别类,实行合理化管理及库存化管理。

三、旅行社的创新服务产品

在旅游消费过程中,学术界认为服务产品包括三个层次:一为基础层,主要指食、宿、行等,即旅游顾客的餐饮服务、住宿服务和交通服务;二为旅游购物服务,主要指旅游者在游玩过程中,既有精神层次(如购买纪念品等)的购物需要,同时也有生理层次(如购买日用品等)的购物需要;三为关键核心层次,主要包括景点游览及消遣娱乐服务等,满足顾客高层次精神需求,是旅游者追求的核心所在。

然而,随着时代进步,社会发展,旅游者个性化需求逐渐增强,产生出如医疗服务、保险服务、小型会议服务等其他类型的旅游服务产品。同时,由于散客日渐增多,选择旅行社来安排旅游的顾客相应减少,并且由于旅游服务产品的网络宣传不断扩大,顾客直接接触景点服务产品的机会越来越多也越来越方便,在这种情形下,以传统旅行社为核心的旅游服务供应链模式面临着挑战,为保持或进一步提升旅行社自身的竞争力,旅行社着力分析顾客的普遍需求心理,将旅游服务链上的服务产品组合销售,再将这些服务组合包以大服务产品形式向市面推广销售,如"一日游""多日游"新型服务包产品等。

四、旅行社产品创新的方向

从服务创新的概念出发,我们可以归纳出旅行社产品创新是一个以顾客为导向的概念性和过程性创新,并且这种需求拉动型的创新以旅行社产品线的扩展、旅行社线路产品表现形式的改进以及增加延伸性服务等渐进性创新为主。从服务创新的基本特性出发,我们可以推演出旅行社产品创新的方向。

第一，从产品创新过程和旅游体验过程两个方面提高顾客的参与性。一是在旅行社线路产品的组合创新和旅行服务的拓展过程中，通过网络、电话、销售等顾客界面加强与顾客的交流，了解顾客需求和意见，将顾客视为创新线路产品和创新服务的合作开发者，而不仅仅是被动接受者；二是在顾客体验旅游线路产品过程中，改善传统线路行程中的"视觉旅游"，增加能够使顾客亲身参与的旅游项目，增强顾客对该线路产品的体验性和感知度。

第二，提高顾客与旅行社企业之间以及企业内部的交互性。加强旅行社顾客界面建设，使顾客能够更方便快捷地接触到旅行社，了解旅行社可以为其提供的特色服务。促进企业内部交互作用，提高旅行社管理者和员工的创新能力，同时能够为他们提供创新交流平台，使旅行社产品创新过程系统化进行。

第三，建立顾客对旅行社企业的信任。作为一种典型的服务企业，旅行社所生产的产品自然具有服务的属性，是一个无形的过程而非有形的实体。这一本质特征决定了顾客只有在消费了旅行社的线路产品后才能感知行程内容的好坏和服务质量的高低，因此，在旅行社产品消费行为发生之前建立顾客对旅行社的信任感难度很大。产品的服务成分越高，产品的品牌就越重要。为了降低交易风险，消费者都愿意选择名牌的旅行社作为自己的交易对象，于是品牌就成为一种有效传递旅行社信誉的信号。

第四，以满足顾客个性化需求为主要目的。随着旅游市场的日益成熟，旅游消费需求呈现向更高阶段发展的趋势，需求差别化日益扩大，个性化需求日益凸现。旅游需求特征的变化带动着旅行社产品服务理念的创新，出现了能更好地满足旅游消费者个性需求的产品生产方式。以模块化作为旅行社产品生产方式，实现大规模满足顾客个性化需求的目标，将为旅行社企业赢得广泛的顾客满意度和忠诚度。

五、旅行社产品创新的生产方式选择

旅行社产品创新是以顾客为导向的需求拉动型创新，主要目的是满足顾客个性化需求。标准化服务生产提供给顾客的是统一的服务，因此，顾客所面对的所有服务产品是完全没有差异性的，这降低了顾客的自主选择性，很难最大程度地满足顾客的多样化需求。对旅行社线路产品实施标准化生产，虽然能够降低生产成本和产品出售价格，降低顾客对服务质量的风险感知成本，但这种以牺牲顾客的个性化需求为代价的服务生产方式，不能适应旅游消费市场需求的成熟化和个性化发展趋势。

实施完全定制化服务生产,则要求旅行社针对每个顾客个体的特殊需求提供相应的服务产品,这需要对市场需求进行极细化的划分。此举虽然可以满足顾客个性化需求,实现旅行社产品价值的提升,但过于注重顾客需求差异会导致产品生产效率的降低,投入产出比较低,并且对顾客需求反应迟缓,难以形成规模效益。

模块化服务生产即大规模定制化服务,是指站在顾客角度,以有效满足顾客特定需求为前提,向顾客提供优质廉价、充满个性化服务的一种运作模式。它以顾客为关注点、以顾客保持率为判断标准。这种以顾客为导向的服务策略,不仅打破了标准化服务被动消费、缺乏人性化和易于产生顾客损失的局限性,同时也克服了定制化服务工作效率低、附加服务成本高、对顾客需求反应迟缓的局限性。

旅行社线路产品是通过各种要素组合设计为顾客提供的一种体验产品,具有综合性的特点。这种综合性特点决定了旅行社创新线路产品不可以通过申请专利来保持专用性,非常易于被竞争对手模仿。旅行社企业选择模块化生产方式,可以高效率地为每个顾客提供个性化服务,这样的领先优势,则很难在短期内被竞争对手模仿。不仅如此,模块化生产获取的是顾客满意度,因而,竞争对手要吸引本企业顾客,必然要付出更大的代价,而且模块化生产的目标是维持顾客忠诚度,忠诚的顾客不仅对产品满意而且会对其有持续的偏好。

六、旅行社服务创新的四维度界定

服务创新的基本特性揭示了服务企业创新所具有的一般特点,也为旅行社服务创新提供了理论指导。服务创新中应具备的顾客参与性、顾客与企业员工之间以及企业内部的交互性、建立顾客与服务企业之间的信任、产品生产方式的模块化可以视为旅行社内部服务的创新方向。借鉴服务创新四维度模型的分析框架,旅行社服务创新可从旅行社服务概念创新、与顾客交互界面的创新、服务传递系统创新以及技术创新四个维度进行分析。

结合服务创新的四维度模型,旅行社服务创新框架可从以下四个维度进行分析,如图6-1所示。

服务概念创新,包括对旅游线路产品的设计组合创新,通过对市场需求的洞悉或对竞争对手进行分析,改进原有的线路产品、开发新的线路产品和特殊用途的旅游产品,以及提供新的旅行服务。

顾客界面创新,是指将旅行社线路产品或服务传递给顾客的方式,以及建立

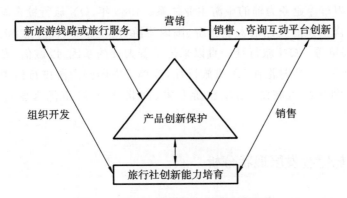

图 6-1 旅行社服务创新的四维度模型

旅行社企业与顾客之间交流互动的平台。其创新目的在于增强旅行社产品和服务的易接近性，提高顾客参与度，以及促进顾客与旅行社之间的频繁互动。

服务传递系统创新在服务创新理论中指的是生产传递新产品或服务的企业组织创新。对于服务企业来说，员工的能力和素质影响整个服务传递系统，因此，在对旅行社的研究中，服务传递系统创新可界定为旅行社经理人和员工的创新能力培育。

技术创新，是指对旅行社产品创新的保护措施创新。由于旅行社行业是一个进入壁垒很低的行业，旅游线路产品作为旅行社的核心产品处于模仿成本低，无创新保护机制的境地。在此意义上，本研究将旅行社产品创新的技术维度界定为旅行社产品创新的保护措施。

第三节 旅行社服务创新案例分析

一、QN 旅行社概况

QN 旅行社是我国第一批获得国家特许经营出境旅游资质的旅游企业，是世界旅游组织在中国的首批企业会员，也是中国旅游行业的领先者。如今已经发展成为集入境游、出境游、国内游、会奖旅游、签证服务、商旅服务、航空服务和电子商务等综合服务于一体的大型旅游企业，形成了以旅行社业务为主干，以景区、酒店和租车等业务为辅的旅游主业体系。1985年,QN旅行社在湖北省成立分公司,主营业务范围包括入境旅游、国内旅游、出境旅游、商务旅游、奖励旅游以及会议展览等。QN旅行社一直以来传承着大社的基因,以诚信、专业的理念树立起行业标杆,是湖北省5A级旅行社,获得了中国国内游排行榜中湖北省五大组团社、湖北品质旅游、出境旅游专家、湖北省/武汉市优秀旅行社等多项殊荣。

二、QN旅行社发展现状分析

(一)内部环境分析—SWOT分析法

通过优势、劣势、机会和威胁四个方面对QN旅行社进行综合分析,构建SWOT矩阵。然后运用SWOT分析法,在互联网飞速发展的今天,对QN旅行社的内部条件进行具体分析,可以使QN旅行社更好地发挥优势、减少劣势、抓住机会、防范威胁,促进QN旅行社的可持续发展。此次SWOT分析将更侧重于对互联网下QN旅行社的分析,并列举出SWOT分析矩阵图,如图6-2所示。

优势(Strengths)	劣势(Weaknesses)
①拥有较为成熟的客户基础,口碑良好 ②区域位置优势明显,集中化程度高 ③人力资源储备相对丰富,服务更具针对性 ④能更好地进行资源整合和产品研发 ⑤旅游群体包容性较强 ⑥对纠纷的解决效率较高	①高素质和专业型人才缺乏 ②线下重资门店重现,经营成本增加 ③经营方式单一,技术力量薄弱 ④个性化服务不足,产品同质化严重
机会(Opportunities)	威胁(Threats)
①国家政策支持,旅游发展趋势良好 ②新业态旅游形式的发展 ③"一带一路"政策引导 ④对外开放持续扩大	①OTA和旅游批发商的强势加入 ②旅游创业公司定制化服务优势 ③个人旅游微信群收客能力显著

图6-2 QN旅行社SWOT分析矩阵图

1. 优势分析

首先,QN旅行社坐落于九省通衢的武汉市,作为中国中部地区的重要交通枢纽,武汉市拥有发达的航空、铁路和公路网络。天河国际机场是国内重要的航空枢纽之一,连接国内外多个城市,为旅游者提供了便捷的空中通道。而京广高铁、沪汉蓉高铁等多条高速铁路线路的交会,使得武汉成为铁路网络的重要节点,旅客可以快速到达周边的长沙、南昌、合肥等城市。此外,高速公路网络四通八达，为自驾游的旅客提供了极大的便利。在区域旅游的战略地位上，武汉市凭借其丰富的历史文化资源和独特的地理位置，吸引了众多来自华东、华中及其他地区的旅游者。黄鹤楼、东湖、武汉长江大桥等知名景点，都是吸引游客的重要因素。同时，武汉作为湖北省的省会，也是通往三峡、神农架、武当山等著名旅游目的地的重要门户，这使得许多旅游者选择武汉作为旅游的起点或中转站。

其次，由于QN旅行社在武汉旅游行业经营多年，已经拥有了较为成熟的客户基础，线下门店遍布武汉各大商业区和人口聚集区，间接起到了广告宣传效果，在武汉本地以及部分外埠旅游者心目中有一定口碑效应，旅游者更愿意选择像QN旅行社这样的大型旅行社进行报名参团。同时，QN旅行社拥有较为专业化和丰富从业经验的员工队伍，旅行社的大客户大多是企业、事业单位的团体旅游者，他们更愿意和真实的旅游顾问打交道并探讨线路规划等问题，而不是与冷冰冰的线上客服进行交流沟通。线上服务再快捷、再方便、再体贴也替代不了人性的服务。而对待散客旅游者，则更需要花大量的时间耐心解释，网络沟通、微信沟通、电话沟通，不厌其烦地给旅游客户发送一条又一条的旅游线路，耐心地解释这些线路有何特点和区别。此外还会根据旅游者的需求，制定出如深度游、私人定制游等满足不同人群个性化需求的旅游服务产品。

再次，纵观市场上众多OTA（在线旅行社）企业，它们更多的是一种销售平台或模式，除少数自主研发的旅游服务产品外，其所展示的旅游服务产品也大多是传统旅行社所提供的。如QN旅行社这类传统旅行社与地接社、旅游景区、旅游车队和旅游目的地等都保持着良好的合作关系，与供应商合作时可以更好地整合旅游资源，具备一手的价格优势和产品研发的后台支撑，可以更便捷地为客户提供较为优惠的产品和服务。

最后，正规的旅行社在旅游者出行前都会签订正式的旅游合同，一旦旅游过程中出现旅游纠纷，都可以按合同办事，有章可循。而且一旦收到投诉，旅行社会找到专人马上为旅游者落实，帮助旅游者解决问题。而线上旅游平台，则需要经过烦琐的线上网络沟通或电话沟通，涉及法律起诉层面还要到企业所在地进行诉讼，出现问题难以得到合理解决。QN旅行社在消费群体上的优势则更为明显，选择OTA出行的人群大多为年轻人，而对于占据旅游人数主体的中老年旅游群体来讲，则更愿意选择有实体门店的传统旅行社，当面咨询更为放心。

2. 劣势分析

由于旅行社行业门槛较低，旅游专业型人才缺乏，很多其他专业人员参与到了旅游一线岗位上。如有些小型旅行社为了扩大经营，采用了"零"加盟费的营销模式，短时间内加盟的营业网点无法招聘到合适的专业人才。其他非专业员工经过简单培训后就匆匆上岗，这些因素导致了旅行社在提高经营水平上受到了极大限制。再如，在旅游旺季，导游的需求量很大，大多数旅行社采用的是外聘导游的方式，有些小型旅行社无法短时间内聘请到持有正规导游证的导游人员，因此就雇佣无证的人员上岗，旅游者的旅游体验将大大降低，扰乱了正常旅游规范秩序。

近些年，由于从线上到线下成为潮流，旅行社经营者开始重新认识到线下门店的重要性。店面开设在人流密集区域，相当于竖起一个超级广告牌和流量入口。强曝光度使品牌节省了营销成本，一时间"跑马圈地"成为首要经营目标。这样的经营方式往往忽略了企业自身的旅游服务产品创新和经营成本，OTA 不需承担高昂的房租、物业费和人工成本，传统旅行社在经营成本上则处于劣势。这种发展趋势正是源于很多年轻人越来越依赖互联网，智能手机和互联网络的普及也给更多人提供了方便和快捷的生活方式。无论你身处何地，只要拥有一部智能手机，就可以随时随地查看旅游信息，预订和支付相关服务产品，真正让旅游者足不出户就可以轻松搞定旅游报名。

传统旅行社主要采取"守株待兔"的经营方式，缺乏拥有旅游行业特点的高效率服务网站和公众号。旅游是一种复杂的服务产品，旅游价格瞬息万变，需要拥有强大的技术能力支持，并通过庞大的行业数据分析旅游者的旅游需求，进而开展有针对性的推广活动。目前，旅游市场的旅游服务产品同质化现象较为严重，传统旅行社没有针对客户群体进行针对性的系统划分，对于旅游者的个性化需求也并不是十分关心，一般旅行社制定出来的旅游线路，旅游者不能进行修改，这就造成了旅游服务产品的附加值较低。在多家门店咨询后发现，旅游线路大同小异，旅行社为了吸引旅游者的注意，往往采取低价竞争的策略，这使旅游者的旅游消费体验得不到很好的保证。

3. 机会分析

随着我国经济持续增长，人民生活水平和质量普遍提高，大众也更加重视精神层面的追求，而旅游便成了人民群众美好生活和精神文化需求的重要内容。旅游业作为综合性行业，是拉动经济发展的重要动力，也为整个经济结构调整注入了新的活力。旅游业是国民经济的重要组成部分，对一个国家或地区经济增长有着重要的贡献作用，旅游业综合贡献占 GDP 总量的大小是社会经济发展与产业结构观察的重要指标。各级政府对旅游业非常重视，因而提供了更加便利的发展条件、更多政策上的支持和财政上的投入。正是国家对旅游业的大力扶持，旅游业不仅在 GDP 的综合贡献上逐年增加，如图 6-3 所示，还在旅游市场上可以见到更加丰富的旅游服务产品和多元化的旅游出行方式。由此可见，旅游业在经济发展中的作用更加凸显,这也为旅游从业者带来了更多的信心与挑战。

图 6-3　旅游对 GDP 贡献分析图

数据来源:国家旅游统计公报

2019 年,中国旅游业对 GDP 的综合贡献为 10.94 万亿元,占 GDP 总量的 11.15%,旅游对 GDP 的贡献额达到 2014 年以来的历史新高。从 2014 年的 10.39% 到 2019 年的 11.15%,中国旅游业综合贡献占 GDP 总量的比例稳中有升。这一方面反映出中国旅游业和国民经济发展齐头并进,另一方面也体现了旅游业为内需拉动经济提供了动力。

2018 年 4 月 8 日,文化和旅游部正式挂牌成立,有网友评论"诗和远方"终于可以走到一起了。文化为旅游赋予了更加丰富的内容,旅游则为文化的传播提供了新的载体。国家也鼓励开发了 11 大旅游新业态,分别是文化体验游、乡村民宿游、休闲度假游、生态和谐游、城市购物游、工业遗产游、研学知识游、红色教育游、康养体育游、邮轮游艇游和自驾车房车游。诸多新旅游业态的出现带动了旅游行业多元化和个性化的发展。

随着"一带一路"的深入发展,中国入境和出境旅游市场都呈现稳步增长的态势,节假日期间的入境与出境旅游人数和旅游收入更是年年突破新高。加强"一带一路"旅游合作机制,优化旅游服务便利水平,提升旅游服务品质有助于中国旅游企业迎来新一轮黄金发展期。

4. 威胁分析

以 QN 旅行社为代表的传统旅行社面临的最大威胁是 OTA、各类批发商、旅游创业公司和民间群主。随着"互联网+"时代的到来,2017 年后,以携程、去哪儿和途牛为代表的一大批 OTA 得到了迅猛发展。许多传统旅行社发现许多老客户不再选择他们的旅游服务产品，取代他们的是一批看不见、摸不着的线上旅行社。一些旅游者不愿意再以电话或微信的形式咨询他们的旅游销售顾问，而更愿意打开他们的智能手机翻看线上的旅游推广路线，这也给传统旅行社带来了压力与挑战，传统旅行社不得不跟上时代的潮流，选择积极应对的方式以避免客户大面积流失。而旅游批发商加入到直客竞争市场，也是出于形势所迫。传统旅行社的业绩下滑，降低了旅游批发商输送客源的能力，直接导致旅游批发商不得不考虑企业发展，涌入到直客竞争行列当中。这在几年前的旅游行业中是违背行业行规的行为，因为旅游批发商拿到的价格资源相对优惠，拿同样的行程路线去竞争同样的客户群体，传统旅行社是没有价格优势的，这样会导致传统旅行社不愿意售卖旅游批发商的旅游服务产品。传统旅行社看似与旅游批发商关系紧密，实际上却貌合神离，以往那种和谐共存的模式被逐渐打破，形成了恶性循环。

近年来，随着人们业余文化生活更加丰富多彩，新兴的旅游创业公司和各种民间团体受到了广大旅游者的青睐。年轻群体往往不喜欢跟团旅游，想自由出行又受到制订计划不充分、旅游经验不足和旅游信息受阻等各类因素的影响，旅游创业公司所提供的服务往往满足了这类群体的需求。如专门吸纳极限爱好者的旅游创业公司、专门接待驴友背包客的旅游创业公司和专门迎合家庭出游的旅游创业公司等。这类旅游者往往寻求定制化服务，可支配的旅游费用相对较高，旅游创业公司的专业性服务恰恰迎合了他们的需求。而老年人的出行可能更加特殊，他们时间充裕，可支配的旅游费用相对较低，对旅游热衷度较强，更愿意跟同龄亲朋好友一起出游。老年群体中经常会出现一个领导者，成立微信群，召集老年旅游者，与旅行社合作或独自操作设计行程路线，并跟团一起出行游玩。这类群体黏性很强，随团旅游很容易促成二次出行，这对传统旅行社经营也造成了冲击。

以 QN 旅行社为例，分析内部环境给旅行社带来的影响，如图 6-4 所示，以点带面，给这类传统旅行社出谋划策，为其成功转型 O2O 模式（线上到线下模式）提供现实依据。

OTA	携程、途牛、同程等线下布局，争夺直客资源
批发商	出于竞争压力，跨地域和旅行社直接收客
旅游创业公司	定制化服务优势，争夺年轻和中产旅游群体
群主	旅游黏性强，争夺老年群体

图 6-4　对 QN 旅行社造成威胁群体的分析图

（二）竞争力分析——波特五力模型

波特五力模型是由美国"竞争战略之父"Michael Porter（迈克尔·波特）于20世纪80年代初提出的。他认为行业中存在着决定竞争规模和程度的五种力量，这五种力量综合起来影响着企业的竞争战略决策和行业的吸引力。这五种力量分别为供应商和购买者的议价能力、潜在进入者的威胁、替代品的威胁以及行业竞争者的威胁，如图6-5所示。

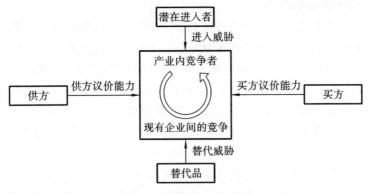

图6-5　波特五力模型图

1. 供应商的议价能力

在旅行社行业中，旅游供应商主要可以通过提高旅游服务产品价格与降低旅游服务产品质量的方法来影响行业中购买其旅游服务产品的同业旅行社。具体来说，旅游服务产品的供应商主要有地接社、景区、酒店、车队、餐厅和航空公司等。从产品类型角度，可以分成以下几个维度来分析。

首先，从旅游路线上分析，QN旅行社作为武汉老牌传统旅行社，拥有一批比较稳定的客户群体，所提供的旅游服务产品众多，每一条线路都有多家地接社或产品供应商为其提供服务。所以像QN旅行社这样的大中型旅游企业可以获得相对不错的价格，供应商的议价能力并不强。

其次，酒店、车队和餐厅的供应商亦是如此，QN旅行社作为买家在旅游市场上可以找到很多的替代者，旅行社对于某个餐厅、车队或酒店的依赖度不高，导致这些供应商不敢轻易涨价或者降低产品服务质量，在议价能力上往往也处于被动地位。而景区在议价能力上较强，一些知名的景区具有定价优势，旅行社难以改变其定价模式，或者很难找到知名景区的可替代品。

最后，航空公司的议价能力则更为明显，往返两地的直线航班舱位是有限的，而航空公司又不能把所有舱位都卖给旅行社销售，还需要预留大部分舱位给散客购买,这导致很多旅行社为了一个航班的舱位争得"面红耳赤,不可开交"。QN 旅行社想要获得强势地位则需要拥有区域垄断客源的能力,切掉整个航季的座位或者承揽包机业务,QN 旅行社在众多航线上不具备这样的能力。

所以,在旅游行业中,供应商的议价环境相对复杂,在很多资源控制和谈判中处于不利的地位。即便是 QN 旅行社这样的大型旅游企业也不能保证在与所有供应商议价时取得优势。

2. 购买者的议价能力

购买者主要是通过压低旅游价格和要求提供较高的旅游服务产品质量来影响旅游企业的盈利能力。购买者也就是旅游者所购买的旅游服务产品基本上是一种标准化产品,同时可以有多个旅行社来提供同样类型的旅游服务产品。QN 旅行社作为旅行社行业中的一分子,虽然在品牌效应上有一定优势,但旅行顾问也需要与旅游者经过多轮的商讨定价之后,才能赢得旅游者的信任,最终达到成交目的。而有的旅游者为了计划出行,甚至提前半年就咨询各家旅行社,如果不是销售人员有很好的黏性和亲和力,稍一疏忽就会造成客户流失的现象。特别是面对团队旅游者有较高的定制化服务要求时,旅游者的参与程度会更加强烈,也会追求更多个性化的旅游服务产品。加之网络旅游信息获取更加便捷,旅游者更加具有话语权,以 QN 旅行社为代表的传统旅行社对待购买者的议价能力较差。

3. 潜在进入者的威胁

潜在进入者在给旅游行业带来新鲜动力和新资源的同时,也会与现有旅游企业发生市场份额的竞争,最终导致行业中现有旅游企业的盈利水平降低。旅行社所提供的产品是虚拟的旅游服务,所拥有的资源都是景区、酒店和车队等提供的,旅行社只起到了资源整合的作用。在整合的过程中,如果旅游相关企业拥有众多客户群体,他们同样可以跨过旅行社做同样类型的工作,资源提供者并没有独家维护旅行社的义务,谁付的钱多,这些资源就为谁服务,在技术层面上并没有明显的障碍。近年来,QN 旅行社发现与其竞争的潜在进入者层出不穷,如某研学机构可以利用培训学员的机会带客户去旅游,某文化传媒机构可以利用拍摄录影的机会带客户去旅游,某金融贷款机构可以利用招募会员的机会带客户去旅游,某微信群的群主也可以利用个人媒介招募客户去旅游等。作为经济发展的新兴动力,很多潜在进入者想在旅游行业中分得一杯羹,只需要把各类资源整合好,作为新进入者的难度并不是很大。这就要求以 QN 旅行社为代表的传统旅行社居安思危,保护好自己的资源优势,做好服务和保障工作,以更加专业化的经营理念为旅游者保驾护航。

4. 替代品的威胁

首先，替代品的威胁是指旅行社提供的旅游服务产品或服务与现有的旅游企业所提供的旅游服务产品或服务相互竞争的行为。这样的竞争有可能会导致被替代者的产品和利益受到严重影响。旅游服务产品本身提供的就是一种服务行为，旅游服务产品的核心要素吃、住、行、游、购、娱的可替代性较差。如旅游者本打算带父母参加游轮行程，选好了歌诗达的游轮出行，则不会因为旅游顾问推荐的爬山线路景色更加宜人而轻易改变游轮计划，但往往服务之间的替代性较强，如旅游者原本打算带父母参加歌诗达游轮出行，但旅游顾问推荐皇家加勒比的游轮，因为后者的船吨位更加大，房间更加舒适，价格更为合理，这样旅游者就有可能改变他最初的想法。这就要求旅行社从业人员对旅游者的感受有相当强的敏感度，能及时对自己所提供的旅游服务产品做出调整，以免造成客户流失。

其次，随着人民生活水平日益提高，旅游已经变成人们休闲娱乐、陶冶情操的重要途径，许多旅游者的出行方式变得更加多样化和随性化。自由行、短途游和自驾游等出行方式已经成为很多年轻人的首选，这样的出行方式会损害以跟团游为主要盈利模式的传统旅行社的利益。这就要求传统旅行社利用自身资源优势，创新发展出一些定制游、深度游、代办机票和预订酒店等多元化的经营模式，以迎合这类旅游者的出行需求。

5. 行业竞争者的威胁

行业中的竞争在一定程度上会反映出目前行业的发展状况，良性的行业竞争可以促进各企业的竞争机制开拓创新，为旅游者提供更好的服务。恶性的行业竞争则意味着价格下降、服务品质降低和成本上升，最终导致总体盈利下降。QN旅行社作为传统旅行社的代表，其经营目标无非是想扩大企业规模，获得竞争优势。在传统旅行社的竞争环境中，分布着众多中小型旅游企业，这些企业想要在旅游行业中生存下去，往往采用的是模仿的方式。QN旅行社制定出新的旅游服务产品后，很快会有许多相似的行程路线出现在市场上。为了寻求利益最大化，必然会出现扩大宣传、降低接待标准、多级分销互相压价等情况，最终的结果只能是价格战，形成恶性循环的乱象。

近年来，随着"互联网+"时代的到来，以QN旅行社为代表的传统旅行社的竞争对手变成了OTA企业，与线上旅行社的竞争更多反映在服务品质上，很多旅游者在线上选好旅游服务产品之后也会咨询传统旅行社的旅游顾问。OTA往往缺少人性化的服务，但所提供的旅游服务产品会很多元化。传统旅行社在与OTA企业竞争中需取长补短，加大资源整合力度，推出更多满足旅游者意愿的旅游服务产品。在未来几年中，OTA 取代不了传统旅行社的地位，传统旅行社也必将走上旅游 O2O 的发展模式，预计传统旅行社与 OTA 的同业竞争会持续下去。

综上所述，依据上述五种竞争力对企业进行分析，QN 旅行社可以根据这五种竞争力的强弱制定相关的策略，取长补短，优化产业结构，以取得企业转型 O2O（线上到线下）模式升级的创新力发展。

（三）QN 旅行社与国内旅游 O2O 企业比较分析

1. 携程旅行网

携程旅行网创立于 1999 年，总部位于上海，现有员工超过 30000 人，目前已在北京、广州、深圳、杭州、成都、厦门、南京、武汉、重庆、青岛和三亚等 17 个城市设立分公司，并在首尔、新加坡等 22 个境外城市设立分支机构。作为中国领先的旅游 O2O 模式综合性旅行服务公司，其主营业务有机票预订、酒店预订、旅游度假、代办签证和商旅管理等全方位旅游服务，会员已超过 3 亿人。携程旅行网成功整合了传统旅游业和高科技互联网产业，并凭借着其强有力的盈利能力和稳定的业务发展，于 2003 年 12 月在美国纳斯达克成功上市。作为最早的旅游 O2O 模式企业，携程旅行网最初以"机票+酒店"为雏形，在线下通过发放会员卡的方式，引导客户到网站进行消费预订。当时的中国旅游市场正处于起步阶段，旅游服务产品整合性不高。携程旅行网主要扮演的是旅游中介的角色，本身并没有多少旅游服务产品，但是其强大的整合能力满足了广大旅游者的需求，旅游者可以足不出户便了解到更多旅游相关产品信息。现在的携程旅行网已远远超越了传统旅行社的业务范围，并在科技研发方面不遗余力，建立了一套现代化旅游 O2O 模式，为会员提供更加便捷、高效和全方位的服务，携程旅行网 O2O 模式如图 6-6 所示。

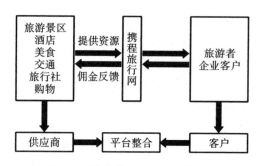

图 6-6　携程旅行网 O2O 模式图

2. 比较分析

首先，携程旅行网作为全国最大的在线旅游企业，许多经营模式和先进理念是值得 QN 旅行社学习的。携程旅行网的规模经营和品牌优势是其他 OTA 企业无法比拟的，携程旅行网拥有全球最大的旅游呼叫中心，遍布全世界各个地区。其主营业务一个是酒店预订，并已经与数万家酒店建立了长期稳定的合作关系。另一个主营业务是机票预订，网络已覆盖全球绝大多数航线。携程旅行网在综合性 OTA 企业中处于领先地位，这样的规模经营和品牌优势是刚刚步入 O2O 模式的 QN 旅行社不具备的，且短期内难以赶超。

其次，以互联网技术为核心的在线旅游企业，其技术一定是企业的活力和源泉，在这方面，携程旅行网建立了一整套现代化服务系统，如订单处理系统、客户管理系统、服务评价系统和会员管理系统等。从携程服务辅助部门配备的各类先进技术平台和硬件设备都可以看出携程旅行网对科学技术的重视程度。QN 旅行社虽然也有自身的网络建设技术支持，但规模与携程旅行网比起来还有不足，这方面是值得 QN 旅行社学习和借鉴的。

最后，携程旅行网一站式、全方位的概念已经渗入在线预订的每一位旅游者心目中，"习惯成自然"，在旅游市场激烈的竞争环境中，习惯的浏览、预订和支付，自然也就促进了当代人消费习惯的养成。但携程旅行网也不是没有弱点，其商业模式近些年遭遇到其他 OTA 企业和传统旅行社的挑战，如果不持续对旅游服务产品创新提供更多增值服务，不能在价格方面提高性价比，携程旅行网的上升空间将受到限制。QN 旅行社也应认清自身的优势所在，应该着重于地面营销推广，线上服务也应以辅助功能配合，"硬碰硬"的规模经营肯定不是明智之举，"扬长避短"才是 QN 旅行社未来的发展之路。

三、QN 旅行社旅游服务产品创新存在的问题

随着"互联网＋"时代的到来和中国网络信息科技的发展，越来越多的旅游者选择直接线上预订旅游服务产品。在线出境游、周边游、跟团游和自由行等成为增长速度最快的领域，各大 OTA 巨头纷纷扩大市场份额，开设了众多线下实体店，形成初具规模的 O2O 模式旅游企业，传统旅行社面临着巨大的挑战。在旅游 O2O 模式如火如荼发展的同时，以 QN 旅行社为代表的传统旅行社也加大了对旅游服务产品创新的投入，但在创新的过程中，仍然面临着很多问题。

（一）旅游服务产品创新定位不准确

对于 QN 旅行社而言，旅游服务产品创新的一个首要问题是如何确立其旅

游业的市场定位。这是合理安排旅游资源投入与产出，使其发挥最大经济效益的基础。由于 QN 旅行社刚刚进入 O2O 模式领域，尽管短期内在线下实体店营销和旅游服务产品线路设计上还可以占据一定市场份额，但在与 OTA 线上竞争过程中创新力仍不足，线上和线下结合能力较差。换句话说，即不能准确地定位细分市场，从而导致 QN 旅行社在线上的创新过程中抓不住重点，不知道从何处开始创新研究。OTA 主要是以互联网信息技术为发展基础，旅游者可以通过互联网随时随地浏览和预订旅游服务产品，这一点比以 QN 旅行社为代表的传统旅行社优势更明显，这也是 QN 旅行社在未来旅游服务产品创新定位上需要努力追赶的目标。

1. 整合性

OTA 之所以在近些年来发展迅猛，很大程度上取决于在资源整合上的优势。从酒店、景区、交通、签证、供应商和旅游保险等方面都很好地结合在一起，通过整合和包装，在线的旅游服务产品能更吸引旅游者的目光。旅游服务产品是由多个旅游要素结合组成的一个较为复杂的体系，整合是一个很艰难和庞大的过程，如 QN 旅行社这样的传统旅行社在旅游服务产品创新上需要更加重视。

2. 便捷性

OTA 是以互联网信息技术为前提发展起来的线上旅游服务企业，它可以依靠其自身的技术优势，实现传统旅游企业无法实现的客户服务体验或人工智能服务功能，旅游者可以随时随地利用网络或电子媒介等途径了解和预订在线旅游服务产品。这也是以 QN 旅行社为代表的传统旅行社着重创新和发展的方向，只有更为便捷的客户体验和信息媒介传播，才能更加促进旅游者的购买欲望和订单成交率。

3. 交互性

旅游服务产品创新的定位不应局限于产品上的创新，作为服务产业的代表，旅游业应更加注重旅游者在服务上的体验。由于所处环境和信息的局限性，绝大多数旅游者在选择旅游服务产品时都是选择未体验过的旅游服务产品，他们在甄别旅游相关产品时往往缺乏对产品的了解。OTA 推广在线旅游服务产品时恰好抓住了旅游者这方面的弱点，在视觉、听觉和感官等方面为旅游者提供了更加具体化和生动化的感官体验，旅游者可以足不出户地通过浏览界面来分析其他旅游者的评价以决定选择哪种旅游服务产品。

以 QN 旅行社为代表的传统旅行社在与旅游者的交互性方面创新力不足，本身拥有的旅游服务产品不能有效地传递给旅游者，降低了订单促成概率，在这方面，QN 旅行社应该在旅游服务产品创新上加大投入力度。

（二）核心旅游服务产品创新力不足

旅游核心服务产品的创新力是在竞争激烈的市场环境中打动旅游者，脱颖而出的最关键因素，如携程旅行网的核心旅游服务产品是机票和酒店预订，马蜂窝的核心旅游服务产品是民宿和自由行预订等。O2O 模式不是包治百病的"灵丹妙药"，不会因为旅游企业采用 O2O 模式就一定会在行业竞争中取得优势。QN 旅行社想要成功转型 O2O 模式，就必须要有自身过硬的、能够打动旅游者的核心旅游服务产品，产品是取得市场优势的根本所在，否则就是"新瓶装旧酒，治标不治本"。

在选择核心旅游服务产品创新点时，应多关注旅游者的旅游体验感受，抓住消费者的心理状态，并结合 O2O 模式的特点，全方位力推这类旅游服务产品。QN 旅行社的旅游 O2O 模式还处于起步阶段，还没有创造出让旅游者"尖叫"的核心旅游服务产品，没有设计出具有鲜明特点、能满足旅游者内心需求、紧贴市场、超越旅游者对于旅游服务产品体验预期的产品。在竞争激烈的旅游市场中占有一席之地，不断追求核心旅游服务产品的创新发展才是企业的经营之道。

（三）缺乏企业转型融合创新理念建设

很多传统旅行社只将 O2O 模式当做一种工具，而不是将 O2O 模式作为商业模式深入地进行经营。这些传统旅行社建立了企业网站，建立了企业微信公众平台，甚至耗费了大量资金建立企业 APP，然后把所有旅游服务产品全部输入到这些输出平台，认为这样的做法就是企业 O2O 模式的转型。其实不然，O2O 模式是传统旅游企业获得未来无限发展空间的重要商业模式，而不是简单的营销工具，要知道传统旅行社想要继续生存和发展下去，转型 O2O 模式是大势所趋，只有真正融入 O2O 模式，把它作为企业经营的全新理念，将线上和线下结合起来，才是传统旅行社转型的重要途径。

QN 旅行社想要成功转型 O2O 模式，就必须要遵守 O2O 模式的经营理念和经营规则。只是一味地向 O2O 模式中加入各种旅游服务产品，没有进行大数据和市场调查分析，同质化产品严重，也不与旅游者进行有效的互动，不在乎旅游消费者的旅游需求，那么将没有一款旅游服务产品能够深入人心，占领行业市场。这类旅游服务产品只能被市场"架起来"，且对消费者没有实质性的吸引力。

由此可见，QN 旅行社在转型 O2O 模式的过程中，更需要迎合普通大众的旅游需求，把旅游服务产品"降下去"。在 O2O 模式下，越接地气的旅游服务产品可能越能被普通大众所接受。

（四）企业网络品牌创新意识淡薄

早期，旅游只不过是个别有钱人享受生活的代名词，国旅、中旅和青旅作为老一代资深旅游企业牢牢印在旅游者的心目中,虽然当时也有许多民营旅游企业与之竞争,但所占市场份额实在太低,人们绝大多数还是会选择这三家旅行社报名出游。如今,O2O模式的旅游企业逐年增加宣传力度,明星代言、手机 APP 推广、网络广告的投放,旅游者耳濡目染,知晓了一些在线旅游平台。而以 QN 旅行社为代表的传统旅行社虽然也有广告投放,但投放比例却远远不如 O2O 模式的线上旅游企业。因旅游业利润率相对较低,很多传统旅行社不愿在品牌推广上投入大量资金去冒风险,造成了企业经营墨守成规,在旅游市场上活跃度不高的现象。

O2O 模式的旅游企业往往是电子商务网站起家,对网络平台的建设十分在行,平台的观赏性和操作性远远超过传统服务业起家的旅游企业。如今,这些 O2O 模式的旅游企业巨头如携程、途牛和去哪儿已经深入人心,经常有一些旅客拿着网站上的行程报价来 QN 旅行社比较价格行程,但门店销售却很难找到匹配的供应商。虽然短期内很难撼动这些网站的行业地位,但加大企业宣传,让旅游者记住企业品牌,才有机会宣传旅行社的旅游服务产品,做好自身企业文化和品牌建设仍然是 QN 旅行社急需要解决的问题。

(五)宣传推广方式缺乏差异化创新能力

以 QN 旅行社为代表的一些传统旅游企业目前仍停留在保守的宣传手段模式上,宣传推广方式过于单一,创新手段停留在表面,流于形式,无法实现差异化营销,很难吸引旅游消费者的购买欲望。

1. 口碑效应

虽然口碑效应有时候是最好的营销模式,但这种推广模式局限性太小、效率低、时间跨度长,需要由老客户介绍新客户口口相传。这种营销模式固然不能摒弃,但不能快速地将旅游服务产品传达给更多旅游消费者,导致订单成交效率较低。

2. 广告印发

这种方式在 10 年前的旅游行业中可以说是最好的营销手段,如印发 DM (Direct Mail)单、宣传手册或者名片,但这种方式辐射范围太小,受众群体少,加之日益增长的员工工资,在一定程度上也会增加旅游服务产品的直接成本。

3. 依托线上旅游平台发布旅游资讯

这种类似于抱 O2O 旅游巨头"大腿"的行为,虽然效果有可能很好,但对于一些刚刚进入 O2O 领域的旅游企业来讲,是一种快速回流资金和增加销售量的手段。殊不知在仅仅依靠线上旅游平台推广的同时,也会帮助这类 O2O 旅游线上企业的发展,虽说双赢是件好事情,但也制约了传统企业发展 O2O 模式的意愿和动力。利用方便快捷的旅游在线网站后台操作系统,简简单单地添加生成旅游线上产品,这一方式也损害了自身广阔的创新能力。

(六)缺少大数据分析系统创新模式

大数据就是将海量碎片化的信息数据及时筛选、分析、整理并归纳总结得出相关有效性数据的过程。大数据对旅游行业的影响是全方位的,对整个行业管理决策的制定和转变有着至关重要的作用。以 QN 旅行社为代表的传统旅游企业普遍没有大数据和决策分析能力,多数情况下仅凭经验、直觉、大多数人的建议或者一张财务报表来进行决策,这样做显然是不够全面和科学的。

在这个信息化数据化时代,大数据分析系统的建立是必然趋势,企业需要跟踪和分析旅游者的个性化信息资料。比如旅游者登录旅游在线网站搜索关键词"海南",虽然今天没有下单成交,但下次如果旅游者还登录该网站,首页滚动界面就会出现海南的旅游广告,这就是精准化和数字化营销。有了大数据分析,便可以在不看见客户的情况下,对旅游客户进行精准识别,勾勒出用户的行为和喜好,分析出目标客户并制定针对性、精细化的营销策略,避免客户流失。

(七)创新的时效性相对滞后

由于旅游活动本身具有很鲜明的季节性和时效性,春夏秋冬四季会出现不同的主推旅游服务产品。在瞬息万变和高速发展的旅游市场,时刻保持对在线旅游者的吸引力非常重要,这就要求旅游企业拥有强大的设计研发能力和保持创新研发的即时性。每个旅游服务产品的推出和重大事件的发生都要求旅游企业多个部门紧密配合,多名员工和负责人紧密沟通才能完成。首先,QN 旅行社进入旅游 O2O 模式时间较短,对线上创新意识重视程度不够,这样就会导致创新时效性相对滞后。其次,大力推进创新型高素质旅游人才队伍建设是以 QN 旅行社为代表的传统旅游企业想要赶超 OTA 企业,实现快速发展的第一资本。O2O 模式是未来旅游业的大势所趋,掌握基础的网络技能或者互联网科学技能的人才,会给企业带来更多的新鲜活力和创新精神。随着时代的更迭、科技的进步和人员结构的优化调配,培养综合型人才,才是新时代 QN 旅行社满足创新时效性的重要基础。

(八)创新的旅游服务产品知识产权保护意识缺失

对于知识产权的保护是一个国家和民族得以永葆创新机制的重要基础。在旅游行业中,不仅仅是 QN 旅行社,许多旅行社对于旅游服务产品知识产权的保护意识都很缺失,这样长此以往会导致旅游企业失去创新的动力和创新思考的能力,会给整个行业创新力的发展带来严重的影响和制约。

QN 旅行社在多年经营过程中，对于旅游服务产品的创新和研发投入逐年增加，但对于知识产权的保护没有足够的重视，对于研发人员的创新劳动成果没有给予尊重及相应的奖励。在旅游市场上经常会出现 QN 旅行社研发出的旅游服务产品，在成功运行一段时间后，就会出现效仿产品，对于这种侵权行为，企业没有将旅游服务产品申请专利，也没有用法律武器来保护研发人员辛勤创新的劳动成果，这种对知识产权保护意识的缺失不利于 QN 旅行社创新力的持续发展。

四、QN 旅行社旅游服务产品创新策略

（一）企业转型创新

互联网领域流行过这样一句话，"世界上只有两个行业，一个是互联网行业，一个是正在被互联网颠覆的行业"。当我们思考这句话的时候，似乎这句话很有道理，我们身边的各行各业也确实离不开互联网。运用形而上学的思想考虑，旅游行业拥抱互联网势在必行，O2O 模式是旅行社转型创新的最好切入点，但如果一味地追求 O2O 转型，脱离了企业自身原有的经营优势，跟不上时代发展的步伐，再优秀的旅游企业也会被历史淘汰。

1. 发挥企业自身优势转型创新

在旅游行业中，转型 O2O 模式失败的案例也举不胜举。连续 10 年盈利且持续增长的同程网在互联网大潮的冲击下，于 2014 年后，连续 43 个月盈利负增长，原因就是同程网没有其自身的旅游营业资源，在各大 OTA 抢夺线上资源的同时，同程网也在参与低价格战和不断的融资再融资，忽略了旅游服务的重要性，没有把旅游者的体验放在首要位置。如果没有强大的资金背景，没有"All In 无线"的理念，没有入驻微信支付平台，很难想象同程网还会坚持多久。因此，以 QN 旅行社为代表的传统旅行社不要盲目从众，要坚持自己的品牌和服务建设，抓住适合 O2O 模式的切入点，聚焦用户需求、持续提升服务质量，否则就会"一着不慎，满盘皆输"。

如今，O2O 模式的旅游企业占据着大量的旅游资源，未来的旅游市场将不会区别传统旅游和在线旅游。传统旅游企业会加大对线上体验和支付的投入，发挥自身的品牌优势并和网络平台结合起来，实现线上支付，线下享受的旅游服务过程。而初具规模的 O2O 模式旅游企业也会不断加大对实体店面的投入，以寻求更大的市场份额。QN 旅行社的未来就是以自身旅行社的传统优势，自主化地建立符合本企业的旅游 O2O 模式，将浏览、预订、支付、财务、体验和售后完

美融合,形成一站式旅游服务模式。

2. 积极向关联产业转型创新

在"互联网+"时代的背景下,旅游消费者寻求个性化旅游服务产品的需求越发强烈,这种个性化的旅游需求很难被任何一家旅游企业独立完成。这就要求 QN 旅行社以更加积极和开放的态度融合其他旅游企业共同完成产业的转型创新。

以 QN 旅行社为代表的传统旅行社,其原本的创新思维是以"中心化"为理念创新旅游服务产品,QN 旅行社由于技术原因与其他相关产业的融合相对较少,但随着互联网时代的到来,技术层面的革新使 QN 旅行社与其他相关产业交流合作成为可能。O2O 模式可以很好地满足 QN 旅行社去"中心化"以及向关联产业转型的创新条件,平等、协作和互通的旅游产业转型升级可以体现在线上积极沟通和线下融合实践的过程中。强大的旅游资源也可以让 QN 旅行社在 O2O 模式上凸显线上用户数量和网络生态圈中的位置,所以 O2O 模式的产业转型创新形式将更具有互联网的时代特征,这也是 QN 旅行社未来发展的趋势所在。

(二)服务理念创新

在我国宏观经济日趋平稳的背景下,旅游已经成为大众常态化的生活方式,对于旅游服务产品的追求也从最初的经济观光游逐渐演化成品质体验游。旅游者满意度成为衡量旅游服务质量标准的关键因素,所以高品质服务仍然是未来 QN 旅行社建设的重点。旅游住宿服务、旅游购物服务、旅游餐饮服务、旅游交通服务、旅游娱乐服务、旅游景点服务、旅游导游服务和旅游公共服务等都是旅游者对旅游总体评价和满意程度的考核指标,都应纳入旅游服务质量的评价范畴。

QN 旅行社应顺应时代潮流,建立自身的旅游 O2O 模式服务满意度系统,旅游者可以在旅游途中,通过移动终端在任何阶段将旅行中的真实感受反馈给旅行社,这样旅行社就可以将旅游者在旅游途中所产生的不悦及时反馈给旅游目的地的地接社或接待企业,旅游者对旅游各服务环节的质量感知将成为评价服务质量的关键。旅行社在旅游途中就可以采取补救措施去安抚旅游者的心情,避免旅游者游玩结束去投诉,进而产生不良后果。旅行社也可以利用系统将每个旅游者的喜好加以归纳总结,提高服务等级,以便日后旅游者二次消费的时候对旅游服务人员起到提示作用,真正做到对旅游者实施个性化服务。

在与 OTA 的竞争过程中,以 QN 旅行社为代表的传统旅行社,其真正优势在于服务。传统旅行社可以凭借其多年的行业经验,有利地把握旅游过程中的各个环节,可以对旅游者旅游体验过程中出现的纠纷和意外进行及时、快捷和妥善地处理。旅行社O2O模式服务理念的升级,也从原来的主导消费变成服务消费,且更加注重旅游服务产品质量和O2O模式的线上线下评价。

（三）产品设计创新

随着旅游的全民普及,旅游消费者对旅游服务产品的要求也越来越高,消费者的多元化和个性化需求也成为以QN旅行社为代表的传统旅行社不断推出符合不同消费者需求的旅游服务产品的最大动力。想要在与OTA企业竞争中取得优势地位,就要在做好市场细分的基础上,推出如定制游、自助游、亲子游、银发游等多样化的旅游服务产品,并在产品设计上结合O2O模式的特点,让消费者能在线上选择旅游服务产品并带动线下的消费与支付。

1. O2O（线上到线下）模式定制化发展创新

所谓定制化旅游,就是根据旅游者的需求,以旅游者为主导进行旅游行动流程的规划设计,即根据旅游者个人的兴趣和需求定制行程的旅行方式。O2O模式的定制游是一种新的旅游方式,线上平台通过大量计算和收集旅游者的信息、喜好和消费习惯,对旅游者的旅游需求做出精准预判。线下服务商再根据预判结果为旅游者提供针对性的服务,使旅游者和服务旅行社准确对接。

QN旅行社应以大数据技术为支持,着重发展O2O模式定制游的线上创新能力,通过大数据技术强大的计算和整合能力,分析出最符合旅游者需求的旅游出行方案。再结合QN旅行社线下服务的优势,为旅游者提供一对一的服务体验。这种定制游的创新方式,既满足了消费者的需求,又节省了线下选购旅游服务产品的繁琐程序,强调"互联网成为线下交易的前台",真正实现了线上线下结合的目的。

2. O2O模式个性化发展创新

在这个飞速发展的互联网时代,获取旅游资源的方式更加多元和便捷,跟团旅游已经逐渐被时代所淘汰,自由行、主题游、定制游等多元化旅游服务产品层出不穷,个性化旅游出行迅速吸引了年轻一代消费者的目光。

针对QN旅行社一线销售人员的调研中发现,现在所招徕的旅游者中半数都是50岁以上的中老年消费者,进店咨询的旅游者绝大多数也都是此类人群,年轻消费者进店往往是咨询蜜月游、自由行和代办签证等。这就验证了年轻旅游者更想掌握在旅游途中的节奏感,想拥有更多的可支配时间和实现个性化目的。QN旅行社应抓住这部分旅游者的心理需求,开发设计出一些旅游组合方案和个性化主题游,如"机票＋酒店""机票＋签证""酒店＋接机服务"等不同组合方案的旅游服务产品。

QN 旅行社在设计个性化旅游服务产品时,应关注不同年龄段消费者的不同心理需求,老年人的个性化需求往往更看重的是旅游过程的整体度,他们不会或不愿耗费时间去寻找旅游要素的替代品,"一价全含"的旅游服务产品更受老年旅游群体的青睐,而年轻人的个性化需求往往更看重的是旅游过程中的便捷度和自由度,他们不愿选择一成不变的旅游服务产品,"N+X"的"常规游+自由行"的旅游服务产品最受年轻旅游群体的欢迎。

在 O2O 模式下,QN 旅行社应该对不同群体进行分类,线上产品的设计会直接推送给不同群体的旅游消费者。节省了旅游者筛选旅游服务产品的过程时间,QN 旅行社在线下旅游个性化服务的过程中也能更加具有针对性。

在旅游服务产品选择过程中,消费者对旅游服务产品的个性化需求日益增长,其中,定制化旅游是解决旅游者个性化需求的重要途径。有时旅游者对旅游服务产品的要求很极端,要满足旅游者服务要求的同时往往需要支付一大笔额外的费用,这让消费者望而却步,既耗费了旅游顾问很多的工作精力,又没有促成订单的达成,定制游在 QN 旅行社这样的传统旅行社并不受欢迎。而 O2O 模式可以把旅游要素中的机票、酒店、景区、自驾租车和接机服务全面地展现在旅游者面前,这是 QN 旅行社未来发展的趋势。

(四)营销模式创新

1. 全网营销模式创新

随着互联网时代的到来,旅行社的营销发展进入了新的时期。

首先,传统地面营销依然是最简单最直接跟客户交流的方式。网络上的信息再丰富,也比不上进入一家旅行社,由旅游顾问给咨询者一份线路行程,一边阅读一边给咨询者详细讲解,这是传统地面营销的最大特点。

其次,由于时间和空间的限制,很多人不愿意耗费那么多时间和精力走进旅行社选择旅游服务产品,网络营销的覆盖面广,PC 端浏览界面舒适便捷,很适合上班族和经常在电脑边工作的客户。但这种营销模式局限性很大,不适合小孩和老人等一部分电脑操作有困难的客户。

最后,移动互联网的营销弥补了这一短板,操作性比 PC 端更加便捷,任何人都可以通过手机、平板等移动终端在任何时段、任何地点和任何旅行社达成交易。

传统地面营销、网络营销和移动互联网营销结合在一起,构成了 O2O 全网营销模式。全网营销模式让客户资源的使用率得到了最大的优化,使旅游企业的宣传发挥了最大的效益。例如,客户到旅行社选购旅游服务产品,随着客户离开店铺,营销活动也就终止了。但全网通营销模式改变了这一现状,在店铺选择旅游服务产品的过程中，可以让客户成为旅行社的线上会员，这样，即便客户离开了店铺，也可以登录客户的注册信息在 PC 端和手机移动端看到旅游服务产品的信息。全网通营销将线上和线下的营销平台有效地结合在一起，这一方式解决了很多传统旅行社进入互联网的难题，并对客户进行了统一管理。

2. 一站式营销模式创新

随着旅游市场的发展和经济体制改革的不断深入，中国旅行社正面临着更深层次的改革、更大范围的开放和更为复杂多变的创新。标准化的旅游服务产品从前是旅行社的优势，现在 O2O 模式是旅行社竞争的优势。相比线上旅游平台，传统旅行社目前仍然拥有资源优势、目的地资源优势和供应链优势。在服务价值被忽视的当下，有太多客人对低价格旅游服务产品颇具兴趣，这才导致传统旅行社落入价格之战而丢掉了自身的核心竞争力，即服务品质和创新力。QN 旅行社应发挥互联网的价值，将"线上＋线下"相结合，建立自己的互联网营销系统，实现品牌的进一步提升，才能使自身在竞争激烈的旅游浪潮中立于不败之地。

因此，QN 旅行社应建立全面的一站式 O2O 服务体系，把出行前、出行中和出行后的各个旅游环节要素展现在旅游者面前，以更好地满足旅游消费者的需求，增加旅游者的直观感受。

3. 新媒体营销模式创新

新媒体是新的技术支撑体系下出现的媒体形态，如数字杂志、数字报纸、数字电视和手机微信等。它区别于传统的纸质媒体将广告信息展现在客户手中阅读。新媒体是一种环境，它在你工作和学习生活中不经意之间就进行了信息传送。如你读了一篇旅游在线网站上展示的游记文章，在文章中有景区、美食和住宿的图片，这样的推广模式比生硬地给你一张图，下面有地址电话的传统广告推广模式给人们留下的印象更加深刻。

在多样化、碎片化的网络时代，短视频开辟了旅游服务产品营销创新的新模式。年轻旅游者对抖音、快手等短视频平台十分感兴趣，原创旅游短视频借助平台和话题，通过精准营销的方式，加大对短视频广告的投入力度，找到同样对旅游感兴趣的一类人群，在旅游者和潜在旅游者之间形成"病毒式"传播，关注点相同的人数越多，营销效果越好。这也是 QN 旅行社在 O2O 模式上的一种新形式的营销模式创新。

随着互联网进入千家万户，旅游者对于 O2O 模式的熟知程度也越来越高，但是线上宣传夸大其词，线下旅行社对求量而不求质的过分追求，也会让旅游者对 O2O 模式有抵触和排斥情绪，从而造成客户的大量流失。O2O 模式的 QN

旅行社可以借助新媒体的力量助力其线上营销系统,在追求量化的同时也应该注重旅游服务产品质量的提升,以最小的成本获取最大的曝光率,寻求最大的经济利益。

（五）多领域融合创新

融合创新示意图如图 6-7 所示。

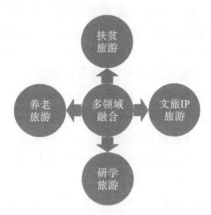

图 6-7　融合创新示意图

1. 文旅 IP 主题游的发展创新

随着 IP 概念的提出,即 Intellectual Property 的缩写,意思是知识产权。如今,标准化和同质化的旅游服务产品难以满足旅游者的个性化需求,"IP＋旅游"概念的提出,把旅游市场进一步细化,可以在文旅背景下创造旅游定制化服务产品来满足旅游者的个性化需求。有了知识产权的保护,QN 旅行社可以基于 O2O 模式,利用主题游的旅游服务产品来锁定特殊旅游群体,景区也可以更有针对性地为 QN 旅行社提供满足其需求的旅游服务产品。如迪士尼主题乐园,在"IP＋旅游"的模式下,旅游者可以在 QN 旅行社门户网站或第三方旅游平台清晰地找到相关的旅游服务产品,单订门票、单订酒店都可以根据旅游者的需求预订。再如宋城集团以"给我一天还你千年"的主题 IP 宣传口号,深深地吸引了旅游者的注意力,在景区中旅游者可以全方位体验吃、住、行、游、购、娱。

2. 扶贫旅游的发展创新

2018 年 2 月 27 日,文化和旅游部发布的《关于进一步做好当前旅游扶贫工作的通知》指出,全面推进贫困地区旅游产业发展,有效带动贫困人口脱贫增收,坚决打好新时代精准脱贫攻坚战。旅游是贫困地区发展的重要推力,与常规旅游不同的是,扶贫旅游把经济利益实惠给贫困地区,大力开发贫困地区旅游资源和旅游景点。O2O 模式下的 QN 旅行社也应响应国家号召,制定出扶贫地区的旅游服务产品,例如乡村旅游,让更多人可以从城市紧张忙碌的氛围中走到乡村,让旅游者更直接地了解扶贫旅游线路,帮助贫困地区人民早日脱贫致富。

3. 养老旅游的发展创新

根据国家统计局数据显示,2023年,我国60周岁以上人口为29697万人,占全国人口的21.1%。随着我国人口结构进入老龄化阶段,老年旅游占旅游市场的份额增速较快,老年旅游市场已经成为旅游经济增长点不可或缺的一股新兴力量。老年人在选择旅行社和旅游服务产品时,首先,他们会考虑旅游企业的可靠性,他们往往会选择一些比较大的旅行社或旅游机构报名参团;其次,老年人对旅游服务产品的价格敏感度很高,在选择旅游服务产品时往往会货比三家,然后选择综合性价比最高的旅游服务产品出行;最后,老年人对旅游服务产品的安全性考虑较多,对饮食住宿用车等旅游要素的要求也越来越高。

针对老年旅游市场,越来越多的旅行社和旅游机构开始重视这类人群的需求。QN旅行社作为武汉本地资深传统旅行社,早早就制定了一系列符合老年群体的旅游服务产品,如"候鸟式"养老旅游、红色怀旧式旅游路线等。面对同行业竞争压力,QN旅行社应基于O2O模式,建立吃、住、行、游、购、娱一站式服务综合平台,让老年客户可以足不出户,操作简便地选择自己心仪的旅游服务产品。旅游平台是未来需求较大而且迎合市场需要的产品,这方面要做好长期的准备工作,老年群体的接受能力较弱,这就要求QN旅行社能更加耐心地对待老年客户群体,争取在未来能打造出专属于老年人的线上线下市场服务平台。

4. 研学旅游的发展创新

研学旅游是由学校组织学生通过集体旅行的方式走出校园,在与平常不同的环境中丰富知识和拓展眼界,加深与自然和文化的亲近感,提升学生的自理能力、实践能力和创新能力。研学旅游把"读万卷书,行万里路"的教育理念落实到了现实中,是素质教育的新方式。

近年来,研学旅游作为一项专项的活动受到了广大年轻学生群体和家长的青睐,其中包括了教育旅游、亲子旅游、主题营地、户外拓展、自然科考、社会实践和校外教育等领域,如图6-8所示。

虽然我国研学旅游起步较晚,但需求非常旺盛,近年来,研学旅游已经成为旅游产业的新热点。从我国十二年制义务教育体系来看,研学旅游的适龄群体基数庞大,且每年我国研学旅游的市场份额占比都在加大,未来几年我国研学旅游市场总规模将超千亿元,市场潜力巨大。

QN旅行社应结合O2O模式特点,充分利用线上资源,构建线下体验、线上运营的综合性创新模式,通过大数据分析,搭建研学旅游和教学计划完美结合的

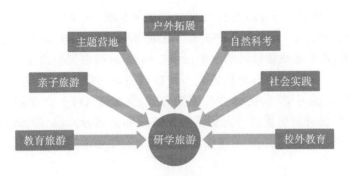

图 6-8　研学旅游模式图

新平台,助力文旅产业和谐发展,建立 QN 旅行社新兴营收模式。因参加研学旅游的群体均为青年人或年轻父母,他们接收信息的速度会更加立体化、碎片化。QN 旅行社也应抓住年轻旅游者的心理特点,制定多种研学旅游方案,如科技研学旅游、农业研学旅游、历史文化研学旅游、红色教育研学旅游和户外营地研学旅游等,使旅游者可以系统地、深度地和有主题地体验研学旅游的乐趣。

（六）技术支持创新

1. 搭建智慧旅游云技术信息平台

智慧旅游云技术信息平台的搭建是基于互联网云计算应用程序,旅游供应商把海量的旅游信息经过收集整合后存放于网络数据中心,旅游消费者可以随时随地利用 PC 客户终端或手机移动终端的查询、分析、存储、处理、交换等方式获取旅游服务产品的相关信息。在旅游 O2O 模式下,旅游者可以在线上完成查询、预订和支付流程,并在线下实现旅游体验消费,最终形成了旅游服务产品完整的消费闭环。从某种程度上讲,云技术平台起到了让旅游资源与社会资源能够共享与利用的作用。运用智慧旅游云技术信息平台,O2O 旅游企业无需购买服务器或建立网站,它们只需将旅游信息存放在云技术信息中心,便可以管理和发布最新旅游资讯,大大降低了硬件库存成本和人工运营成本,实现了旅游企业线上营销的最优化运营模式。

2. 构建大数据生态网络营销模式

大数据生态网络营销是指在一定时间范围内对客户的信息进行捕捉、管理和处理,旅行社可以依托大数据技术,让广告在合适的时间,通过合适的载体,以合适的方式,找到合适的投放对象。例如,旅游者成为旅行社的线上会员,在线上浏览旅游线路后没有合适的时间,最后放弃了出行,等几个月过去了,该旅游者又有了时间,当重新登录浏览界面后,便会有上次的浏览记录或根据浏览记录推送相似的旅游线路。通过大数据分析,广告能够更精准地投放,也能够对旅者进行多次的开发。当旅行社得到客户数据信息后,就可以对旅游者的喜好进行判断、分析和总结,并对新客户进行不断的累计和整理,对老客户进行系统的整理和服务,最后形成旅行社的大数据生态网络,这种营销模式保证了营销的持续性,保证了旅行社客户群的稳定性。大数据生态网络的建设可以很好的记录每一个旅游者的习惯、购买偏好和消费方式,无论是OTA企业还是传统旅行社,通过大数据分析对旅游者的需求加以整理和总结,是企业竞争的重要手段,同时,对客户资源的保护、未来市场的细化和定制化旅游的发展起到关键性的指导作用。

3. 利用虚拟技术增加营销新体验

VR、AR等信息技术的出现,不仅丰富了虚拟空间和真实空间维度的信息,而且突破了图片、文字和视频等传统信息形式,使旅游者不仅能看到旅游目的地的各个细节,还能更加深入地多方位地展示旅游服务产品,虚实结合,仿佛旅游者没预订付款就能预先体验到未来所要感知的旅游服务产品,实现"购买前先体验"这一功能,有效地优化了旅游者出行前的旅游决策。

在旅游服务创新方面,VR、AR等虚拟技术的实现还处于刚刚起步阶段,QN旅行社也应利用科技的手段,在其他旅游企业没有涉及的领域,加大科学技术的投入与创新,提升消费者感知的深度和幅度,增强其对旅游目的地的认知程度,以达到促进旅游者消费体验的目的。

4. 完善旅游网络平台和手机APP开发建设

完善旅游网络平台的建设不仅可以实现信息共享,还可以满足不同旅游消费者的个性化需求。QN旅行社应利用其线下的旅游资源优势,不断丰富旅游网络平台的内容,使旅游消费者能够及时准确地了解线上的旅游服务产品,实现信息资源的共享,形成旅游O2O模式的线上线下信息闭环。

智能移动终端的手机APP建设则更能反映出时代的更迭,随着"90后""00后"进入旅游消费者行列,过去"简单粗暴"的跟团低价游已经不能满足他们的需求,他们更愿意追求个性化和差异化的旅游体验,而手机APP则成为他们选择旅游服务产品最重要的途径之一。QN旅行社在开发手机APP的同时,应充分考虑各旅游要素对此类人群的吸引力,满足他们的个性化需求。在开发手机APP软件的环节,应让用户有一种主人翁的体验,线上的参与度决定了手机APP的利用率,删繁就简,简单便捷的操作界面更能提升旅游消费者的消费欲望,以实现O2O模式线上线下的完美融合。

(七)跨界合作创新

随着旅游行业竞争压力越来越大,以QN旅行社为代表的传统旅行社也在进行结构性调整，跨界合作是其必然趋势之一。近年来，旅游业的跨界和融合不断深入发展，从线上到线下，从传统旅游到"旅游+"，形成了越来越多的产业链生态圈，既活跃了旅游市场也改变了许多传统旅行社的经营模式。受到移动互联网发展的影响，整个旅游行业内的跨界内容颇为丰富，如"旅游＋教育跨界""旅游＋金融跨界""旅游＋医疗跨界""旅游＋地产跨界""旅游＋文化演出跨界"和"旅游＋航空跨界"等。旅游行业在与其他行业跨界合作的同时，不仅可以扩大其行业影响力，还可以间接获得其他行业领域的技术支持，使其在同行竞争中取得战略优势地位。如途牛与海航合作，途牛在其网站机票推广会上以海航的航班作为重点推荐，海航也会在地面服务接待方面，首先考虑以途牛作为第一合作伙伴，以达到双方合作共赢的目的。携程也先后与各家金融企业达成共识，成立了如携程小额公司、携程保险代理公司和携程资产管理公司等金融类公司。

此外，在跨界合作方面，QN 旅行社也走在了行业的前列，近年来先后与工商银行、建设银行和招商银行等多家银行达成合作意向，各家银行也会出现 QN 旅行社旅游服务产品的索引链接，QN 旅行社也会在收付款方面辅助这些金融机构共享资源。与文化传媒公司的跨界合作更是吸引了广大消费者的目光，QN 旅行社先后与多家媒体合作，优秀媒体人带团旅游，既丰富了行程安排又实现了经济利润的最大化，推动了 O2O 模式合作创新的全新领域发展。但在跨界合作的同时，也要尊重各领域的专业性，不要为了跨界而跨界，寻找跨界领域的共通点是非常重要的环节，实现"线上＋线下"的融合，不断挑战未知领域是未来 QN 旅行社值得探讨和深入研究的课题。

（八）产业链创新

OTA 的经营模式是通过 O2O 模式，利用线上网站的展示代替了传统旅行社门面销售的作用，而 OTA 资源整合的能力恰恰就是其优势所在，可以跳过中间的组团社直接与地接社或旅游接待企业建立联系，拿到地接社最优惠的价格，最后由地接社完成服务。

在传统旅行社眼里，不管 OTA 抢了多少用户资源，因其自身的线下接待能力有限，最后的接待方依然是这些传统旅行社，最终旅游者还是会落地到他们的产业链条上。如果 OTA 不改变其经营模式，实际上是在为传统旅行社做广告赚钱，更像是在给传统旅行社打工。

近年来，OTA 也意识到这种经营模式的弊端，纷纷扩大其线下门店的建设，如携程和途牛，经常可以在繁华路段看到这些 OTA 门店的身影。这样的竞争模式很有趣，OTA 借助线上资源努力想占据线下资源，以 QN 旅行社为代表的传统旅行社借助线下资源想占据线上资源，无论是哪种方式，其实都是 O2O 模式。因此，传统旅行社又被资本市场重新定义和看好，完善 O2O 产业链的建设是未来传统旅行社应着重关注的方向。例如，海南某旅行社在东北设立分支机构，经营范围主要是组团销售，利用其自身地接资源，以同样的品质、低廉的价格吸引当地旅游者，无论旅游者是从线上报名还是线下报名，其利润点都在这条产业链上，实现了旅游 O2O 模式完美的诠释。

QN 旅行社在武汉市，虽地处繁华都市，但亦有其独特的挑战。武汉及其周边，虽为历史文化名城，旅游资源丰富，但相较于其他热门旅游城市，其地接优势并不明显。然而，正是这样的挑战，让 QN 旅行社看到了更大的机遇，可以从区域融合的角度出发，跨越湖北省界，联合江西、安徽等周边省份，共同打造"华中旅游联盟"，集各地之优势，将各自的特色旅游资源整合在一起，形成互补效应。这样，不仅能够丰富旅游产品线，更能吸引全国各地的游客前来体验。联合的方式，不仅限于不同的旅游目的地之间，QN 旅行社还可以与酒店、餐饮、交通等旅游相关部门进行合作，打造全方位的旅游服务体验产品。同时，结合线上线下的活动，如社交媒体营销、旅游直播等，让更多的人了解和喜爱武汉。冬季是武汉最美的季节之一，城市美景如诗如画。QN 旅行社可以把握这一时机，将冬季冰雪游作为主推的旅游服务产品，推出各种冰雪主题的旅游线路和活动，让游客在冬日里感受到武汉的独特魅力。正如习近平总书记所言，"冰天雪地也是金山银山"。这不仅为生态文明建设和发展绿色经济指明了方向，也为 QN 旅行社的旅游 O2O 模式提供了宝贵的启示。

(九) 互动环节创新

在 O2O 模式中，商家与消费者的互动环节尤为重要，从第一个 O(Online) 开始，到最后一个 O(Offline) 结束，旅游者从接触旅游信息到最后订单成交，往往会经历一段非常漫长的过程，在这个过程中，一个环节的体验缺失都会直接影响到订单的促成，所以无论线上还是线下的旅游顾问跟旅游者的互动都要呈现出多元性和有效性。

OTA 服务的缺点在于，客服人员与旅游者缺少互动性，往往跟旅游者介绍旅游服务产品的时候只能进行表层次的解读，互动比较机械化，但传统旅行社的旅游顾问在解读旅游服务产品时，会增加其对产品感情上的传递，使旅游者更加具有信任感。线上流量依然是线下门店可望而不可即的优势，因此，在 QN 旅行社以 O2O 模式为基础、线上与线下资源融合的过程中，人员服务的互动环节是关注的重点。

1. 简单快捷的互动环节创新

最简单的 O2O 互动可能最能让消费者接受，在这个信息化飞速发展的时代,旅游者最需要的就是用最简单最便捷的方式了解到旅游服务产品的全部信息。有些旅游 O2O 企业把线上的设计做得极为复杂,从旅游者注册到最终付款成功需要经过很漫长的过程,稍一疏忽可能就会落下优惠促销等重要环节,给客户造成精神上和经济上的双重损失,最终放弃对商家和旅游服务产品的关注和使用。QN 旅行社在 O2O 模式的线上设计时应注意到这一点,注册会员一键成功,浏览界面简洁易懂,信息传递更新同步,支付付款安全可靠,最后形成产品设计线上和线下的完整闭环,使旅游者能够零距离、无障碍地在这个 O2O 互动环节中得到最好的体验。

2. 特殊群体的互动环节创新

应多注重与特殊群体的互动体验。根据国家统计局发布的数据,截至 2023 年底,我国残疾人总人数为 8591.4 万人,占总人口的 6.34%;我国 60 周岁及以上人口 29697 万人,占总人口的 21.1%。这类特殊群体对于互联网和移动网络的操作不是很在行,更别说在线上下单,所以,传统旅行社门店接触到的旅游咨询者绝大多数是这类人群。QN 旅行社 O2O 模式的线上程序应加强设置特殊群体的服务功能。如语音搜索功能,只要说出您的旅游需求,界面就会识别出语音信息并展示出客户想要了解到的信息,还可增加老人浏览界面功能,只要一键登录到老年界面,字体和模块会迅速放大。支付过程中不会操作,也可以一键下单,门店信息和旅游信息都会及时发送到老年旅游者的手机中,然后旅游者可以到离家最近的旅游门店支付现金,既方便快捷又消除了老年人线上支付的安全隐患。

3. 碎片化的互动环节创新

应多关注客户碎片化的线上互动时间。所谓碎片化,可以简单地理解为一种特殊的多元化,内容和渠道的碎片化符合当代消费者的浏览需求。如现在最流行的短视频,几乎每个人手机中都会有一款短视频的 APP,这种新兴的互动模式就是利用了当代人快节奏的浏览习惯,15 秒的视频就可以让客户了解到创作者的所有信息。QN 旅行社也应该注重与旅游者在线上碎片化信息的传递,让旅游者茶余饭后简单翻翻手机就可以了解到 QN 旅行社提供的旅游服务产品。碎片化的旅游服务产品信息不宜过长,简单易懂,用最简单的语言和图片描绘出旅游服务产品的特色和价格,不仅可以节省旅游者的时间和精力,还可以让旅游者随时阅读参与,两全其美。总之,碎片化是 O2O 旅游服务产品设计中不可或缺的重要环节,也是 O2O 模式互动环节中新的设计亮点。

第四节 旅行社服务创新的对策

随着我国经济发展的速度加快,国民消费已经成为推动我国经济发展的主要动力,人民群众的消费观念越来越强,特别是用于旅游的消费。在旅游大众化的过程中,人们的消费行为也发生着巨大的变化,散客化和在线化逐渐取代传统的旅游组团出行方式。旅行社面对新的经济常态,要及时转变思路,在新的消费观念下进行服务创新。针对我国旅行社服务创新能力现状,根据服务利润链的相关理论,为了有效提高旅行社的服务创新能力,提出以下几点建议。

一、观念创新

从目前的旅游市场来看,休闲度假游已经成为人们外出旅游的主要目的,观光旅游不再像以前一样受到人们的热捧。这是因为旅游者的消费理念愈加成熟、理性,现在旅游出行已经不像以前那样,哪家旅行社报价低就跟哪家旅行社走,他们更加追求自我的享受。目前在旅游市场中,中低消费人群和老年人群喜欢团队出游,而有个性化需求的年轻人和高消费人群基本上都青睐于自助游。所以,旅行社要正确区分不同的消费人群,并积极开发满足不同消费人群出游需求的旅游产品,通过积极接纳新景区,多开发一些个性化定制团,打造新品牌和口碑景区,加强代订门票业务和自驾游订票业务等手段扩大旅行社的客源。在开展组团业务的同时,要分出一些精力开发自助游业务,发挥自己的专业优势和资源优势,多为自助游旅游者提供一些有益的旅游信息,提升旅行社的品牌知名度。

旅游工作人员必须严格遵守制度化、程序化、标准化的工作准则,提高服务专业化水平,以满足旅游服务消费者的群体性消费需求。旅游工作者要积极主动地与旅游者进行沟通,了解他们的需求,引导他们充分表达自己的需求,有针对性地提供个性化的服务。例如,对登门咨询的顾客,可以在其愿意的情况下留下联系方式,定期举办顾客答谢会和线路发布会,对参加的人员赠送小礼物。在行程前,签订合同时要和顾客沟通景中店情况,并在合同中注明自愿购物,不欺客、不宰客。有的旅行社建立顾客投诉记录系统,如实记录顾客反馈的问题,旅行社员工在记录下顾客的意见之后,要采取相应的措施来解决顾客提出的问题,并对搜集上来的信息进行分类和综合分析,这些不仅有利于客观了解顾客对旅行社服务质量的评价,而且有利于服务质量的及时改进。

针对旅游文化创新方面,旅行社要对员工进行企业文化的培训,可以培养员工的全局观念和协作意识,强化员工对企业的认同感。旅游企业实施全员营销策略,让每位员工都具有营销的意识,掌握产品与服务的信息,掌握营销的技术,让员工多参加培训和讲座,运用"互联网+"时代的网络宣传,建立激励员工营销的动力制度,外联业务采取合同制,工作年限与工资挂钩。在品牌宣传上,要更换宣传方式,对旅行社会员多做些福利活动,增加顾客的忠诚度。

二、产品创新

就目前来看,旅行社新顾客界面不成熟的主要原因在于旅行社不重视市场调研,旅游产品的组成部分大同小异,旅游产品的质量一般、特点不明显、竞争力弱,主要依靠价格竞争来夺取市场份额,而价格低廉是以牺牲旅行社服务质量为代价的。

针对实体界面的改善,旅行社首先要加强硬件设备的投资建设,提高接待服务水平,减少顾客的等待时间。对前台接待员要加强培训和领导督促,强化微笑服务,并在旅游旺季到来之前对旅行社办公室的人员进行接待事宜的培训,在旺季来临的时候分解前台压力。要发掘周边有潜力的景区,让景区引进新项目,增加新的娱乐设施,诸如稻草人节、风筝节等,可以与景区联手打造一个知名度更高的活动爆点。针对虚拟界面的改善,要引进计算机方面的专业人才对网页进行维护和升级改造,保证虚拟界面的稳定性和流畅性。

三、管理创新

针对管理人员素质的提升,旅行社要运用教育、培训、技术推广等知识化方法和手段来提高管理人员素质,管理人员应多参加大型培训会,学习成功经验,与高端商务模式接轨。管理人员要简政放权,主要负责旅行社的业务发展和合同签订方面,次要的事情应放权给各个部门。通过合理的人才流动机制,充分发挥人才的作用,改变以往依靠个人权威和经验管理的方式,实行人本管理,制定完善的服务创新激励与奖惩制度。比如,对得到游客表扬的导游实行奖金激励,对旅行社的服务管理人员实施动态管理,管理人员的薪金根据动态考核的结果来进行发放,可以使旅行社的管理绩效水平得到显著提高。在晋升体制上,管理人员可以从优秀的服务人员中进行挑选,较高层次管理岗位空缺时,管理人员应主要从旅行社现有的管理人员中进行挑选,所有的管理人员都应有机会从较低的管理岗位上升到高级别的管理岗位。这种动态升迁制度可以使旅行社的优秀管理人员留在旅行社内,从而不造成人才流失。另外,还可以拓展一线人员的工作空间,丰富他们的工作内容,增加他们的决策权力,提供更高层次的培训机会等。

同时,旅行社要从自身的实际情况出发,制定符合本企业未来发展的创新战略,通过一系列的内外部经营与管理活动,对旅行社资源进行整合和配置,降低运营成本,通过提升顾客的满意度来提高企业的综合竞争力,这样才能在今后的竞争中站稳脚跟,突破服务创新能力。

四、技术创新

当代社会是一个高度信息化的社会,社会内外部环境在进行着深刻的变革,旅游者的价值观和生活方式趋向多元化,具有高技术含量的个性化旅游受到大众的喜爱。旅行社通过整合信息技术、通信技术和计算机技术,充分利用这些先进的技术,提高企业的外联能力和业务拓展能力,提供现代化的服务设备、智能化的服务方式和特色化的服务产品,为顾客提供高水准的服务体验,从线上和线下全方位搜索旅游信息并对旅游市场进行实地调研,从而为旅游顾客提出的咨询和要求做出及时的反馈。

旅行社要提高管理信息化水平,利用信息技术处理分析客源市场,借助信息技术、虚拟技术为顾客提供个性化、情感化的创新服务。在现代化企业管理中,应摒除传统企业分工上的官僚等级制度,对不同岗位的员工和领导者进行重新定位,为这些具有不同专业技能和文化水平的人提供一个交流合作的新平台,共同分享有关企业发展的重要信息,鼓励老员工接纳后起之秀,对手把手教授新员工的老员工进行物质或精神奖励,建立工作群,鼓励大家自由发言和交流,这样有利于在企业内部共享重要的知识,促进企业的快速发展。

第七章 旅游景区服务创新研究

第一节 旅游景区服务创新的概念

一、旅游景区概念

旅游景区是旅游产业链的中心环节,景区的概念涵盖了世界遗产、风景名胜区、文物保护单位、国家森林公园、国家地质公园、自然保护区、旅游度假区等名词,到目前为止还没有一个标准概念被业界认可,仍然无法区分各类旅游景区及界定范围的定义。

我国学者王德刚(2000)较为全面地概括了旅游景区的概念,是"以旅游资源或一定的景观、娱乐设施为主体,开展参观游览、娱乐休闲、康体健身、科学考察、文化教育等活动和服务的一切场所和设施。在实践中,它们往往作为一个独立的事业或企业单位,从事经营和管理活动工作"。吴耀宇(2004)在《我国旅游景区管理体制改革的方向与对策》中提出,旅游景区的特征具有统一的管理机构、确定的空间或地域范围,具有观光、度假、教育、求知多种旅游功能,具有必要的旅游设施和提供相应的旅游服务,是一个独立经营管理的单位。

《旅游景区(点)质量等级的划分与评定》规定指出,旅游景区(点)是以旅游及其相关活动为主要功能或主要功能之一的空间或地域。做进一步解释,旅游区(点)是指具有参观游览、休闲度假、康乐健身等功能,具备相应旅游服务设施并提供相应旅游服务的独立管理区。该管理区应有统一的经营管理机构和明确的地域范围,包括风景区、文博院馆、寺庙观堂、旅游度假区、自然保护区、主题公园、森林公园、地质公园、游乐园、动物园、植物园及工业、农业、经贸、科教、军事、体育、文化艺术等各类旅游区(点)。

二、旅游景区服务创新的概念

无论国际还是国内的旅游市场,其竞争越演越烈。景区作为旅游市场中的重要角色,对客源地的争夺也更加激烈,在竞争的过程中,景区也在不断塑造自己的核心竞争优势。景区为了增强自己的核心竞争力,一方面,重视景区资源的开发以及传统旅游产品的开发,另一方面,要把景区服务创新作为自身长期发展的策略,以便能够为顾客提供更加个性化和智能化的服务。服务创新对增强或塑造景区的核心竞争优势发挥着越来越重要的作用。

　　翁秋妹等在建立景区服务创新的理论模型时,以服务主导逻辑范式和景区内涵为理论基础,模型中将提升顾客体验和创新旅游服务中心视为景区服务创新的目的,主要通过三个途径实现,即新服务概念、新客户界面、新服务支持系统,其中,以顾客需求为中心的景区服务创新受到了智慧旅游概念的启发,在智慧旅游条件下,智能移动终端的知识共享服务能够整合顾客、旅游相关企业与景区员工共同参与,从而促进服务创新。景区服务人员的创新意识对提高服务创新成果具有很大的帮助。孙凯炜以服务创新四维度模型为理论基础,从微信营销视角构建旅游景区的服务创新模型,围绕微信对旅游景区服务创新的影响进行了详细阐述,并对微信在旅游景区服务中的创新模式进行了探讨,认为景区创造新服务概念与新顾客服务界面可以通过对组织开发、人力管理、营销等方面的变革来实现,这是企业服务创新的新型工具。李伟介绍了信息技术在旅游行业中进行服务创新的应用,以及带来的旅游服务效率和质量的提高,信息技术可以通过信息服务、辅助经营管理、旅游景区(点)设施设备管理以及内务管理等环节实现旅游景点的服务创新。Yeoryios Stamboulis 认为,在目的地旅游中,信息通信技术是创新旅游体验的重要因素,信息通信技术可以增强目的地与旅游者之间的交互。在旅游服务创新研究中,服务创新的四维度模型在旅游行业中应用最为广泛,从"新服务概念""新顾客界面""新传递系统""新技术"四个方面分析影响旅游服务创新的因素,一方面,可以看出旅游服务创新涉及的方面多样,另一方面,说明景区服务创新的理论研究匮乏。从上述研究中可以看出,景区的服务创新过程具有复杂性、综合性的特性,服务创新的结果是顾客体验水平的提高和景区运行效率的提升。

　　综上所述,本研究认为,景区服务创新是指景区在对顾客的服务过程中应用新观点和新技术来改善和变革现有的景区服务流程和服务产品,景区服务质量和服务效率的提升发生质的变化,顾客的体验水平有所提升,为顾客创造新的价值,最终形成景区的竞争优势。从本质上来看,景区服务创新是为顾客提供一种新的服务模式,旨在通过服务理念、服务过程、服务方式以及服务管理四个方面的创新实现景区服务差异化,目的是降低服务成本,提升顾客的满意度,增强景区的市场竞争力。

第二节　旅游景区服务创新的类型与特征

一、景区服务创新的类型

根据景区服务的特点和服务创新分类研究，景区服务创新分为服务观念的创新、服务技术的创新、服务流程的创新、服务产品的创新、服务传递方式的创新等。

（一）服务观念的创新

景区服务观念的创新对景区建设及运营起着重要的指导作用，观念的创新可以指导景区服务实践的创新。景区服务要变革传统的服务思维方式，敢于接受新的服务理念，接受市场的检验。首先是对景区服务行业认识的转变，景区服务有别于过去简单的服务操作方式。尤其是随着智慧旅游的深入开展，景区信息化目前面临由数字景区向智慧景区转型发展的阶段，一系列新型信息技术，比如人工智能、云计算、物联网、移动互联网等正在被广泛应用到景区服务中，顾客在景区中能够享受到更加智能化的服务，景区成为技术应用的前沿，由过去的劳动密集型服务向技术密集型服务转变。其次是景区自身经营理念的转变，景区不仅可以实现服务的标准化，也可以根据市场变化、竞争对手行为的变化而开发新服务或改善现有服务以满足不同顾客的需要，实现服务的差异化、个性化。例如，通过收集顾客在景区消费游玩的大量数据信息，进行大数据分析，设计出令顾客更加满意的个性化服务。

（二）服务技术的创新

景区的服务方式正经历着由云计算、物联网等新一代信息技术发展带来的变革，技术的发展能够提供给顾客更加便捷、智能、个性化的旅游体验，一方面能够提高顾客的满意度，另一方面也能够提升景区收益。景区服务技术的创新是指新型技术方法或技术思想首次应用在景区中，使景区服务方式转向智能化、自动化、市场化、产品化的过程。例如，随着移动通信技术发展，5G技术快速普及，基于移动互联网技术的景区服务能够收集和分析顾客的特征、地理位置、时间和历史信息，为顾客提供的信息服务也更加个性化和精准化；虚拟现实技术既可以创造出新的旅游产品,也可以让顾客参观游览景区景点之前体验虚拟旅游,提前感知景区的环境;结合智能卡和身份识别技术作为主要应用技术的电子门禁系统能够实现景区门票的电子化、智能化管理,有助于景区统计入园人数,方便顾客快速入园,避免出现以往纸质、人工检票的高成本、低效率状态,解决顾客的排队问题。

(三)服务流程的创新

服务流程创新特指产生服务的某个环节当中使用新的或改善的方法。从顾客的视角看,景区服务流程一般划分三个阶段,即游览前的服务、游览过程中的服务、游览后的服务。景区在新技术的支持下,服务流程更加便捷化。顾客可以在景区官方网站、第三方网站或智能终端应用享受在线预订或购买门票及景区服务产品,也可以提前获取景区游玩路线、天气、客流等信息,在智能平台上可以进行虚拟旅游体验。顾客可以按照自己的时间、旅游偏好、消费水平等因素线上定制旅游行程。在景区游览的过程中,景区实现 Wi-Fi 全覆盖,顾客可以在自助导游导览系统的帮助下自由参观景区。游览体验之后,顾客可以在社交应用软件上分享体验心情。由于景区服务的生产、销售、使用具有同时性,景区服务流程创新在一定程度上可以称为服务产品创新。

(四)服务产品的创新

不同于传统单一局部的旅游体验,景区体验环境中的服务产品会给旅游者提供全方位和个性化的服务产品。在设计创新型景区产品时,既要以为顾客创造积极体验为目的,营造个性体验氛围和强化体验感受,又要致力于减少顾客的消极体验,为顾客打造全新的旅游体验。景区可将合适的服务产品在正确的时间和地点提供给顾客。景区可以从六个方面进行产品创新,即体验过程创新、旅游兴趣、行为习惯的变化、信息传递的准确性、社交方式的变化、细节体验的变化。

(五)服务传递方式的创新

从景区服务流程来看,顾客服务全过程的每一个环节都会存在服务传递创新,以新客户界面创新为主要创新内容,在向顾客传递服务过程中,景区服务传递创新具有顾客参与和交互的特性。景区服务传递创新包括服务提供给顾客的方法以及与顾客间交流合作的方式。服务传递创新在景区中有独特性,如在线预售票、智能终端应用程序、在线定制、体验分享等都是在市场需求的基础上,基于顾客界面和服务流程的改进对服务产品传递过程进行创新的。例如,利用科技优化排队和预订系统,为了应对高峰期服务质量的挑战,一些领先的旅游景区开始采用智能排队和预订系统。上海迪士尼乐园引入动态排队系统，实时调整排队时间和游客流量，减少了游客的等待时间。此外，通过在线预订平台，游客可以提前预订门票和游乐设施的时间，有效分散了高峰期的客流压力。引入智能化服务和自助服务设施，如自助售票机、自助导览设备和智能问答机器人正在成为旅游景区的新宠。以北京故宫博物院为例，引入了智能导览机器人和互动式展览，提高了游客的参与度和满意度。这些自助服务不仅减轻了工作人员的压力，也提供了更加便捷和个性化的服务体验。增强服务人员的培训和激励机制，提升服务人员的专业素质和服务意识是提高服务质量的关键。一些景区实施了定期的员工培训计划，如黄山风景区就开展了包括语言沟通、紧急救援、客户服务等内容的全方位培训。同时，通过建立激励机制，如员工表现与奖励挂钩，激发了服务人员的工作热情和创新精神。开发定制化和体验式旅游产品，为了满足游客对个性化和体验式旅游的需求，一些景区推出了定制化旅游服务。如张家界国家森林公园就提供了私人定制导游服务，游客可以根据自己的兴趣和需求定制行程。这种服务不仅提升了游客的满意度，也为景区带来了更高的经济效益。

二、景区服务创新的特征

（一）顾客需求导向性

景区服务是为顾客创造体验的过程，其服务创新过程不应该也不可能是一个单纯的技术推动过程，既需要一个技术推动和需求拉动相互结合，也需要顾客需求的表达，包括顾客在精神、智力、实体和情感上的表达，这些要素投入的多少对于景区服务创新活动的价值追求往往起着决定性作用。顾客是服务创新的直接体验者，他们既要积极参与整个服务创新过程，又要对服务创新的效果进行评价。

（二）技术主导性

传统的旅游行业或者景区服务的技术含量并不高，而景区服务需要很强的技术服务支撑。从景区的概念中可以看出，景区建设是一系列信息技术的应用，其服务创新对现代科学技术具有很强的依赖度，如新型计算机技术以及各种软件工具、数据库等在景区服务中得到了广泛使用。技术的应用不仅使景区服务更趋于舒适和方便，而且极大提高了服务效率，促进了景区服务水平的提升。

（三）多主体参与性

服务创新是景区利益相关者共同参与的一个过程，如顾客、景区从业人员、旅游供应商、旅游代理商、其他合作主体等。顾客不仅是景区中需要了解和分析的对象,还应该被景区纳入创新系统中,积极地参与新产品或服务的开发。为了提高景区服务质量、满足顾客的需求,顾客需要参与其中,同时,顾客在景区游览过程中也能收获乐趣和知识,可以认为顾客在参与景区服务创新时具有主动性和自愿性。景区的管理者和员工同样也是服务创新的重要参与者。员工能够直接记录顾客问题和感受顾客经历,常常能提出新的服务创意思路,景区通过有效管理,可将员工的想法变为服务创新思想的重要依据,并在新服务生产(或传递)过程中发挥员工的显著作用,因此,员工将成为景区服务创新的重要参考。景区供应商主要是对应技术维度的创新,这类合作主体主要有技术中介机构、高校和科研机构。在景区建设前期,供应商愿意并且能够参与到产品和服务设计中,对顾客调研和与顾客交流,有助于景区的产品和服务更好地适应顾客要求。

第三节 旅游景区服务创新的驱动因素

一、市场需求

市场需求是景区服务创新的核心驱动力,市场需求集中表现为顾客需求。景区的服务创新活动由市场需求推动,其创新一般模式是发现市场需求、开发新产品或新服务、满足市场需求。景区的服务创新是一个快速循环的周期。景区能够不断地从顾客需求出发,发现顾客显性或隐性的需求,并以最快的速度开发出具有创新性的产品和服务,及时满足顾客需求,迅速占领市场。

景区中个性化与定制化服务需求的增加使顾客在景区服务创新中的参与程度逐渐提高。顾客在服务创新中的角色地位由服务的体验者或信息的提供者转变为积极的创造者。景区建设既为信息收集提供了方便,也为顾客参与提供了更丰富的渠道。有的顾客会根据自己的需求或面临的问题提出创意思路,或对现有的服务提出改进意见。每一个顾客的个性化需求对景区服务创新的顺利开展都产生了重要影响。

二、技术进步

新型计算机信息技术的应用既有助于景区的服务创新,又缩短了服务创新的周期。景区一般没有自己的研发部门,技术的创新以及技术主导的服务创新主要靠新技术的引进,新技术的引进会影响服务产品研发和服务生产过程。现代信息技术对服务创新的支持,保证了景区服务创新的时效性。景区的服务创新活动由技术推动,其创新一般模式是技术基础研究、开发新产品或新服务、满足市场需求。云计算,物联网,移动互联网,GIS、AR、VR等计算机技术,通信技术和网络技术在景区的运用是推动景区服务创新的重要动力。计算机技术实现景区服务的智能化和自动化,网络技术推动顾客行为的数字化和电子化,多媒体技术则提供给顾客多元化体验,这不仅可以扩大景区的服务市场,还带来了服务的个性化发展,提升景区的利润空间。

三、创新投入

景区服务创新项目前期是以技术创新为主,资金投入巨大,资金的有效供给是技术创新开展的首要前提和重要保障,资金不足将会使景区的技术创新面临重大的障碍。不同景区的资金投入能力关系到技术创新水平的高低,从而影响到景区的服务创新能力。具体表现为景区硬件服务设备装备的水平和信息系统建设的完备程度。景区创新投入水平直接影响到技术创新的强度、效率,最终影响到顾客的体验。

四、竞争对手

竞争压力是服务企业面临的一大挑战,如来自同行企业的和新进入者的竞争压力;来自消费者需求变化和供应商的竞争压力;来自技术进步、法规制度、社会因素带来的竞争压力。服务企业应充分考虑各种竞争因素,提出有效措施来积极应对日益激烈的市场竞争。

景区同样面临着较大的竞争压力,需要对服务不断升级优化、推陈出新,可以是对竞争对手的产品或服务的模仿,也可以是在已有产品的基础上进行改进和优化。每个竞争者都可以通过在相互竞争中得到发展,相互竞争中,竞争者的素质和竞争对手的素质都会有一定程度的提高。景区最终也是以盈利为目的,面对激烈的市场竞争必须不断降低服务成本、运营成本,提高景区收益,保持景区长期可持续发展。

第四节 旅游景区服务创新案例分析

一、H景区简介

　　H景区位于湖北省襄阳市东津新区,总占地面积约5平方千米。该项目以文化旅游、城市广场、主题酒店、商业中心、影视娱乐、水上旅游、艺术中心、运动场馆、创意街区、商务办公、生态公园与品质居住等多元业态融合为核心,旨在打造中西部地区最具创新力的绿色文旅新城。

　　景区内包含多个主题区,如中国首个宇宙探索主题乐园"奇幻谷",中国首个陪伴式自然亲子乐园"奇趣童年",中国首个合家欢乐的海洋探索主题乐园娱水王国"奇梦海滩",以及中国首个度假式主题汤泉"云海汤泉"。此外,还有以人文历史、市井文化、餐饮娱乐、文创艺术为核心的首个城市文旅新生活小镇"奇妙镇",以及七大风格各异、文化多元的主题酒店群。这些主题区和设施共同构成了H景区"四园一镇七酒店"的发展格局,为游客提供了全季节时段、全年龄层次、全文化沉浸式的奇幻度假之旅。同时,景区还以"宇宙、自然、海洋"为宏大主题,汇聚了国际顶尖的游乐设备、沉浸式的高科技场馆、寓教于乐的研学课堂、主题鲜明的特色演艺等高品质、多样化、特色化的旅游项目,为游客带来前所未有的"一站式"游玩体验。

　　H景区还积极响应国家关于生态文化旅游的发展战略,推动鄂西北生态文化旅游圈的蓬勃发展,致力于打造中西部地区最具创新力的绿色文旅新城。此外,景区还融入现代、都市、娱乐、休闲、度假等元素,开启城市文化旅游的全新篇章,展现出逐步由区域性的娱乐型休闲旅游目的地向全国性乃至世界性休闲旅游目的地迈进的实力与担当。因此,H景区不仅仅需要在景区经营上下功夫,更需要担负起使命感,H景区时刻以构建世界一流主题公园企业为经营发展的总目标,且在旅游产品以及经营管理方面时刻紧跟经济发展动态,并不断探寻新的发展模式。与此同时,H景区对于水乐园的相关主题产品以国际一流主题公园为营造标准,通过学习国外先进经验,引进科学管理手段,加大 H 景区主题公园培训模式的革新力度。

二、H 景区旅游服务现状

受到大量线上平台旅游方式的冲击,传统的景区经营模式已经不能适应现在旅游产业的发展,H 景区要想在激烈的市场竞争中取得一席之地就势必需要加入数字化与信息化的大军行列,并且要在保障老牌旅游产业能够顺利发展的前提下,挖掘新兴的产业加以辅助,并积极采用新的经营管理模式来拓展线上市场。

（一）经营管理现状

受到一系列线上 OTA 平台的冲击,景区的本土经营成本持续增高,且利润被大量压缩,并且在经营成本急剧增高的同时,营销服务却不能得以保障,导致客户忠诚度下降,H 景区的整体综合竞争力不断下降,虽然处于较好的地理位置,但是游客的重游率较低,极少有游客愿意二次来访,并对新的旅游项目不抱有太大的期望值。因此,在经营管理方面,H 景区必须积极引进信息化管理模式,搭建完善的线上经营平台。

（二）营销模式现状

互联网经济的崛起为携程、去哪儿等线上平台提供了天然的机遇,利用互联网的便捷性、信息互通性、地理共享性等诸多优势,各线上平台迅速抢占了国内旅游市场,并让人们对旅游的依赖模式逐渐从线下转为线上,对传统的景区营销模式产生了巨大的冲击。在资产的管理方面,线上平台企业更加注重科技的运用,在无形中节省了大量的成本。因此,H 景区要想在市场竞争中保有一席之地就势必要加强和物联网与云计算等信息技术之间的联动,为游客提供信息化、科技化、智慧化的优质线上服务平台。脱离现代科技势必会被时代淘汰,各行各业无论在何时寻求发展都无法规避信息技术的发展与应用。

（三）智慧化建设现状

现今,H 景区的智慧化建设还在起步与摸索状态,仅实现了部分信息化建设,智慧化建设还在规划之中,具体的体系与机制还在研发之中。其主体依旧由各个职能部门牵头提出,然后向上级部门提交审核,各个职能部门对信息系统的管理还十分分散,没有实现集中管理与信息一体化,局部问题较为突出,环节设置的重复与营销模式的缺陷还较为明显,信息建设并不平衡。子景区之间与总景区之间虽然单独设置了 OA 平台，但是管理档案却仅由一个景区负责，其他景区不能随时调用档案，信息传达较慢，并出现信息传达失误以及信息不全等问题。此外，虽然建立了线上信息咨询平台，但是平台处理信息不及时，相关环节设置不完善，绝大部分的游客仍旧依靠携程、去哪儿等平台来对 H 景区进行一个初步的了解以及完成门票、游览项目的预约，从而导致了景区的信息平台利用率不高，维护成本较大，并且信息更新不足等劣势问题。

在运营信息输出端，由于 H 景区没有建立统一的管理体系，以致各个子景区间无法实现信息共通，多个重复且交叉的信息盘根错杂，信息内容不清晰，叠加现象较为严重，各个子景区的营销模式几乎相同，不具有特色营销手段。现今，H 景区在网站建设方面主要有以下几个环节，即门票销售、产品浏览、物品储物租赁、餐饮订购、会员系统。但由于各个环节相互之间没有联系，以至于游客在进行阅览的同时不能进行餐饮购买与预定，需要同时切换多个操作系统才能实现目的，且由于缺乏会员体系的构建以及会员系统维护的概念，部分游客的会员积分兑换失效或者不成功，同时，由于会员等级设定不科学，消费积分累加未能与各个子景区进行信息共享，游客每到一个子景区都要重新进行输入与确认，该工作就需要大量的工作人员协助游客完成积分兑换，无形中就加大了整个运营的人力成本。除此之外，电子信息系统缺乏必要的维护，信息更新不及时，消息通知过晚，导致游客旅行体验度变差。因此，必须要提高网站建设的维护力度与各个子景区模块的联合，减少不必要的人力成本支出，提高整体办公效率，增强用户满意度，提升游客旅游的幸福感，营造良好的旅游环境并实现良性循环。

缺乏主题性是 H 景区目前较为严重的问题之一，游览自然风光、饮食住宿等项目已无法满足游客的旅游需求，而主题性是否突出则直接影响游客是否会二次观光。此外，主题的趣味性、科学性、惊奇性、知识性、概念性都需要加以融合，要营造具有故事背景的旅游路线，将娱乐性与科学知识文化相结合，并充分发挥本地特色，积极打造与其相对应的线上宣传平台与互动模式，让游客能够更深层次的感受景区所带来的快乐与意义。

三、H 景区旅游服务问题分析

近年来，随着区域旅游市场的发展，H 景区的整体规模也呈现出了不断上升的趋势。2023 年上半年，H 景区累计接待游客约 156 万人次。在游客接待量攀升这一有利的市场状态下，H 景区也逐步提高了对运用信息化技术的关注程度,即通过科学技术为景区市场开拓注入了更多的动能。但结合实际情况来看,H 景区在智慧旅游服务的提供上依然存在着明显的问题。

(一)网站利用率不高

H 景区目前虽然有建设网站,但是并没有对网站的信息进行整合归纳,造成网站的整体布局较为混乱,其利用率始终无法得到提高。网站是展示 H 景区资源优势与景区服务的重要线上平台,发挥了宣传展示、招商、信息公开等多个方面的功用。因此,H 景区也尝试设计并上线了网站,以滚轮形式动态展现了景区的面貌,通过图文结合的方式对景点进行了简单的介绍。但是这些信息在分布上呈现出杂乱无章的状态,游客需要消耗较多的时间在信息的浏览与获取上。同时,H 景区对于网站内容的更新速度较慢,在内容展示的丰富性、全面性上也存在着明显的不足。不仅如此,H 景区也尝试在网站上提供专门的订购渠道,将传统的线下服务转为线上,但自网站建立至今,一共只有十多单的成交量,在微博、微信、抖音等相关平台的维护与构建上也处于滞后的状态。

(二)供需矛盾增加,旅游信息不对称

旅游消费市场在发展中同样存在着信息不对称的情况,这是因为景区内的服务人员、销售人员往往能够真实了解景区的实际情况,如果不能将景区的情况如实告知,那么就很可能会造成游客的心理落差,无法满足游客的实际出行诉求。结合实际情况来看,H 景区在提供与建设相关配套服务和设施上较为滞后,一旦遇到旅游高峰期,经常会出现排队等位的现象,而 H 景区无法将这些信息及时传递给游客,也无法通过动态的信息更新,改善排队等位的情况,这容易导致游客降低心理预期,进而对 H 景区形象的树立、景区口碑的宣传带来严重的阻碍。之所以出现这一情况,主要是因为 H 景区的信息更新速度较慢,缺乏与游客之间的高效互动,这会对景区的长远发展带来负面影响。

(三)旅游营销水平还处于较低的水平

H 景区的宣传方式是旅游大篷车的广告、旅游博览会的参与等。这种营销模式使 H 景区的营销水平长期处于低下的状态,不仅缺乏正确的营销意识,也不具备良好的拓展渠道和拓客能力,无法把握旅游市场的发展机会。

(四)H 景区自身危机管理体系需要完善

H 景区要想实现智慧旅游服务的高效发展,不仅需要灵活使用各种技术、平台,还要对现有的资源进行整合,这样才能加强防范各种问题,并在加强宣传与网络营销的基础上突出自身的优势。结合 H 景区现有的旅游资源来看,水资源等自然资源是其主打的旅游服务产品,但是这种旅游资源也容易受到气候、地形等多个因素的影响,可能会出现不可抗力的自然灾害,在无形中对游客的生命财产安全造成侵害。对此,H景区在开展智慧旅游服务之前就需要加强对这些灾害问题的关注程度,做好各项工作的前期管理与优化调整。

另外,H景区在拓宽宣传范围、提高影响力的同时,可能会造成自然资源过度开发与利用的危机,尤其是在近年来,随着旅游接待流量的提升,H景区也面临着大量游客涌入的情况,使其承载量严重超标,这对自然生态环境的维护带来了巨大的威胁。

除了上述自然灾害的危机对生态环境带来的压力以外,游客在旅行的过程中也可能存在着各种各样的隐患与风险。通过上述分析可以了解到,H景区以水域旅游资源为主,但是这也为旅游行为带来了不同程度的风险,稍有不慎就可能造成意外的出现。为了避免游客体验感降低,H景区必须要提前做好防护措施,根据现有的资源、交通等基础设施,对旅游的路线进行科学合理的安排。在此过程中,同样可以发挥智慧平台、旅游服务的优势,实现路线规划的科学化、合理化。

综上所述,目前H景区无论是在市场开拓,还是在景区资源整合、信息提供、安全管理等多个方面,都需要推动智慧旅游服务的发展,通过移动智能终端的创建提高H景区在旅游市场的整体竞争力,这样才有助于H景区品牌形象的构建。

四、H景区智慧旅游服务创新设计

(一)H景区智慧旅游服务优化原则

智慧旅游服务体系的构建是一个系统化的工程,需要考虑到客户端的设计与优化,并且根据服务提供的类型来设计相应的平台,实现细节化工作的完善与多元化服务的提供。结合H景区智慧旅游服务的实际发展来看,不仅需要对当地的旅游资源进行整合,还需要有效关联饮食、住行、游览、购物、娱乐等多个方面的服务与基础建设,在服务优化上也应该树立系统性的意识,注重功能模式的全面优化。

1. 坚持顶层设计、统筹发展的原则

顶层设计是从战略的角度入手,规划H景区智慧旅游服务发展的整体方向。H景区长期以来都采取传统的发展模式,智能旅游服务的发展要求H景区能对现有的模式、服务进行全面转型,开拓信息化的发展道路。对此,H景区应该对现有的旅游资源进行分类,可以根据分布情况、资源类型等将其分为各个子景区，将信息化的发展、模块建设融入子景区的建设发展之中。另外，H景区本身就是一个完整的景区体系，在景区内部不仅要注重各类资源的整合利用、信息的共享共建，还需要加强不同子景区之间的关系维系，提高不同部门在服务管理上的有效协作，这样才能为H景区发展智慧旅游服务提供基础的保障，为其转型升级打下稳定的根基。

2. 创新发展、坚持可持续发展

旅游产业在服务上的智能化发展本身就是一种创新性、可持续性的发展模式，在该模式中，H景区需要调整思路，对现有的商业模式、管理模式、服务业态、安全运营进行全面创新，从而实现对工作流程、内容、逻辑的优化梳理，这样才能根据当地旅游服务发展的实际诉求，来对现有的技术路线、发展路线进行优化调整，实现对旅游服务、产品的高效开发，为实现可持续化发展提供更多的可能。

3. 集约化与整合营销原则

智能旅游服务的开拓需要H景区一改传统零散的发展思路，能够在技术、系统的支持下实现一体化的平台资源服务和信息交互。尤其是在旅游服务发展的过程中，需要对景区内及附近的各类旅游要素、基础资源进行整合，对旅游平台服务的一体化开展提出更高的要求。这就要求技术平台能够对现有的服务框架、应用开发等进行全方位的整合，能够结合用户在服务需求上的差异化，为其提供各种针对性、个性化的服务。在整合营销的同时，还需要服务平台提高专业化的水平与能力，构建线上与线下有机衔接的服务体系，为各项工作的开展提供支持。

（二）智慧旅游服务优化思路

H景区在开展智慧旅游服务更新、优化的过程中，必须要明确优化思路。

（1）H景区智慧旅游服务的优化必须要面向所有的游客，尊重他们的体验与需要。除了根据游客的需求对现有的景区旅游资源进行整合以外，还要根据旅游出行的需要，对各项服务工作进行优化，在相关平台推行一站式的服务。

（2）提供智慧旅游服务不是从某方面入手，而是需要在云计算、物联网等相关技术的支持下，对现有的旅游服务产业链进行全面整合与优化，注重线下与线上双重服务模式的联合开拓。在此过程中，H景区需要提高自身的管理水平、运营水平，从而为服务活动的开展提供有力的支持。

（3）智慧旅游服务的优化还需要相关管理机制的支持。在智慧旅游服务的过程中，H景区需要从旅游资源、业务调度、数据信息的管理优化入手，实现对数据、人才、资源的整合调度，开展精准的客户营销、服务管理、市场管理等各项工作。

(三) H 景区智慧旅游服务优化内容

1. H 景区智慧旅游服务组织结构

H 景区在智慧旅游服务体系上的建构是一个复杂的过程,需要从旅游活动正式开展前、进程中与旅游后来提供具有针对性的旅游服务,对现有的配套服务、基础设施进行全面整合。在此过程中,H 景区各种技术的运用以及线上与线下服务活动的开展都需尊重游客的实际诉求,这样才能实现旅游服务的全面更新。在游客开展 H 景区的旅游之前,H 景区可以构建一个面向游客的智慧旅游服务平台,注重线下传统旅游资源的整合、线上技术平台的全面优化,为智慧旅游服务、景区的构建提供更多的支持。同时,H 景区还需要对现有的经营体系、管理模式进行全面的升级与优化,实现相关技术与平台的创新。而在游客正式到达景点之后,则需要从游览路线、信息服务、智能排队、基础设施的完善入手,在线上平台提供更多的定制信息和个性化的产品。在此过程中,H 景区作为旅游目的地,需在资源要素、服务产品上进行全面整合,注重现有服务产业链的延伸与发展,从而构建一体化的服务模式,让游客在景区内可以随时享受到便捷的服务,充分感受到智慧景区在提供旅游服务上的显著优势。

游客在体验了 H 景区的旅游服务之后,良好的旅游体验会被游客发布在微博、微信、抖音等多个不同的平台,从而带动营销活动的开展。H 景区可以在游客发布信息的基础上,广泛应用互联网去搜集整合现有数据,加强对游客体验的调查与分析,包括旅游行为、购物行为的分析,从而对现有的旅游产品及服务进行全面的优化。同时也可以加强对人力、资金、物力、组织机构等多个方面的优化,在梳理流程的基础上达到提高景区经济效益、发展效率与竞争力的长远目标。

(1) 在具体的服务提供上,H 景区可以站在游客的视角,通过电子导航系统、移动导游系统等多种系统,为每一位游客提供更加自由多元的服务,满足游客的多样化需求。这些系统在构建上需要灵活利用 GPS、北斗等信息技术与应用系统,推动智慧旅游服务的开展步入一个新的平台。游客无论是从所属地前往旅游目的地,还是在游览的过程中,都需要完善的路线作为支持,帮助游客去选择正确的交通工具、方便的出行方式。对此,H 景区除了加强与百度地图、谷歌地图等导航系统的合作以外,还可以开发专门的导航服务,在游客到达景区之后,就可以通过智慧旅游服务中的导航服务,了解自己的行径轨迹,掌握前往景点的正确路线。在此过程中,还可以灵活利用后台导航技术、呼叫中心的语音服务等各项服务,获取全天候、全覆盖的旅游导航支持,以解决路线不清晰的问题。

（2）构建智能化的导游系统，H 景区可以对原有的导游服务进行更新升级，将线下的导游搬移到线上，灵活运用 AI 技术，构建智能化的导游系统。在这一系统之中，旅客可以自主选择导游的形象与声音，并通过全景手绘地图、线路规划对 H 景区的景点进行详尽的了解，从而提高游客对 H 景区导游服务的满意度。另外，智能导游还与景点内的热点相关联，通过物联网技术实现游客旅游动态的跟进，根据行程的变动进行不同的信息讲解，给出最优的出行计划，这样才能为游客提供针对性的导游服务。

（3）完善游客旅游中的导览系统，能够为 H 景区的游客提供更加充分的信息，对于商家精准化开展推广活动、提供信息服务具有重要意义。在导览系统的支持下，游客获取信息的形式变得更加多元化，可以通过在景区、酒店等不同区域内的触摸屏，通过自主的点击搜索，及时获取咨询信息。这种触摸屏在信息的呈现方式和内容形式上也较为丰富，包括图片、音视频、文字等不同的资源，目前还有部分触摸屏灵活引入了人机交互、虚拟现实等不同的技术，能够更为生动全面地展现景区的实际情况、交通路线、特色产品、服务项目等内容。

另外，这种导览系统的使用还能丰富游客的感知获取，即通过一些接触式或者是非接触式的无线设备，只要游客步入热点附近的区域，就可以利用随身携带的接收器等相关设备，获取有关景点的语音介绍和更为充足的咨询信息。这种感知获取设备的运用不仅有助于自助旅游活动的开展，还能开展一些营销推广活动。H 景区可以借鉴故宫和各地区博物馆等场所的经验，积极应用感知获取设备。

最后，H 景区还可以使用电子设备，这些电子设备中的内容往往是提前录制好的，不仅含有导游及专业讲解人员的讲述内容，同时还增加了特殊的音效，能够满足不同国籍与地区游客在信息获取上的诉求，也能让单一的讲授方式变得更加生动。在电子导览的支持下，游客往往能够获取更为全面、多元的信息，丰富 H 景区现有游客的体验感知。

（4）完善旅游移动导购系统，在旅游产业之中，购物是拉动旅游景点所在地经济发展的有效途径。传统的营销方式受到了很多消费者的排斥，为了带给游客更好的购物体验，不仅需要避免出现强制购物的情况，还应该通过智慧旅游服务提供移动导购服务。

随着我国旅游产业的发展，国家及相关部门也提高了对旅游购物在市场发展上的关注程度，在 2013 年颁布的旅游法律中就旅游市场的规范发展提出了较为明确的要求。H 景区应该加强对旅游购物问题的关注度，全面构建移动导购服务体系，对传统的旅游购物商业模式进行优化，在突出 H 景区及当地旅游产品品牌的基础上，强化对产品、服务在质量上的有效管理。除了提供线上平台的购物服务以外，还需要将线上与线下门店、企业的服务结合在一起，提供便捷的网络支付服务，根据游客的需求提供相应的寄送服务，这样才能减少旅游购物过程中的不便，引导游客随时随地进行消费购物。

（5）功能上的优化与完善，在 IT 服务技术的支持下，可以构建以下几个中心。

第一，应用研究中心。对于 H 景区而言，智慧旅游服务的推行不能缺少应用研究的支持，尤其是在当前服务开展的过程中，有多个相关主体以不同的身份参与到旅游服务提供的过程中，在业务形式上变得更为复杂，需要注重对不同角色维度、操作系统、平台资源、网络环境的整合，加快对云计算应用的研究，构建机构中心来满足业务发展的实际诉求。

第二，技术支持中心。H 景区智慧旅游服务的推出不仅需要加强对业务应用的科学规划，还应该自主研发成熟的技术产品，为各个主体提供交互合作的机会，提高技术指导的整体水平。

第三，培训中心。H 景区在智慧旅游服务提供的过程中，必须要加强对相关从业人员的培训，这样才能提高景区从业人员、相关管理人员对这些技术手段与网络平台的应用水平，实现应用开发的高效交付。

第四，体验中心。体验中心是面向游客构建的中心，在这一中心需要加强对游客在智慧旅游服务操作与体验上的宣传，从而让游客获得更为良好的体验，愿意加入到智慧旅游服务发展的进程之中。

第五，辅导专员中心，该中心的构建充分认识到智慧旅游服务活动的开展不能仅依靠某一个单位，而是需要景区内外部的联动，尤其是要推进管理理念、工作流程、运行机制等方面的创新，实现战略化的管理与优化，保证服务的专业性与专项性。

第六，客服中心。在提供智慧旅游服务的过程中，H 景区应该构建相应的客户服务中心，将这一服务贯穿于售前、售中、售后等不同的阶段，准确捕捉游客的信息诉求，为游客答疑解惑。

第七，标准化研究与检验中心。这一中心主要对现有平台、技术进行检验与优化，了解目前 H 景区在提供智慧旅游服务上存在的不足，从而进行相应的改进与优化。进而实现集团各景区标准化管理的输出和复制。

2. H 景区智慧旅游服务过程管理

H 景区所构建的智慧旅游服务体系为 O2O 的服务体系，这一体系的构建充分利用了当前时代的先进技术与信息模式，实现了对传统经营管理模式的优化，也为旅游业的发展提供了战略性的路线。通过智慧旅游服务模式的构建，有助于提高线下与线上旅游服务的整合水平，从而更为关注消费者的感知，真正推动H景区旅游服务的发展步入大数据时代。而H景区在构建智慧旅游服务的过程中，需要加强对诸多环节的精细化管理。

H景区的智慧旅游服务不仅是线上信息技术的整合，还应该提高服务的深度与广度，将原有的六大配套服务有机整合，实现线下服务体系的完善。在此过程中，H景区需要加强对游客诉求的关注度，对原有的服务业态进行优化创新，打破原有旅行社、网络旅游平台在服务模式上的禁锢。在管理过程中，需要注重对旅行社服务、网络旅游平台服务的有机整合，具体工作可以分为如下两个部分：其一是对旅行社、旅游景点、旅游相关部门、配套服务在线下服务体系上的构建，对现有的资源、技术进行更新优化，并对现有的经营管理模式进行全方位的完善；其二是针对线上部分，推进专项化的信息技术建设，通过构建智慧旅游服务平台、交易平台，将现有的旅游资源进一步的整合与升级，联合配套服务与产品在线上构建完善的产业链，从而积极探寻出一条以科技手段为支持，全面推动旅游服务更新，促进旅游产业发展的道路，进一步激发H景区在旅游经济发展上的活力。在开展具体管理活动的过程上，可以从以下几个方面入手。

（1）H景区需要注重线下旅游资源的全面整合，注重对现有旅游产品线的延展，根据市场与消费者诉求来推出具有针对性的旅游服务及产品的营销套餐。在线下资源梳理中，需要稳步推进不同部门、不同业务流程之间的合作。另外，还需要制定科学的价格策略，为消费者提供更多的出游选择。为了加强过程管理的水平，还需要构建业绩考核体系、项目跟进管理系统，对现有的经营管理策略进行全面优化。不仅如此，人才在景区管理过程中也扮演了极为重要的角色，尤其是市场销售类人才，不仅能够针对H景区的智能旅游服务发展制定相应的经营策略，还能加强对市场发展的掌控水平，更为全面地了解消费者的意愿，为智能旅游服务的开展奠定基础。

（2）在做好线下资源整合和管理优化的同时，还需要关注线上的信息化建设。通过上述分析可以看出，在H景区开展智能旅游服务与构建平台的过程中，云计算、物联网等技术提供了框架上的支持，而为了强化线上的过程管理，则需要对现有的咨询服务体系、电商体系、客户关系管理、资源管理等进行全方位的完善。例如，在咨询服务体系的构建上，主要是在旅游决策制定前提供良好的信息服务，需要根据定位、消费者感知、信息获取来构建完善的信息系统。在信息提供的过程中，不仅需要注重信息的质量、数量，还需要保证在提供信息咨询上的规范性和获取的便捷性，使得消费者能够通过多种不同的终端完成信息获取的诉求。为了打破信息获取的时间局限,还可以将 AI 智能服务与在线人工服务有效衔接。在这一体系的支持下,游客在正式出行前能够借助现有的智能终端(包括电脑、手机、平板等),从多个角度对 H 景区的旅游资源、相关配套服务有着更为全面的了解,进而根据自己的需求选择出行、居住方式,其基本的消费需求也能得到更为有效地满足。

3. H 景区智慧旅游服务创新营销方案

H 景区通过提供智慧旅游服务,进一步利用移动互联网在信息技术上的优势,加强了对各项旅游服务的整合,也从游客处获得更多的数据与信息。通过开展这种服务活动,H 景区在营销方案上得到了进一步的创新,在服务模式上也会变得更加全面具体。

(1)智慧旅游服务是一个更加开放的平台,游客在这一平台上成为了信息的主要发布者、分享者,且能够及时上传并且分享自己的旅游经历。在整合现有景区信息的基础上,游客可以根据自己的出行游玩需求自主制定攻略规划,并提前预订交通、住宿等服务产品。可见,智慧旅游服务是一个有自主性的销售平台,消费者能够在产品及服务选择上发挥其自主能动性。

(2)智慧旅游服务还利用了手机定位、导航服务等相关技术。在这一平台上,无论是旅游从业人员,还是游客,都可以较为精准地获取自己的方位,了解景区的整体路线,优选交通出行方式,掌握当前路况,还可以查询指定地点以及附近的旅游配套服务等,为出行活动的开展提供了更多的便利。不仅如此,在智慧旅游服务平台上,信息的呈现方式也变得更加多元化与丰富化,旅客可以自主获取与旅游景点相关的物料(包括音视频资源、图片资源等),从而更为全面地掌握与旅游景点相关的出行信息,推动自主旅游活动的开展。

(3)在旅游活动完成之后,游客可以根据自己在旅程中的体验感知,在多个不同的线上平台进行体验活动的评价,实现更为广泛的分享。而在这一阶段,旅游景点及相关部门可以加强对用户信息反馈的关注度,通过线上多种方式搜集整合游客的评价建议,对现有的旅游服务水平、细节进行优化改善。

4. H 景区智慧旅游服务优化方案的效益分析

(1)智慧旅游服务的经济效益。

智慧旅游服务的升级发展对景区以及旅游目的地所在的城市而言,都会带来较为显著的经济效益。智慧旅游服务的发展可以看作是旅游景区营销水平的提高,其更为广泛的作用是面对游客市场进行了高效、深度的宣传,这在一定程度上能够影响更多游客的选择行为。对于 H 景区而言,在宣传的过程中不仅能够突出景区的整体形象,还能提高作为旅游城市的对外影响力,从而从综合角度提高 H 景区乃至城市的营销效果，进一步实现旅游产品的形象化与个性化发展，提高旅游产品及服务投放的精准度。另外，对于旅游景区而言，智慧旅游服务对传统的营销方式进行了升级与发展，利用移动互联网平台拉近了旅游景区与游客之间的距离，能够紧跟市场，了解当前游客在旅游方式、个性追求等方面的变化，一改过去的旅游方式，更为关注旅游的整体质量。在智慧旅游服务的支持下，游客能够通过多种不同的平台渠道自主获取更为广泛的旅游信息、产品服务信息，并能够自主分享自己的旅游攻略、沿途经历，在服务需求与体验需求上呈现出了多样化与个性化的发展特征。最后，在智慧旅游服务的支持下，现有的服务平台对旅游相关配套服务进行了完善与优化，服务平台加强了对游客实际诉求的关注度，游客可以在线上完成预订、结算等程序，服务提供方则是可以通过营销方式的变更提高服务的便捷性、多样性，帮助游客收获更加良好的体验等。

（2）智慧旅游服务的社会效益。

智慧旅游服务是一种全新的旅游服务发展模式，它基于信息技术对现有的景区旅游服务进行了全面的调整优化，加快了传统旅游服务的现代化与技术化转型。景区在旅游市场开拓的过程中，通过提供智慧旅游服务能够带来较为显著的社会效益。通过智能化旅游服务平台的建设，有助于产业结构的变更，旅游景区可以加快电子商务的发展步伐，不再被动地等待游客，而是能够有针对性地了解供需情况，推动产业结构的调整与升级，这对于旅游企业的服务优化具有极为重要的意义。

智慧旅游服务的提供不仅有助于旅游景区的发展，还具有联动效应，在构建旅游产业链的基础上实现对不同旅游产品、服务的有效整合，实现对多种资源的有效调动。尤其是 APP 及相关电商平台的建设，能够将旅游服务的选择从线下搬移到线上，为游客的信息获取、比对选择、实际消费提供更多的便利，更有助于优化现有的业务流程。

智慧旅游服务的发展对社会的转型、消费者生活与购物习惯的改善也具有积极性的推动作用。当前智慧旅游服务的发展加快了信息资源的共享，使得消费者的生活习惯、思想视野得到了改变，更希望追求良好的购物体验。智慧旅游服务通过相关平台的构建、经营发展模式的探索，实现了景区在核心竞争力、服务模式上的全面创新，这不仅对于 H 景区等单个景点的发展有着显著的推动作用，更有助于整个旅游产业完善结构并优化服务模式。

五、H 景区智慧旅游实施优化方案的保障措施

(一) 组织保障

虽然,当前旅游经济发展水平得到了提高,但是,H 景区在整体发展思路上仍然处于滞后的状态,出现这一情况与当地组织结构、管理机制有着直接的关系。如果不能妥善解决这些问题,将会对 H 景区智能旅游服务的全面升级带来隐患。对此,可以通过以下保障措施加以完善优化。

当地的旅游相关部门必须要树立一定的战略意识、危机意识,当前我国旅游市场环境处于瞬息万变的状态,即使拥有良好的旅游资源也需要善于经营,这样才能避免出现被市场淘汰的现象。作为旅游主管部门,必须要形成良好的信息素养,能够把握"大数据"时代的发展趋势,利用现有经济模式、技术资源为旅游经济的发展提供更多的便利。尤其是要加强对优秀旅游人才的培养。人才在推动旅游景区发展的过程中扮演了重要的角色,需要以人才为重要推动力,实现智能旅游服务等级的革新,不断提高服务水平。对此,需要将每一位人才都作为行为人,在肯定他们自身需求的基础上,对现有的薪酬体系、激励机制加以改革优化,将旅游景区的业绩与个人的薪酬待遇紧密挂钩,从而让每一位工作人员都能树立集体意识,愿意加入到 H 景区的发展之中。同时,还可以专门设立团队薪酬,引导个人参与团队创收活动,调动人才参与旅游服务发展的积极性、能动性。在构建良好薪酬体系的同时,进一步提高各项智慧旅游服务的发展效率,构建明确的评价体系,在确定旅游发展评价指标的基础上,加强从上到下的监督,保证从领导者到基层服务人员都能稳步推进智慧旅游服务的发展。

必须要认识到,景区的建设发展、智慧旅游服务的完善是一个长期的过程,在此过程中需要人力、财力、物力等多个方面的支持,同时需要注重规划设计的合理性。只有树立战略化的意识,坚持统一性的领导,构建完善的组织机构,才能发挥不同部门的合力。对此,应该根据智慧景区构建的目标,对原有的组织机构重新进行梳理与调整,专门建立负责智慧景区建设的部门,加强系统性的统筹与规划。同时,对于该部门的人员也应该提出明确的要求,不仅需要具备良好的旅游服务知识、信息技术技能,还需要树立良好的责任意识,能够主动承担智慧旅游服务更新的各项责任。而领导者的作用在此过程中也同样不能忽视,领导者应该做好智慧景区发展的顶层设计工作,在明确目标的基础上加强组织领导水平,实现对旅游项目发展的科学规划和有力推行,全程跟进并监督智慧旅游项目,在必要时,应该拓宽思维视野,邀请具有丰富经验的专家学者参与到智慧景

区发展项目中，从立项开始，就对智慧旅游景区的建设流程进行细节优化，从而改善运营中可能存在的问题，为各项工作的开展提供良好的保障。

（二）管理保障

H景区在建设完善智慧旅游服务的过程中，应该打破过去封闭单一的发展状态，重新对旅游资源、线上服务、平台建设进行整合，积极融入到当地旅游产业发展的体系之中，并对现有的管理体系进行完善与优化。只有这样，才能便于旅游相关部门提高整体规划和系统管理的水平，为智慧旅游法律综合业态的发展注入源源不断的动能。

为了提高管理的整体水平，当地旅游管理部门应该对现有的旅游市场进行规范，了解当前智慧旅游服务市场的整体发展动向，在此基础上构建业务协同发展的子系统，实现现有旅游资源、景区服务的有效联动，注重各个部门的协调配合，这样才能保证旅游服务管理在各项业务上的有效对接，从整体上提高区域旅游发展的水平。另外，还应该构建市场监控的管理系统，这一系统将会提高市场数据与相关信息的搜集整合水平，能够及时与景区进行市场信息的共享，有助于管理者更为宏观全面地了解景区的实际发展情况，为智慧旅游服务的发展找到更为明确的方向，提供数据上的有效支撑。另外，还可以搭建行业协会等管理组织，使得文旅局能够在智慧旅游服务的发展中发挥重要的引领作用，加强各个景区与旅游企业之间的紧密联系，这样才能实现上下游之间的紧密合作。在此过程中，行业协会需要发挥自身在数据整合、数据运用等多个方面的优势，共同构建旅游的资源库，从数据上提升监控水平，也为行业的可持续发展提供更为准确的依据。

（三）服务保障

在智能旅游服务发展的过程中，H景区应该认识到，随着旅游市场的多样化发展，游客的需求也呈现出了多元化的变化，越来越多的游客有着个性化的旅游服务需求，因此，在提供智能旅游服务的过程中，H景区需要树立大数据思维，对原有的旅游服务模式加以改进优化，提供个性化的服务，使得旅游服务的定制化成为常态。对此，H景区应该对现有的商业运营模式进行调整与优化，通过构建"企业—消费者"高效互动的服务体系，把握电子商务平台突出的游客核心地位，从而实现传统服务模式的升级，从多个方面入手，真实地了解游客的旅游需求，对其进行分类优化。

为了提高个性化服务的整体水平，H景区可以在互联网的支持下，广泛搜集整合国内外优秀的旅游服务发展案例，关注游客体验评价，在完善线上技术与服务的同时，对线下的旅游资源、服务模式进行全面的整合，合理开发利用本土的旅游资源，实现传统旅游服务发展的全面更新，从而形成全新的旅游服务业态。个性化服务工作的开展是一个长期的工作，H 景区应该通过网上社交平台，如小红书、抖音、微信视频号等新媒体平台，及时搜集整合游客的意见与评价，从而了解现有智能旅游服务存在的不足，对服务模式加以改进优化。而这种定制化的服务还体现在平台的运用上，H 景区在小程序或者是 APP 设计的过程中，应该提供更多的个性化选项，让游客自主定制，选择更具有针对性的服务，真正实现平台与游客之间的个性交互、深度参与、沉浸体验。

（四）运营保障

通过考察分析可以看出，H 景区虽然在自然资源上具有基础优势，但资源的类型却较为单一，在智慧旅游景区的建设上，目前缺乏资金、技术、人力等多个方面的支持。虽然目前 H 景区也重新调整了发展的思路，开始加强与线上、线下不同机构的合作，线上联合主流门户网站、APP 等平台，实现了"互联网+"路线的拓展，线下则通过与科研机构关联，实现了服务的全面创新。这种优势互补对于 H 景区的长期发展具有一定的推动作用，但是也增加了 H 景区的资金需求，必须要保证资金的及时投入，才能维持战略联盟的关系，实现智慧景区的建设目标。

为了保证资金投入，H 景区必须要扩展资金的投入渠道，根据当前项目活动开展的要求来制定相应的投资计划，选择针对性的投资方式，实现对各方力量的整合运用。另外，还应该避免不必要的运营投入，当前的技术市场从总体上来看较为复杂，因此，H 景区为了满足不同游客的需求会增加游客服务与管理等方面的技术投入，但这也容易诱发盲目投资、资金浪费的现象。对此，应该对现有的战略思路进行调整，任何技术、服务的选择都应该结合实际需要，尽可能选择成熟度较高、实用性较强的技术手段，并在后期保证对数据库、网络设备、应用系统的持续投入，维持其高效稳定的运作。

（五）信息保障

旅游景区要想提高智慧旅游服务的发展水平，必须要灵活利用多种不同类型的信息技术，注重技术之间的高效集成以及网络平台的完善搭建。这种搭建与传统意义上的信息系统构建有着明显的差异，需要把握当前信息服务的一体化流程与实际服务开展的需要，为消费者提供便捷的信息浏览服务、提供智能化的旅游定制服务、开展即时性的信息沟通、注重移动广告与第三方支付等服务技术的优化，因此，这是一个服务模式完善的综合体系。这一平台的构建需要注重网络传输手段的优化，能够基于大数据平台提高数据信息的传输、处理、加工水平，并借助现有的旅游智能服务平台，实现对各类信息的优化处理、分类发布、集中管理。为了达到这一目的，H景区可以整合现有的手机操作平台与系统，开发出专门的电子商务软件，或者是通过小程序来实现信息的整合发布，在智能终端程序上为消费者提供更加完善的旅游服务。

另外，在整合运用物联网技术的过程中，还需要提高对云计算技术的利用水平。当前，我国智能化旅游服务平台的构建需要云计算技术的支持，这样才能更为广泛地搜集整合来自不同渠道的各类信息，实现旅游数据信息的同步分析，精准地把握旅游消费者的实际诉求，也为旅游服务的提供方在决策上提供更多的支持。对于H景区而言，在树立大数据思维，构建物联网平台，灵活运用云计算等技术的过程中，还需要制定安全保障体系，维护信息交互与搜集整合中的安全，维护消费者交易行为的安全，尤其是在互联网这一虚拟环境下，消费者的支付行为、信息环境变得尤为复杂，只有优化电子支付平台的稳定性，在预订时保证信息沟通的安全，才能为智能旅游服务的发展提供稳定的支持。

第五节　旅游景区服务创新的对策

一、重视景区规划

科学合理的景区建设规划对景区的发展来说是必要的，从宏观角度来说，首先，要有智慧旅游建设的顶层设计，对未来智慧旅游建设的内容进行整体把控，对建设项目的可行性以及布局的合理性进行充分的调研论证，以避免显示屏、触摸屏等设施的重复建设和呼叫等平台的交叉建设而造成不必要的资源浪费。其次，从业务系统建设角度来看，重视打造全面的服务系统基础框架，应从智慧服务、智慧管理、智慧营销三个方面进行考虑，重点加强景区支撑体系建设，例如，将人工智能、物联网技术、FRID技术、云技术和智能终端技术等新型技术引入景区建设，以技术创新带动服务创新。

二、加强景区游览服务能力建设

景区内要提高无线网络服务水平，使顾客在景区能够体验高速无线上网，获取自己所需要的信息,同时能够随时与朋友分享游玩时的美景。建设立式触摸屏导览机和多媒体展示系统的目的是让无手机导览的顾客也可更好地了解景区及其他景点或展台。具体展示信息包括展馆兴趣点基本信息查询,展馆餐饮场所信息查询,展馆游览路线查询,展馆购物信息查询,应急信息查询,相关预订、支付、打印服务等。

三、加强景区管理服务能力建设

智能停车场系统结合电子商务系统、一卡通系统为停车场管理提供了全面、高效的管理手段,为增加停车场使用率,提高经营者经济效益,改善景区附近交通状况,提高驾驶人员停车效率、停车安全提供了有效的技术支持。智能停车场系统要实现网上预订车位功能,顾客可以自主选择车位位置,预订停车时间,可以实现停车计时付费及不停车不收费等主要功能。

建设景区顾客投诉服务平台,顾客通过手机 APP 及景区门户网站,事中及事后在投诉平台对景区不满的服务进行投诉,并且跟踪投诉处理情况。线上服务人员交流后将投诉信息转到投诉处理中心,由景区投诉处理人员做核查处理,并最后将处理意见反馈给顾客。顾客投诉服务平台也可以与呼叫中心合并,顾客电话投诉后,由电话服务人员在投诉平台上进行登记。

四、加强景区服务创新能力建设

景区服务创新能力建设需要多个相关主体的参与,要努力构建以市场需求为导向,政府资金支持为基础,企业技术创新为支撑的服务创新投入体系。首先,景区服务创新方向应该是从市场需求出发,根据景区的数据信息采集系统,不断优化服务,推陈出新。其次,景区需要与企业进行合作,引导企业参与到景区建设当中,鼓励支持旅游的专项技术研发领域外包给高新技术企业,旅游服务研发需要不同类型的旅游企业同时进行,以保障景区建设的技术支持。最后,景区的硬件和软件设施建设需要大量的资金投入和一定的政策支持,既需要当地政府的大力支持系统工程,又要引导高校与研究机构进行景区基础理论研究,制定科学合理的景区建设标准,帮助景区做好运营与维护。

五、重视顾客体验导向的服务创新

景区工程具有系统性、复杂性,应该以服务顾客为导向进行建设。根据顾客游览体验的过程,将景区对顾客服务的流程分为游览前的服务、游览过程中的服务、游览后的服务三个阶段,针对每个服务阶段中的信息需求、游览需求、管理需求推进服务创新。例如,旅游官方网站、微博微信、手机客户端等,全方位为顾客提供最新旅游资讯,多渠道打造智慧旅游服务。充分利用移动智能终端的全面普及,以及5G网络的发展深化景区服务体验,未来景区智慧服务体系将以智能手机为核心,增强智能手机的软件服务和信息服务能力,为顾客提供个性化、人性化、定制化的智慧服务。

六、挖掘文化,塑造景区产品品牌

旅游市场是高度竞争的市场,又是以质量取胜的市场,靠的是优质服务打动消费者的心。只有提供高质量的服务,建立可持续经营的品牌,才可能形成可持续发展的态势。文化是景区开发提升内涵的切入点,只有深入挖掘文化,才能增强产品附加值,提高产品质量,并最终形成品牌,真正实现转型升级。景区要深入挖掘其文化,塑造景区产品品牌,目的是满足顾客情感需求与精神追求,以高质量的服务吸引顾客。

第八章　研学旅行公共服务创新研究

第一节 研学旅行公共服务的概念和意义

一、研学旅行公共服务的概念

(一)研学旅行的概念

"研学旅行"一词真正出现在国家正式文件中是在2013年2月2日,国务院发布的《国民旅游休闲纲要(2013—2020年)》里提出,逐步推行中小学生研学旅行,各级教育部门和旅游部门随后出台一系列政策推动研学旅行的发展。2015年,国务院办公厅印发《关于进一步促进旅游投资和消费的若干意见》指出,学生素质教育包含研学旅行。2016年,教育部等11部门印发《关于推进中小学生研学旅行的意见》规定,中小学的教育教学计划应包括研学旅行。2017年9月,教育部发布的《中小学综合实践活动课程指导纲要》明确要求,中小学学校教育学分系统中应包含研学旅行活动。

1. 研学旅行的内涵

教育部基础教育司原司长王定华认为,研学旅行是学生集体参加的有组织、有计划、有目的的校外参观体验实践活动。目前,国内学术界对研学旅行还没有统一的定义,主要从两个角度去认识研学旅行:从广义的角度看,研学旅行就是研学式的"旅行",重心在旅行旅游,实为研学式的旅游,是旅游者出于学习认识的需要,离开日常居住地,前往某一地域开展研究性学习与旅游体验相结合的活动,旅行主体可以是任何公民群体,既包括中小学生,也包括中青年和老年群体;从狭义的角度看,研学旅行则是旅行式的"研学",重心在研学,实为旅行式的教育,特指由学校集体组织、学生共同参与的,以学习知识、了解社会、增强素质为主要目的的校外专项旅行活动。2016年12月,国家旅游局发布的《研学旅行服务规范》(LB/T 054—2016)中明确指出,研学旅行是以中小学生为主体对象,以集体旅行生活为载体,以提升学生素质为教学目的,依托旅游吸引物等社会资源,进行体验式教育和研究性学习的一种教育旅游活动。

2. 研学旅行的起源

研学旅行源自古人将学习与旅游相结合的思想。中国古代就有游学的传统,孔子周游列国以及唐玄奘西天取佛经等是中国研学旅行的早期雏形。东汉郑玄《诫子书》中就有"游学周秦之都"的记载,《北史·樊深传》也记载"游学于汾晋间,习天文及算历之术"。20世纪,著名的教育家陶行知先生提出"生活教育"的思想,提倡"生活即教育,社会即学校,教学做合一",他曾组织新安儿童旅行团到上海开展修学旅行,54天的旅行获得了空前的成功,当时中外报纸进行了大量的报道。学习和旅游相结合的思想不仅在中国盛行,在其他国家也很盛行,早在古希腊的亚里士多德时期就已经开展游学活动。英国是现代旅游业的诞生地,英国王室在17世纪就有了"大陆游学"的传统,王室子弟在宫廷教师的带领下周游列国。到19世纪,美国、德国、丹麦等国家也逐渐鼓励开展教育旅游。亚洲的日本在19世纪末时期开始推行修学旅行,"修学旅行"一词就源于日本,每年日本90%以上的中小学都会组织修学旅行。中华人民共和国教育部曾专门派遣人员前往日本考察积累修学旅行的经验。

3. 研学旅行的特征

研学旅行具有教育和旅游的双重属性:从教育的角度看,研学旅行是由学校组织安排,中小学生集体外出,以旅行方式开展的校外教育活动;从旅游的角度看,研学旅行是以中小学生为主体的旅游活动。因而,研学旅行有四个主要特征:第一,教育是研学旅行的本质属性,这是研学旅行与其他旅游业态最大的区别。研学旅行是一种旅行体验式教育和探究式学习方法,特别强调问题导向、知识导向,注重过程性,并从中得到教育。从国家颁布的文件中也可看出研学旅行关于教育属性的明确要求。第二,旅行是其手段。正所谓旅行是载体,教育是目的,把"游玩"作为主要目的的"春游""秋游"等就不属于研学旅行。第三,研学旅行的主体是中小学生。研学旅行将陶行知先生"生活教育"的思想深入地融入教育实践中,实现社会、家庭、学校教育的融合,是人成长回归自然、回归社会、回归劳动、回归文化的有益方式。第四,研学旅行有独立的课程体系。研学旅行是由相关教育部门与机构统一组织,在专业人员和老师的带领下开展的集体活动,是纳入学校教育学分系统的活动,不是一场"说走就走的旅行",所以要根据研学旅行的目的开发相应的课程体系,不能是简单的讲解、参观、打卡的形式,这是保障研学旅行质量的核心环节。

(二)旅游公共服务概念

在中国,"旅游公共服务"作为专业名词,始于中央提出的建设服务型政府理念之后。2007年,党的十七大明确指出要"加快行政管理体制改革,建设服务型政府",要"健全政府职责体系,完善公共服务体系,把建设服务型政府确立为当前和今后一个时期继续推进行政管理体制改革的基本目标和方向"。国家旅游局发布了《关于进一步促进旅游业发展的意见》,提出要"加强旅游公共服务体系建设、进一步强化旅游公共服务"。2009年和2011年分别通过了《关于加快发展旅游业的意见》和《中国旅游公共服务"十二五"专项规划》,明确把发展旅游公共服务作为当前旅游发展的重点,指明了旅游公共服务发展的内容和今后发展的方向。2013年《中华人民共和国旅游法》的正式颁布,填补了该领域的法律空白,促进了旅游公共服务的全面发展。

1. 旅游公共服务的内涵

通过查阅文献资料可知,尽管学者赋予"旅游公共服务"的概念有所差别,但还是普遍认可旅游公共服务是以政府为主导或政府是服务的主要提供者,服务对象主要是国内外的旅游者,服务不以营利为目的。2011年,国家旅游局制定的《中国旅游公共服务"十二五"专项规划》中指出,旅游公共服务是指政府和其他社会组织、经济组织为满足海内外旅行者的公共需求而提供的基础性、公益性的旅游公共产品与服务。本研究的"旅游公共服务"也采用这一定义。

2. 旅游公共服务与一般公共服务的关系

旅游公共服务与一般的公共服务之间包含从属的关系如图8-1所示,旅游公共服务是在旅游领域内提供的公共服务,而公共服务则是有效供给旅游公共服务的基础。旅游公共服务既是普通的公共服务为适应旅游业发展所提出的特殊要求而进行的服务内容的整合与服务质量的提升,又是为满足旅游者的公共服务需求所提供的有针对性的服务。

图8-1 旅游公共服务与一般公共服务关系图

3. 旅游公共服务的类型与内容

2007年,刘小军在国内首次提出旅游公共服务分为基础性服务、市场性服务、管理性服务三大类。李爽则认为旅游公共服务应包括旅游基础设施类服务、旅游公共信息类服务、旅游行业指导类服务、旅游安全监测类服务四大类。徐菊凤指出,旅游公共服务主要有旅游基础设施类服务、旅游市场推广类服务、旅游权益保障类服务等。综合国内的研究及实践成果,本研究认为,旅游公共服务主要包括针对广大旅游者的旅游交通便捷服务、旅游公共信息服务、旅游安全保障服务、旅游便民惠民服务等,也包括惠及旅游经营者和旅游者的旅游基础设施类服务和旅游公共行政类服务,如图 8-2 所示。

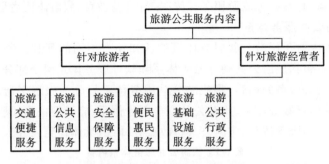

图 8-2　旅游公共服务主要内容

（1）旅游基础设施服务。

旅游基础设施服务是指为满足旅游者的公共需要而建设的各项物质设施的总称,主要包括公共交通、供水供电、通信网络、休憩设施、公厕建设等。

（2）旅游公共行政服务。

旅游公共行政服务是指政府以维护旅游者合法权益为出发点,建设服务型政府,所提供的旅游公共服务包括服务质量引导、监管和评价,引导文明出游,旅游公共服务宣传,旅游合作机制,旅游公共事业等。

（3）旅游公共信息服务。

旅游公共信息服务是指政府、旅游企业、社会组织等面向社会、市场、旅游者和旅游目的地居民所提供的旅游目的地相关信息资料,包括食、住、行、游、购、娱等方面的信息服务。

（4）旅游安全保障服务。

旅游安全保障服务是指旅游目的地政府及下属机构和组织所创造的安全放心的旅游环境,包括旅游安全信息服务、旅游安全预防服务、旅游安全控制服务、旅游应急救援服务、旅游善后处置服务等。

（5）旅游交通便捷服务。

旅游交通便捷服务是指旅游目的地内部方便、快捷的交通及相关配套服务,包括城市旅游交通设施、旅游集散中心、旅游交通标识、自驾游服务等。

（6）旅游便民惠民服务。

旅游便民惠民服务,顾名思义就是要让旅游者能够切实享受到的旅游优惠和便利措施,同时,便民惠民措施也对本地居民开放,有助于实现旅游在当地的社会效益。这是一项重要的民生工作,虽然不能直接带来巨大收益,但在有效提高旅游者满意度的同时,能让旅游目的地居民也能分享"旅游红利",感受到旅游的便利和快乐。旅游便民惠民服务主要包括免费旅游休憩场所、旅游便民设施、旅游惠民政策、特殊群体旅游服务保障、旅游公益教育、旅游志愿者服务等。

4. 旅游公共服务体系

目前，国内对于旅游公共服务体系的认知还有不同的理解。普遍认为旅游公共服务体系包括旅游公共硬件服务体系和软件服务体系两个部分。本研究按照上述旅游公共服务的内容，将旅游公共服务体系划分为旅游交通便捷服务体系、旅游公共信息服务体系、旅游公共安全服务体系、旅游便民惠民服务体系、旅游公共基础设施服务体系、旅游公共行政服务体系，具体详见表8-1。

表8-1 旅游公共服务体系内容

内容构成		表现形式
旅游交通便捷服务体系	旅游公共交通服务系统	城市公共交通、旅游交通节点服务、旅游交通通道服务
	旅游集散中心体系	包括集散中心、分中心、集散点组成的集散中心体系，逐步完善旅游集散换乘、旅游信息服务、票务预订等功能
	旅游交通标识系统	景区旅游交通标志牌、城市内部旅游交通引导标识、旅游交通导览图
	自驾游服务体系	自驾车旅游服务区、自驾车营地、自驾车救援服务、自驾车网络服务平台
旅游公共信息服务体系	旅游公共信息服务标准	由国家标准、行业标准和地方标准共同构成
	旅游公共信息服务渠道	旅游咨询中心、旅游公共信息标识、电子解说、旅游公共信息服务平台
	旅游重要信息发布	旅游服务质量信息公布、假日旅游预报、旅游目的地安全风险信息提示、旅游目的地宣传与营销
	智慧旅游公共信息服务系统	信息推送平台、信息咨询平台、信息反馈平台、技术支撑平台
	旅游公共信息服务人才保障	招录旅游公共信息服务专业人才，在人员配备、资金投入上给予持续支持

续表

内容构成		表现形式
旅游公共安全服务体系	旅游安全信息服务	安全信息提示服务、安全信息警示服务
	旅游安全预防服务	设施安全防范服务、旅游安全培训服务、安全知识教育服务、安全保障预案服务
	旅游安全控制服务	安全风险监测服务、应急响应服务和应急处置服务
	旅游应急救援服务	旅游救援联络、旅游救援协调和旅游救援实施
	旅游善后处置服务	旅游保险服务、安全担保服务、法律服务、评估评价服务、心理干预
旅游便民惠民服务体系	旅游休憩服务	惠民休憩环境、导引服务、便捷支付等
	便民惠民措施	旅游资源优惠或免费开放、旅游消费便利化、特殊旅行者群体旅游服务保障等
	旅游公益教育	旅游规矩教育、旅游伦理教育、旅游文化教育、旅游审美教育、旅游知识教育
	旅游志愿服务	旅游志愿服务的规范,志愿者的组织、培训和管理
旅游公共基础设施服务体系	旅游交通网络	包括航空、铁路、公路、水上运输、低空飞行等在内的旅游整体交通网络
	国民旅游休闲体系	构建宜居、宜游、宜业的国民旅游休闲网络
	旅游信息化基础设施	构建旅游交通服务平台和旅游休闲服务平台
	厕所革命	各种公共厕所等卫生设施的建设和管理
旅游公共行政服务体系	旅游合作机制	旅游公共服务的区域协作、国际旅游协作
	旅游质量引导、监管、评价	制定服务标准、行业规范;建立以旅行者满意度为核心的旅游质量管理体系,形成多层次的旅游服务质量监督管理机制;依法公正处理旅游投诉,完善旅游投诉机制,增加受理投诉的渠道和受理形式等
	引导文明出游	引导旅行者树立"品质旅游"观念,宣传绿色、环保出游
	旅游公共服务宣传	旅游公共服务宣传、旅游城市形象的包装与设计、各种旅游节庆活动的开展等
	旅游公益事业	旅游教育培训,促进旅游就业、旅游服务

(1) 旅游公共基础设施体系。

旅游基础设施是指为旅游者提供公共服务的物质工程设施,旅游基础设施服务是旅游公共服务实现的服务载体。旅游公共基础设施体系包括旅游交通网络系统、国民旅游休闲体系、旅游信息化基础设施、公共厕所与卫生设施等。

(2) 旅游公共行政服务体系。

旅游公共行政服务是政府发挥行政职能,履行行政义务的具体体现,是促进地方政府职能转变和保证旅游活动顺利进行的重要举措。通过建立旅游服务质量引导、监管、评价和改善机制,健全旅游投诉处理制度,改进旅游纠纷调解机制,引导旅游者文明、理性、绿色出游,开展旅游服务的宣传工作,组织旅游节事活动,建立部门间、区域间及境内外的旅游合作机制,发展旅游公益事业等。

(3) 旅游公共信息服务体系。

旅游公共信息服务是整个旅游公共服务体系的枢纽,旅游者获取各类公共服务信息的通道,是旅游基础设施服务、旅游公共安全服务的信息沟通渠道以及旅游公共服务内部联动的链条。旅游公共信息服务体系主要运用现代信息技术,依靠旅游公共信息标准来整合旅游信息资源,通过飞机场、高铁车站、高速公路等旅游者聚集区的旅游集散中心、旅游咨询中心网络、旅游热线、旅游网站、媒体等线上线下旅游信息服务集群,构建多样化、广覆盖的信息服务渠道,提供旅游的传统信息服务和现代网络服务。旅游公共信息服务体系包括旅游公共信息服务标准、旅游公共信息服务渠道、旅游重要信息发布、智慧旅游公共信息服务系统、旅游公共信息服务人才保障等。

(4) 旅游公共安全服务体系。

旅游公共安全服务体系是指为保障旅游者的公共安全而建立的专业服务体系。它向国内外旅游者提供旅游安全信息服务、旅游安全预防服务、旅游安全控制服务、旅游应急救援服务、旅游善后处置服务,包括旅游安全法律法规系统、旅游安全预警系统、旅游安全救援系统、旅游安全保险系统、旅游安全控制系统、旅游安全宣传教育系统等。

(5) 旅游交通便捷服务体系。

交通的便利、舒适、安全往往是旅游者选择旅游目的地的重要因素之一。旅游交通便捷服务主要依靠大交通快捷,小交通畅达的立体式旅游综合交通服务体系,包括旅游公共交通服务系统、旅游集散中心体系、旅游交通标识系统、自驾游服务体系等。

(6) 旅游便民惠民服务体系。

旅游便民惠民服务主要从旅游者的需求出发,向旅游者包括特殊弱势群体提供更多的旅游优惠政策和措施、便民设施和产品,真正实现旅游公共服务的均等化,具体包括旅游休憩服务、便民惠民措施、旅游公益教育、旅游志愿服务等。

(三)研学旅行公共服务

1. 研学旅行公共服务的概念

研学旅行作为"旅游+教育"的新兴业态,本质上是一种教育旅游活动,研学旅行的参与者在开展活动时,与其他旅游业态的参与者一样,需要完备的旅游公共服务支持。顾名思义,研学旅行公共服务就是政府及相关组织机构为满足研学旅行参与者的公共需求所提供的公共服务。

2. 研学旅行公共服务的内容

与其他旅游业态一样,研学旅行公共服务包括旅游交通便捷服务、旅游公共信息服务、旅游安全保障服务、旅游便民惠民服务、旅游基础设施服务和旅游公共行政服务,具体详见表8-2。

表8-2 研学旅行公共服务内容一览表

内容类型	表现形式
旅游安全保障服务	旅游安全信息服务、旅游安全预防服务、旅游安全控制服务、旅游应急救援服务、旅游善后处置服务
旅游公共行政服务	旅游质量引导、监管和评价,旅游公共服务宣传,旅游公益事业,引导文明出游
旅游便民惠民服务	便民惠民措施、旅游公益教育、旅游志愿服务
旅游公共信息服务	旅游公共信息服务标准、旅游公共信息服务渠道、智慧旅游公共信息服务平台、旅游重要信息发布
旅游基础设施服务	旅游交通网络、旅游信息化基础设施、厕所革命
旅游交通便捷服务	旅游公共交通服务系统、旅游交通标识、旅游集散中心体系

(1)研学旅行安全保障服务。因为研学旅行的主体是中小学生,基本属于未成年人,所以旅游安全保障服务是排在第一位的。

(2)研学旅行公共行政服务。制定研学旅行服务标准,规范研学旅行服务,加强研学旅行的质量监督,建设研学旅行基地,打造研学旅行精品线路。

(3)研学旅行便民惠民服务。研学旅行是由教育部门或机构组织的活动,是全体中小学生都参与的活动,要采取适当的旅游便民惠民服务措施,助力实现研学旅行的良性发展。

(4)研学旅行公共信息服务。在信息时代,政府及其相关机构所发布的旅游信息以其权威性得到广大旅行者的认可。特别是当前研学旅行市场初步形成,信息不对称的情况时有发生,迫切需要大量安全、可靠的公共信息服务。

(5) 研学旅行基础设施服务。良好的旅游基础设施,是研学旅行得以开展的必要条件。特别是"厕所革命"开展以来,对研学旅行基础设施服务又提出了新的要求。

(6) 研学旅行交通便捷服务。研学旅行以集体旅行为主,是走出校园的旅游活动,在一定程度上需要依赖交通工具,所以交通便捷服务对研学旅行的开展也非常重要。

3. 研学旅行公共服务的特点

研学旅行是以中小学生为主体的旅游活动,教育属性是研学旅行的本质属性,这些因素决定了研学旅行公共服务具有下列特点。第一,政府是研学旅行公共服务的主要提供者。研学旅行目的地以人文设施为主,目的地推广和基础设施建设具有公共产品的非竞争性和非排他性特征,单靠市场力量无法实现。公共信息服务的不均衡需要政府的介入,才能更好地保护旅游者权益。便民惠民服务需要政府的投入,才能保障研学旅行公共服务的社会均等化。第二,在确保安全前提下,公共信息服务、便民惠民服务、公共行政服务在研学旅行中发挥着更大的作用。研学旅行目的地多数在城市及周边,基础设施和交通便捷服务条件已经相对比较完善,需要提升公共信息服务、便民惠民服务、公共行政服务的总体水平才能更好地适应旅游者不断增长的需求。

4. 公共服务对研学旅行发展的影响

这是公共服务大发展的一个时期,在我国服务型政府建设日益深入的背景下,旅游公共服务将直接影响旅游消费需求的有效满足、旅游产业素质的整体提升、政府职能的有效行使、社会和谐公平的最终实现。建设完备的旅游公共服务体系是新时代中国旅游业发展的迫切要求,也是研学旅行发展的迫切要求。

(1) 满足旅游者对旅游公共服务需求的现实选择。

随着中国经济的发展和居民消费水平的升级,旅游方式已经从传统的观光旅游向体验旅游转变,研学旅行作为参与性非常强的一项旅游活动,其参与者将更加注重旅游活动的自主性、灵活性和多样性,更加关心旅游品质和安全,对研学旅行的信息咨询、安全保障、交通指引以及旅游目的地的基础设施、便民服务等的需求更加强烈,要求更高。研学旅行者对旅游公共服务的需求急剧增长,但我国旅游公共服务的供给数量明显不足,两者之间的矛盾制约着我国研学旅行的进一步发展。因此,为了满足研学旅行参与者的需求,提高旅游者的体验水平与满意度，真正体现执政为民、以人为本的理念，进一步推动我国研学旅行快速发展，客观上要求要建立以旅游者满意度为导向的研学旅行公共服务体系。

（2）提升研学旅行总体质量的可靠保证。

研学旅行作为新兴的旅游业态，发展刚刚起步。目前研学旅行市场还存在一定的垄断和不正当竞争的情况，部分不规范的研学旅行服务会带来一系列负面影响，因此，政府部门需要积极推进自身职能的转型，增强公共服务意识和职责，通过加强对研学旅行的监管，统一研学旅行服务标准，有效接收和处理旅游者投诉，引导旅游者树立"品质旅游"观念等服务举措，形成多层次的研学旅行服务质量监督管理机制，有效激发研学旅行市场主体的创新积极性，增强整个行业的综合素质，从而保证研学旅行市场的总体质量，保障旅游者的公共利益。

（3）推动研学旅行持续健康发展的坚实保障。

研学旅行涉及自然、社会、文化、科技、国防等丰富的资源，不是单靠教育部门和旅游部门就能推动的，需要整合各个相关部门的力量，打造部门之间联动的研学旅行公共服务平台，实现公共资源的共建和共享，共同推进研学旅行的健康有序发展。

二、发展研学旅行的意义

（一）开展家乡情教育的有效载体

研学旅行作为教育旅游的一种重要形式，对整个中国教育事业的发展具有深远影响。研学旅行以丰富的地域文化、历史遗迹和自然风光为背景，提供了一个绝佳的平台，让学生们在走出课堂、亲近自然的同时，深入了解我国的历史地理和社会文化。以湖北省为例，湖北省政府高度重视研学旅行的推广与实施。在《关于促进旅游业改革发展的若干意见》中，国家已经强调了研学旅行在培养青少年对国情的认知、爱国情感及革命传统理解方面的独特作用。教育部联合多部门发布的《关于推进中小学生研学旅行的意见》进一步明确了研学旅行的教育目标，即通过构建涵盖乡情、县情、市情、省情乃至国情的研学课程体系，来逐步培养学生的全面认知能力和实践技能。湖北省以悠久的历史和灿烂的文化成为研学旅行的宝地。从楚文化的发源地到现代工业的摇篮，从秀美的长江三峡到神秘的神农架，每一处都蕴含着丰富的教育资源。学生们在黄鹤楼下吟诵古诗文，体验千年文化的沉淀；在武当山学习道教哲学，感悟自然与和谐的智慧；在武汉长江大桥旁了解现代化建设的成就，激发对未来的憧憬。这些富有教育意义的研学旅行活动，不仅能够增强学生对湖北乃至中国的认同感和归属感，还能在青少年心中培育出对家乡的热爱和对国家的忠诚。更重要的是,它们帮助学生建立了一种终身学习的态度,为他们今后的成长打下坚实的基础。因此,研学旅行不仅是开展家乡情教育的有效载体,更是塑造未来公民的重要平台。

(二)扩大湖北知名度的有力工具

湖北省作为中国中部的重要省份,拥有丰富的国家级研学资源,这些国家级研学资源散布于武汉、宜昌、荆州等13个地级市,覆盖了自然风光、生物多样性、地质奇观、历史遗址、革命圣地等多个领域。通过积极发展研学旅行,湖北省有机会深入挖掘这些资源的潜力,并能向外界展现其多元和独特的教育资源。在研学旅行的旗帜下,湖北省可以讲述具有地方特色的故事,弘扬湖北精神,传播湖北文化。游客们在实地考察三峡大坝时,了解到的不仅是工程技术的壮举,还有背后的环保理念和科技创新;在探访武当山古迹的过程中,游客们能感受到道教文化的神秘,还能学习到古人智慧和与自然和谐相处之道;追溯着辛亥革命武昌起义的脚步,游客们不仅能重温革命历史,还能深刻感受国家和平与发展的珍贵。如此深度的体验式学习,使每一位研学旅行者都能成为湖北文化的传播者。他们的亲身体验和口碑相传,无疑将增强湖北在国内外的影响力,提升其知名度。尤其是对于外地游客而言,这样的研学活动不仅仅是旅游经历,更是对湖北深厚文化底蕴的认知与认同。研学旅行不只是教育创新的方式,它还成为了推广湖北、扩大其在国内外影响力的有效途径。通过这种模式,湖北省将瑰丽的自然景观、丰厚的历史文化和生动的红色故事呈现给世人,从而不断提升自身的魅力和知名度,为地方经济和文化的全面发展贡献力量。

(三)促进湖北旅游升级的有效方式

近年来,湖北省以其丰富的历史文化和自然景观吸引了众多国内旅客,带来了显著的旅游消费活力。然而,在这片美丽的土地上,研学旅行的比例仍有较大的提升空间,市场潜力巨大。据统计,尽管我国研学旅行市场呈现出蓬勃的发展势头,但湖北省在这一领域的渗透率仍显不足。展望未来,随着国家对研学旅行重视程度的提升以及家长和学校对素质教育的追求,研学旅行行业预计将保持高速增长,其市场渗透率也将显著提升。因此,湖北省依托深厚的文化底蕴和独特的自然资源,有发展研学旅行得天独厚的优势。通过精心设计与创新,结合湖北的地方特色,开发一系列主题鲜明、寓教于乐的研学旅行线路,不仅能吸引学生群体,也能吸引广大有求知欲和探险精神的游客。例如,沿着长江进行生态考察、在黄鹤楼前重温古诗文、在武汉科技馆探索科学奥秘等,这些活动无疑将丰富湖北的旅游产品,提升旅游体验的品质。此外,推动研学旅行的发展还将促进湖北省文旅产业融合,实现文化资源的整合与创新性转化。这不仅能够增强旅游市场的活力和吸引力,还能够拓展旅游产业的发展空间,提升旅游服务的整体水平。同时，培育一批具有教育情怀和高质量服务能力的研学旅行企业，能进一步推动全域旅游的发展，带动地方经济的增长。发展研学旅行是促进湖北旅游产业升级转型的有效方式，它不仅能够满足现代人对于旅游更高层次的精神需求，还能够为湖北省打造一个更加活跃、更具吸引力、更有深度的旅游市场，实现旅游产业的持续健康发展。

第二节　研学旅行公共服务存在的问题及原因

一、研学旅行公共服务存在的问题

（一）旅游公共基础设施发展不均衡

研学旅行作为教育旅游的一个重要分支，逐渐受到社会各界的关注。然而，在快速发展的同时，我们也面临着一些亟待解决的问题，其中最为突出的问题就是旅游公共基础设施发展的不均衡。

以湖北省为例，湖北省内的国家级研学资源分布极不均衡，大部分优质资源集中在武汉、宜昌等大城市及其周边地区，而鄂西、鄂北等地的资源相对较少，这在一定程度上影响了这些地区研学旅行的发展。尽管省级研学实践基地的建设正在逐步推进，但市、县级的研学资源仍然以当地的博物馆和爱国主义教育基地为主，种类和数量均有限。从交通条件来看，虽然近年来湖北各地的旅游公共交通有了显著改善，高速公路网覆盖了主要城市，但是一些偏远乡镇的研学资源受自然条件和道路设计限制，仍然难以满足35座及以上客车的通行需求。部分乡村的红色研学资源尚未完成"最后一公里"的建设，这无疑增加了研学旅行的组织难度。此外，除了国家级和重点研学基地外，许多研学资源地的交通配套设施并不完善，尤其在旅游高峰期，停车难的问题尤为突出。而在卫生设施方面，虽然城市研学基地的厕所建设较为完善，甚至有些成为了特色景观，但乡村研学基地的厕所却常常面临无人管理、维护不善的情况，这也影响了游客的体验质量。研学旅行的公共服务设施存在明显的区域不均衡问题，这不仅制约了研学旅行的普及和深入发展，也影响了湖北旅游业的整体竞争力。因此，加强基础设施建设，特别是提升偏远地区的交通和卫生质量，是研学旅行发展中不可忽视的重要课题。

(二)旅游安全保障服务措施不到位

在湖北省积极推动研学旅行的同时,旅游安全保障服务措施的不到位成为了一个不容忽视的问题。根据调查问卷的结果,安全保障始终是旅游者最为关心的要素之一。研学旅行的顺利开展需要政府、学校、教育企业、旅行社以及研学基地等多方的共同协作,构建起一个完善的产业链条。然而,当前湖北研学旅行的整体消费环境仍有很大的改善空间。

市场上的研学旅行产品存在质量不一的情况,许多旅行社和研学机构未能充分考虑学生的特殊需求,导致"只游不学"的现象普遍存在。更有甚者,为了追求利润最大化,一些组织擅自降低餐饮和住宿的标准,没有按照规定配备足够的专业研学导师和领队人员,甚至采取不当手段诱导家长和学生进行额外消费。此外,一些研学基地的安全设施老旧,安全标识不明显,缺乏专业的安保人员。安全警示信息更新不及时,不能有效地向学生传达必要的安全知识。这些问题不仅影响了研学旅行的体验质量,更重要的是对学生的人身安全构成了潜在威胁。鉴于此,湖北省需要加大对研学旅行市场的监管力度,规范研学产品的质量和服务标准,同时对研学基地进行安全评估和升级改造,确保安全设施完善、安保措施到位。只有当安全问题得到妥善解决,家长和学生才能放心参与研学旅行,湖北省的研学旅行市场才能健康、持续地发展。

(三)旅游便民惠民服务不充分

研学旅行正逐渐成为教育旅游领域的一个亮点,然而,湖北省在提供公共服务方面仍存在一些不足之处。尤其是旅游便民惠民服务方面准备不充分,这已成为制约研学旅行发展的原因之一。根据湖北省相关部门发布的指导意见,中小学生参与研学旅行的费用一般由学生家庭承担,但对于义务教育阶段的低保户、特困人员子女以及高中阶段困难家庭的学生来说,这样的费用负担可能会成为他们参与研学旅行的障碍。目前,对于这部分群体是否有相应的减免政策,尚未有明确的说明,这在一定程度上限制了旅游惠民政策的普及并影响了政策实施效果。

此外,"湖北人游湖北"等旅游年票项目虽然为本地居民提供了便利,但在覆盖面上还有待加强。国家级研学资源纳入年票项目的并不多,这对于希望通过年票享受更多旅游资源的居民来说,无疑减少了吸引力。同时,旅游公益教育的开展范围相对狭窄,主要集中在部分研学基地及其周边的学校和社区,而广泛的县、乡镇地区则鲜有涉及,这也限制了公益教育资源的均衡分配和利用。

在旅游志愿组织和志愿服务方面,湖北省虽然取得了一定的成效,但总体来看,还存在不少问题。目前,专门针对研学旅行的志愿服务队伍尚不健全,现有的志愿服务主要集中在景区讲解和应急救援等方面,缺乏研学旅行的特色化和专业化服务。

(四)旅游公共信息服务不多元

湖北省作为拥有丰富文化和教育资源的大省,研学旅行的潜力巨大。然而,当前的智慧旅游发展却未能与时俱进,特别是旅游公共信息服务方面存在不少问题,这在一定程度上制约了研学旅行等新兴业态的快速发展。首先,湖北省尚未建立统一的研学旅行公共服务平台,这使得学校、研学企业与机构之间的需求和供给难以有效对接,导致资源配置效率不高,信息流通不畅。全省各地的智慧旅游发展水平参差不齐,信息技术应用能力存在差异,一些国家级研学基地甚至未能完全融入旅游大数据平台,使得线上服务能力有限,无法满足现代旅游者的需求。在营销手段上,湖北省的研学旅行也显得较为单一,缺乏一个覆盖广泛、层次多样的宣传营销体系。营销活动往往未能精准定位目标客户群体,导致品牌建设缺乏特色和吸引力。从客源结构来看,省内游客数量有限,而省外游客更是稀缺。研学旅行的推介力度不足,营销渠道狭窄,缺少能够广泛触达受众的平台来推广目的地。创新性的营销策略不多,分层营销也不够精准,这些因素共同导致了湖北研学旅行品牌知名度和影响力不足的问题。湖北省在推进研学旅行的过程中,迫切需要加强智慧旅游建设,提升公共信息服务多元化和智能化的水平,同时加大营销创新和品牌塑造力度,以促进研学旅行产业的健康发展。

(五)旅游公共行政服务不完善

首先,在政策的扶持和引导上,与邻近省份相比,湖北省对于研学旅行的重视程度和政策出台的速度稍显滞后。尽管在文件中多次提及研学旅行的重要性,但具体的配套政策和实施细则尚未完善,这在一定程度上制约了研学旅行的健康发展。根据《研学旅行服务规范》的要求,研学旅行的组织和实施应当由具备法人资质的旅行社来承办。然而,在湖北省的实际操作中,这一规定并未得到严格执行。许多在工商部门注册且经营范围包括策划组织学生校外实践活动及相关业务的企业也都纷纷涉足研学旅行的领域。这种从业门槛相对较低的现象,虽然在一定程度上增加了市场的活力,但也给管理和质量控制带来了挑战。其次,在研学旅行的实施过程中,政府各部门之间的责任分工并不明确。教育、文化旅游、交通运输、公安、市场监管等部门虽然都有责任为研学旅行提供支持和保障,但在具体操作中往往缺乏明细化的责任分工和协调机制,导致在市场监督和管理上出现了不少缺位现象。更值得注意的是,湖北省研学旅行的投诉机制也尚不完善。许多旅游者在遇到问题时,往往对投诉渠道知之甚少,甚至不知道应该向哪个部门反映问题。这在一定程度上影响了旅游者的权益保障和研学旅行行业的整体形象。最后,湖北省在研学旅行人才的培养上也存在明显的短板。目前,既懂旅游知识又了解教育学的人才相对缺乏,这也在一定程度上制约了研学旅行的专业化和高质量发展。

二、研学旅行公共服务存在问题的原因分析

(一)对公共服务理念的认识不到位

新公共服务理论将服务公民作为核心理念。政府履行的是服务者角色,而不是管理者,公共利益的实现是政府的首要目标,政府的作用在于帮助公民表达和实现他们的共同利益,强调为公民服务而不是为顾客服务。服务型政府已经成为我国政府机构改革的方向。近年来,湖北省从顶层设计、平台建设、流程优化、电子审批等方面入手,在服务型政府建设方面取得了一定成绩,但对旅游公共服务还缺乏足够的重视。首先,对研学旅行的非排他性和非竞争性认识不足,在客观上将研学旅行与其他旅游业态相等同,并没有很好地认识到研学旅行在加强青少年思想教育,提升广大中小学生综合素质方面的重要作用。其次,缺乏跨部门协作提供研学旅行公共服务的意识。从研学旅行的主体出发,片面地将研学旅行当作教育部门为主,多部门共同参与管理的旅游业态。最后,忽视了旅游者的公共权益,没有将旅游者放在与政府对等的层面上。旅游者既是旅游公共服务的一线体验者,也是旅游公共服务的重要参与者。迄今为止,研学旅行应该怎么组织,还没有具体的标准和规范出台。正是观念上的认识不到位,使得研学旅行的保障机制构建缺乏重要的思想基础,未能构建一个有效的保障机制来确保研学旅行顺利高效开展。

(二)政府公共服务水平有待提高

从公共服务的全新视角来审视,服务的核心对象应是公民,而非单纯的顾客。这意味着,政府在提供服务时,应当持有公民本位的态度,并努力提升服务的品质和效率。以湖北省的研学旅行为例,虽然该省拥有丰富的研学旅行资源,但渗透率并不高,公民对这些本土资源的了解也相对有限。这背后与政府公共服务水平的不足有着密切的关系。首先,服务供给主体的单一性是一大问题。目前,湖北省的研学旅行公共服务主要由政府部门提供。随着全域旅游时代的到来和研学旅行等新业态的快速发展,单纯依赖政府投入的模式已经难以满足公众日益增长的需要和多样化的需求。与此同时,与周边省份相比,湖北省在旅游经费和旅游宣传促销专项资金的投入上显得较为薄弱。例如,与广西、云南、四川等省(自治区)相比,湖北省的旅游经费和旅游宣传专项经费均有所不足。这种投入不足直接影响了旅游公共服务的效果和研学旅行的推广。其次,服务

供给的质量也有待提高。目前，湖北省的研学旅行公共服务主要集中在提升旅行过程中的便利性和完善基础设施上，如交通的便捷性等。然而，对于公民更深层次的需求，如公共信息的需求等，却未能给予足够的重视。此外，旅游营销宣传主要面向外省旅游者，缺乏针对本土旅游者的精准宣传和推广。这种服务供给不均衡且质量不高，无疑限制了研学旅行的进一步发展。

(三) 旅游公共服务公益目标模糊

新公共服务理论强调，政府的核心职责之一是提供一个平台，让公民能够自由地表达他们的意愿，并确保决策在实质上和程序上都符合公共利益。研学旅行本质上具有显著的公益性，因此，在推动研学旅行发展的过程中，应当充分考虑到不同群体的利益，积极倾听来自各个层面旅游者的意见和需求。然而，当前旅游公共服务公益目标模糊。首先，经济门槛成为普及障碍。尽管湖北省拥有众多国家级研学旅行基地和一系列特色研学课程，但是不少家庭难以承担最基本的研学旅行产品费用。这种状况导致经济条件较差的学生失去了通过研学旅行提升个人素质的宝贵机会，加剧了旅游公共服务的不平等现象。其次，资源对接与沟通机制缺失。家长和学生对于参与研学旅行的热情高涨，学校也对组织研学旅行活动有着明确的需求，湖北省迫切需要建立一个有效的沟通和资源对接平台，以便学校能够清晰地了解各基地或资源方能够提供的服务内容，使得研学旅行的组织和实施更加高效和顺畅。最后，公共服务完善度不足。政府应关心公民的声音，不断地收集旅游者的反馈意见，并据此不断完善公共服务制度。遗憾的是，湖北省目前尚未建立起这样一个能够有效反映和满足公民需求的平台，导致旅游公共服务的公益目标不够明确，无法充分体现新公共服务理论的精神。

(四) 相关监管机制不健全

新公共服务理论一直强调公民参与的核心地位，认为公民的积极参与是提升公共服务质量的关键。目前，湖北省尚未设立专门的研学旅行管理机构，这导致公民参与研学旅行公共服务建设的程度相对较低。同时，公民在参与研学旅行公共服务决策时缺乏必要的法治保障，使得他们的声音和需求难以被有效纳入决策过程中。为了规范研学旅行市场，各相关部门应根据教育部等11部门联合印发的《关于推进中小学生研学旅行的意见》要求，从各自职责出发，加强对市场的监管。然而，在实际操作中，教育、文化旅游、市场监管等部门在研学旅行领域的责任分工并不明确，缺乏具体和明细化的职责划分。这导致各部门间难以形成合力，存在一定的监管缺位现象。例如，学校的研学活动主要由教育部门管理，而旅行社、景区、研学基地的研学活动则由文化旅游部门监管。教育机构的经营活动又受到市场监管部门的约束。由于部门间缺乏有效的沟通和协作，监管存在重叠和空白地带,无法全面覆盖研学旅行的各个环节。此外,一些地方政府通过购买服务的方式确定研学旅行的承办方后,便将责任全部推给教育机构或旅行社,导致监督和管理严重缺失。再加上行业标准约束力不强和地方具体政策的缺失,使得湖北研学旅行市场出现了混乱现象,严重影响了研学旅行公共服务的整体水平和质量。

第三节 研学旅行公共服务实践经验启示

一、研学旅行公共服务发展概况

改革开放40多年来,中国的旅游公共服务也得到了长足的发展,甚至在一定意义上替代了社会公共服务,这是具有中国发展特色而又与发达国家不同的情况。旅游公共服务在研学旅行领域不断应用,研学旅行公共服务也跟随国家旅游公共服务的发展而不断完善。

(一)旅游基础设施与交通便捷服务稳步推进

截至2023年年底,全国铁路营业里程达到15.9万千米,其中高速铁路营业里程达4.5万千米,国家高速公路建成里程17.7万千米,各个国家级研学基地所在地都有高速公路直达,全国建成通用机场449个,各个主要研学基地所在城市均建设了机场,为旅游出行提供了更多便利。旅游通达条件持续改善,建设了一定数量的"空铁联运""空地联运"和"公铁联运",基本实现"大交通"(从客源地到旅游目的地的交通)便捷,"小交通"(景区内或景区与景区之间近距离的交通)畅达。主要交通沿线的景区景点标识导引设施基本建设完成。

通信网络覆盖范围进一步扩展,旅游信息服务基础不断巩固。近年来,国家先后颁布《中国旅游业"十二五"发展规划信息化专项规划》《关于促进旅游业改革发展的若干意见》《关于促进智慧旅游发展的指导意见》等政策性文件,各级地方政府也配套出台了相应的规划和措施,其中,对旅游基础设施服务提出了明确的要求。各地在旅游景区内设置地图导航设备、代表性地标、布置更多的公共Wi-Fi站点,同时开发本地的旅游移动客户端软件(APP),将智能交通、数字城管、数字环保、智慧医疗等城市公共基础设施与旅游服务系统对接或设置相应的服务模块,进一步健全旅游基础设施服务体系,逐步形成包括旅游资讯网、旅游政务网、旅游商务网等在内的覆盖国内外多个语种的智慧旅游网站集群,建立包括景区、酒店、旅行社、旅游品商店、旅游车船公司和导游从业人员的智慧旅游基础数据库,在此基础上建成微信、微博、移动应用终端(APP)等新媒体旅游网络营销服务系统,实现省际和跨省的旅游数据交换和共享,为开展区域旅游合作奠定了基础。

(二)旅游公共信息服务体系建设不断完善

旅游咨询服务中心基本实现了旅游者集中区域的全覆盖。旅游咨询网站、智慧旅游终端等旅游信息服务平台相继建成。2015年9月,12301国家智慧旅游公共服务平台正式运营,总部落户江苏常州。江苏是国内最早开展智慧旅游建设的省份,于2010年开展智慧旅游项目建设。随后,北京、福建、湖北、四川、浙江、天津、山东等省陆续鼓励、支持和推动省级智慧旅游公共服务平台的建设,并逐渐在全国范围内推广。智慧旅游服务平台建立以后,主要实现旅游公共信息的采集与发布、旅游产业监管信息的采集(包含旅游投诉的受理接口)、景区旅游者承载量统计与预警、旅游形象海外推广、旅游大数据集成分析等功能,能够为政府部门、旅游企业、旅游者提供服务,实现高效方便的一站式旅游体验服务,有效提升了吸引外国旅游者的力度,增强了中国旅游业的竞争力。

(三)旅游安全保障体系建设常抓不懈

面向旅游者构建具有针对性的旅游安全保障体系,切实为旅游者提供旅游全程的公共安全服务,这是在结构性调整期解决我国旅游业安全突发事件频发的有效措施,是政府坚持以人为本理念,推进国家治理现代化的具体体现,是塑造和完善我国旅游形象,提升竞争力,使我国由旅游大国转变为旅游强国的重要条件。2018年10月新修订的《中华人民共和国旅游法》中明确规定了县级以上人民政府和旅游主管部门的安全责任。各地也加强了安全防范工作布置和安全检查,做好了旅游安全保障工作。云南省在全省范围内设立专门的旅游警察队伍,开展涉旅场所安全隐患大排查大整治工作,重拳打击涉旅多发性违法犯罪活动,强化旅游景区景点和旅游行业场所的治安管理;黑龙江省严厉打击涉旅黑恶势力和侵害游客合法权益的违法犯罪行为,切实保护游客的旅游安全;大连市重点加大对交通安全、食品安全、消防安全等方面的警示和防范力度,在旅游者中开展旅游安全知识宣传活动。

(四)多种举措推动便民惠民服务

政府不断推出各种旅游便民惠民政策和措施。首先是惠民政策,推动公益性研学基地免费向公众开放。《关于推进中小学生研学旅行的意见》中明确要求,中小学生研学旅行公路和水路出行享受儿童票价优惠,文旅部门要对中小学生研学旅行实施减免场馆、景区门票政策。各地也出台了具体的细化措施,如长沙市就规定对义务教育阶段低保户及特困人员子女和高中阶段建档立卡、低保户、贫困残疾人家庭及特困人员子女的研学旅行实施减免政策,每人每年补贴800—1000元。其次是便民措施,通信、邮政、医疗等旅游服务设施功能不断完善,旅游者可以通过移动互联网实现便捷支付,研学旅行目的地针对特殊群体的服务水平也在不断提升。杭州市在2018年10月发布全国首个《残障人员旅游服务规范》地方标准,着力打造"无障碍旅游城市"名片。

(五)旅游行政服务日益规范

2012年,教育部成立专项课题研究小组,选取安徽、江苏、陕西等8个省(区、市)开展研学旅行试点工作。2013年至2014年,安徽省先后发布了《关于开展中小学生研学旅行试点工作的通知》和《安徽省研学旅行基地建设与服务规范》,对当地研学工作提出具体要求,规范了研学旅行实践基地的建设。2014年8月,国务院发布《关于促进旅游业改革发展的若干意见》中首次明确,将"研学旅行"纳入中小学生日常教育范畴。2016年11月,教育部等11个部门印发《关于推进中小学生研学旅行的意见》,这是国家层面第一个系统性指导研学旅行的文件。同年12月,原国家旅游局发布行业标准《研学旅行服务规范》,进一步规范了研学旅行服务流程。各省对应《关于推进中小学生研学旅行的意见》,纷纷出台相应的政策。截至2019年5月,已有广东、重庆、湖北等22个省市区积极响应国家政策,出台研学旅行相关地方政策,推动本地研学旅行持续、良性发展。各地还根据自身情况,积极推进研学旅行的标准化建设,出台适合本地应用的研学旅行政策和措施。2018年4月,山东省济南市发布《市中区中小学生研学旅行工作管理办法(试行)》,对研学旅行的内容与形式、组织与管理、服务与安全等各方面要素进行了界定,同时对课程设计、资源选择、报名组织、食宿交通、安全措施、应急救护、委托程序、科学评价等问题和具体流程提出了明确、可操作的标准,这也是全国范围内首个以区域为单位的研学旅行管理办法。同年8月,国内的首部中小学生研学旅行系列标准在武汉市发布,包括《服务机构评定与服务规范》《研学基地评定与服务规范》和《研学导师评定与服务规范》三个考评标准,以量化到分的方式,对从事研学旅行的基地、机构、导师三方面进行了标准设计和标准规定,这是国内地级市首个可操作的规范中小学研学旅行的标准。

二、研学旅行公共服务的特点

（一）注重旅游公共基础设施和旅游交通便捷服务

旅游基础设施是支撑旅游目的地开展旅游公共服务的载体，与研学旅行密切相关的有旅游交通网络、旅游信息化基础设施、厕所革命等。旅游交通服务质量是影响旅游者整体出游体验的重要因素之一。交通的便利、舒适、安全往往成为旅游者选择旅游目的地的重要因素。中国旅游经历了入境游、国内游、出境游的超常规发展，旅游公共服务已经成为中国旅游业发展的明显短板，其中比较突出的就是基础设施落后和交通便捷服务不足，而这两项服务因为工程浩大、涉及面广，又必须由政府投入和组织实施，所以，近年来中央和各地都在加强旅游公共基础设施和旅游交通便捷服务的建设。同时，聘请第三方评估单位，对研学旅行活动进行独立打分，这就能够保障研学旅行基地的质量。

（二）应用现代技术提升旅游公共信息服务水平

国内的旅游信息不对称现象由来已久，且旅游信息资源得不到充分利用。随着互联网技术的发展，旅游者获取信息的方式更加灵活和快捷，对旅游公共信息服务的要求也相应提高。国家2001年启动"金旅工程"，大力推进旅游信息化建设，旅游经历了数字化、智能化的过程，正在逐步向智慧化发展。智慧旅游的建设也包括政府及相关组织机构所提供的旅游公共服务，即运用现代科技手段，整合现有的旅游公共服务设施条件和服务内容，为旅游者提供更为方便快捷的服务。智慧旅游应用先进的技术手段，植入旅游的运营和管理中，能为旅游者、旅游服务商提供更多个性化、自助式、一站式的旅游服务。景区的旅游服务中心已经能够提供包括免费Wi-Fi、智能导游、实时旅游者数量和游览舒适度提醒等服务。北京市A级景区已全部实现了自助导览和虚拟旅游。安徽、天津、河南等地已经实现3A级以上景区Wi-Fi全覆盖。电子化的旅游公共标识系统正在逐步完善，吃、住、行、游、购、娱等旅游信息通过网站、微博、微信公众号、移动客户端（APP）等平台进行发布，内容更精准，语种更多样，能方便中外旅游者更好地开展研学旅行。

（三）旅游便民惠民措施落到实处

旅游便民惠民服务无论在哪个国家都是一项重要的民生工作，是旅游发展包容性的体现，是有效实现旅游公共服务均等化，促进地方旅游业实现可持续发展的重要保障。研学旅行是带有公益性的旅游活动，为旅游者提供旅游便民惠民服务,将让他们真正获得实惠,体现旅游公共服务的公平性和均等化,实现研学旅行的城乡一体化发展,让全民共享旅游发展的成果。很多地方在出台关于推进中小学研学旅行的具体政策时,提出了关于困难家庭学生的减免和财政补助措施,并明确经费的来源,切实为困难学生带来了实惠。

(四)深化旅游公共行政服务

旅游公共行政服务主要由政府提供,是政府发挥行政职能,履行行政义务的主要体现,是促进研学旅行发展的重要举措。近年来,各地完善旅游者与政府之间的沟通协调工作,增加投诉受理渠道,努力提高旅游者的满意度。如黑龙江调动全省各政府部门和旅游行业协会的力量共建优质旅游环境。重庆则规定,凡因管理、组织、处理不当而造成学生意外伤害、实践活动无序低效等情况的企业,列入黑名单,3年内不得承接区域研学旅行活动。浙江省规定,建立浙江省级研学营地、基地标准和不达标营地、基地摘牌退出机制。

三、国内研学旅行公共服务发展的启示

(一)完善研学基地基础设施建设

研学基地是研学旅行的活动平台,所以研学基地基础设施的服务水平直接影响研学旅行的品质。从外省的经验看,既要完善研学基地自身的基础设施建设,也要完善同一地域内不同研学基地之间的基础设施建设,构建研学旅行基地服务网络或研学旅行基地服务集群,以利于整合优化当地的研学旅行资源,提升研学旅行公共服务质量。如江苏省首次公开发布的研学旅行产品,包含6大类46条优质线路,这就是合理开发现有旅游资源,丰富研学旅行产品的实例。

(二)出台研学旅行的标准

旅游标准化是提升旅游业总体素质和竞争力的重要手段,以地方性标准的形式制定研学旅行的服务标准和正式的从业标准以及营地建设标准,是对国家研学旅行发展政策的细化,有助于规范研学旅行市场的准入门槛,建立有效的研学旅行内容评价体系,强化研学旅行的标准化管理,提升服务质量,进一步满足旅游者的需求。如武汉市相关部门制定的《武汉市中小学生研学旅行标准编制》在研学旅行的机构、基地、研学导师等方面列出了详细的考评标准,让全市中小学校开展研学旅行"有规可依",具有范本价值。

(三)加强对研学旅行的监管

研学市场的规范离不开政府的监管,需要进一步加大督查力度,不断深化和

创新监管方式。首先,严格审查承办研学旅行的企业资质,对没有资质和课程实施能力差的企业坚决说"不",净化市场环境;其次,加强对研学旅行项目的审核,严防某些企业打着"研学"的旗号乱收费,加大对"野导""黑车""黑店"的整治力度,优化市场秩序;最后,探索研学旅行的执法模式,建立研学旅行反馈系统,形成旅游市场综合监管新格局。如杭州市通过设立旅游警察和旅游巡回法庭,建立一整套旅游目的地综合治理机制,使旅游环境秩序有了明显好转。

(四)提升旅游公共信息服务品质

组建线下的旅游集散中心以及旅游咨询中心,组建线上的旅游官方网站、12301智慧旅游服务平台等旅游公共信息服务体系,有助于拓宽研学信息传播渠道,让更多的旅游者能够及时掌握旅游信息,同时也可以提高研学旅行的决策水平。如杭州市加强城市旅游公共咨询体系建设,着力打造国内一流的旅游门户网站。

第四节 研学旅行公共服务创新的对策

研学旅行兼具教育和旅游的双重属性,实现了旅游与文化的有机结合,研学旅行的兴起将助力全域旅游,推动文旅消费升级,促进旅游产业创新发展。我国研学旅行资源丰富,要进一步发展研学旅行,就要加强公共服务建设,提高公共服务水平,努力推动公共服务的转型和创新。

一、充分认识发展研学旅行公共服务的重要性

研学旅行公共服务是一个"大服务"理念,它不仅包括出行中的服务,也包括出行前和出行后的公共服务,是一个服务的闭环。优质的研学旅行公共服务,不仅包括便捷的交通、舒适的如厕、安全的环境,也包括严密的监管、优惠的门票价格、对特殊群体的关爱以及强大的智慧旅游服务等。

(一)发展公共服务是转变政府职能的内在要求

新公共服务理论强调,政府的职能是服务而非掌舵。国务院《关于进一步做好旅游公共服务工作的意见》中明确要求,要转变政府职能、创新工作机制、加强统筹协调,完善旅游公共服务体系,丰富旅游公共服务内容,提升旅游公共服务

质量与水平。研学旅行关系到下一代人的健康成长,随着服务型政府建设的不断深入与发展,要求政府树立公共服务理念,重视旅游者的公共利益,切实转变政府职能,不断提升公共服务水平,有效解决服务存在的问题,满足旅游者日益增长的公共需求,为旅游者提供更为舒适、贴心的公共服务。

(二)发展公共服务是旅游扩大开放的客观需要

发展公共服务是我国旅游扩大开放的客观需要,尤其是对于研学旅行这一新兴领域。我国拥有丰富的历史文化和自然景观资源,为研学旅行提供了广阔的发展空间。随着"一带一路"倡议的深入推进,我国旅游业迎来了新的发展机遇。以湖北省为例,湖北地处长江中游,是中国的重要交通枢纽和科教重镇。湖北省拥有丰富的历史文化遗产,如武汉、黄石、荆州等城市都有着悠久的历史和独特的文化特色。此外,湖北省还拥有世界知名的景观,如三峡大坝、神农架、武当山等。这些资源为研学旅行提供了丰富的素材和案例。发展公共服务将有助于推动湖北省旅游业的转型升级,提高旅游服务质量。通过加强与国内外教育机构的合作,湖北省可以吸引更多的国际游客来华进行研学旅行,促进旅游业与教育、文化交流等领域的融合发展。同时,发展公共服务还将推动湖北省旅游与国际先进标准接轨,提升旅游公共服务的区域间协同治理水平。因此,可利用"一带一路"倡议带来的机遇,加大对外宣传力度,宣传我国旅游形象,吸引更多的国际游客。通过开展跨平台间的协作,丰富旅游公共服务的内容,加强与世界各国的旅游文化交流,推动文化与旅游的融合发展,进一步提升我国旅游的国际影响力。

(三)发展公共服务是研学旅行提质增效的有效保证

关于研学旅行的提质增效,不仅要在开发育人效果突出的活动课程、建设具有良好示范带动作用的研学基地、打造具有影响力的精品线路、建立规范管理、责任清晰、多元筹资、保障安全的工作机制等方面下功夫,更需要在优化旅游公共信息服务、规范旅游市场秩序、加强行业监督管理等方面实现提升和突破,推动中小学生广泛参与,及时了解旅游者的意见,保护旅游者的合法权益,努力形成组织管理规范有序、基础条件保障有力、安全责任落实到位、文化氛围健康向上的湖北研学旅行发展新格局。

二、构建多部门合作的保障机制

新公共服务理论要求,政府部门明确和适应自身服务者的身份定位,要设身处地为公民的利益着想,建立和完善公共服务保障机制。《关于推进中小学生研学旅行的实施意见》提出,各地可采取多种形式、多种渠道筹措中小学生研学旅行经费,探索建立政府、学校、社会、家庭共同承担的多元化经费筹措机制。这就明确了要由学校、社会、家庭共担研学旅行经费,但具体如何共担,各自分担的比例是多少,政府、学校是否有专项经费,困难家庭的研学旅行经费来源等问题,需要各地尽快出台相应的配套政策,为研学旅行的发展提供政策和财政保障。研学旅行有自然资源、社会资源、人文资源、体育资源、科技资源、国防资源、历史资源、人力资源等丰富的资源,所涉及的部门除文旅部门外,还包括环境保护、交通运输、农业农村、公安、工信等十几个部门。在大力发展全域旅游的背景下,研学旅行要以"大旅游"的思维,协调好各部门之间的关系,这样可以有效改变现有的研学旅行多部门共管,而旅游公共服务由文旅部门主导的状况,整合相关部门的力量,激发各部门积极主动地参与到研学旅行公共服务的建设中来,增进部门间的协作,为旅游公共服务体系的高效运行提供保障。各级行政部门在推进研学旅行时,要强化资源的统筹管理,建立和健全各类资源的利用与转换机制,强化部门间的联系和协作,共同打造公共资源的共享平台。政府部门要加强与学校、教育公司、旅行社、研学基地(目的地管理机构)等多部门的沟通和合作,形成政府、学校、研学基地、研学企业之间的联动,不断提高公共服务质量,推动研学旅行事业发展。

三、建立有效的监督体制

新公共服务理论要求,不仅要关注市场,也应该关注宪法和法令,关注社会价值、政治行为准则、职业标准和公民利益。《关于推进中小学生研学旅行的实施意见》规定,教育培训机构、旅行社均可承办研学旅行活动。加强对研学旅行市场的监管,要明确研学旅行的公益性,防止不法分子借研学旅行名义进行价格欺诈。文旅部门要联合市场监管部门对当地从事研学旅行业务的旅行社和教育公司进行监管,从中遴选有资质、信誉好的企业予以定期公布。完善对研学机构资质的审查标准,教育部门在审查委托企业的资质时,对未列入名单的企业要认真核查资质。探索建立承办企业公开承诺机制,主动接受社会监督。加快出台研学旅行标准,明确对研学基地、承办企业、研学导师和研学旅行内容的考评细则。同时,邀请媒体对研学旅行承办企业、销售研学旅行线路的旅行社都进行监督,聘请第三方评估单位,对研学旅行承办企业进行独立打分。

四、完善多元化的供给机制

新公共服务理论认为，为了实现集体的远景目标，在具体的计划实施过程中，需要将各方的力量集中到执行过程中去，从而迈向预期的理想目标。在新时代，旅游公共服务体系建设应与当前的经济基础、财政实力相符。我国的旅游公共服务体系已经由政府主导模式转向由政府牵头，市场为主，事业单位和社会组织共同发挥作用的模式。未来政府会积极运用采购手段，选择购买的方式来向旅游者提供规模适度、质量满意的研学旅行公共服务。网络环境下，非政府主体将能够更好地利用旅游公共服务平台，创新研学旅行公共服务的供给模式，甚至可以实现旅游公共服务的众包，进一步推动研学旅行公共服务的供给侧结构性改革，充分满足旅游者多样化、个性化、特色化和精致化的需求。同时，增加财政投入，优化公共服务供给结构，多渠道筹措研学旅行资金，解决研学旅行发展速度慢和发展不均衡的问题。在条件较成熟的地区，由政府主导建设研学旅行公共服务平台，实现"学校""研学资源""家长与学生"之间的良好互动，引入有一定实力的企业和社会力量，推出优质的研学旅行产品并做好旅游目的地营销工作。在资源整合中要注意听取旅游者和当地居民的意见，树立共建共享理念，实现多赢共享的格局。

五、创新研学旅行公共服务

（一）旅游公共信息服务创新

在"5G"时代，人们获取信息的速度极大地提高，但是海量的信息资源并不利于旅游者快速获取所需信息，旅游公共信息服务就是要保证研学旅行信息获取的真实、方便、快捷。

1. 完善旅游集散中心与旅游咨询服务中心建设

依托位于各个高铁站、机场、客运站、火车站及码头等综合交通枢纽的旅游集散中心，与旅行社合作，设置研学旅行宣传专柜，向旅游者宣传研学旅行资源。在重要旅游交通干线、重点旅游目的地及旅游绿道沿线的省级旅游咨询服务中心和市县级旅游咨询服务中心，设立研学旅行资源展示专区，以多种形式集中展示研学旅行产品。进一步完善各级研学旅行基地的咨询服务中心建设，为旅游者提供详尽的公共信息服务。

2. 加强旅游服务信息化建设

善于运用现代技术创新旅游信息化服务，突破传统思维，全力打造"旅游＋

智慧"的研学旅行新模式。依托已有的旅游大数据平台,以旅游者体验为中心,根据旅游者的特点和需求,提高研学旅行的云服务水平。进一步加强国家级研学基地的信息化基础设施建设,实现无线网络(Wi-Fi)全覆盖,提供智能导游、实时旅游者数量和游览舒适度提醒等服务。应用现代互联网技术、大数据技术,甚至人工智能(AI)、虚拟现实(VR)等技术,强化智慧旅游公共服务平台建设,在此基础上建设研学旅行网络公共服务平台,学校、教育机构、旅行社、旅游者等通过平台可以不断地进行信息互动,进而使旅游公共服务形式和消费内容不断创新,实现旅游公共服务产品体验升级,更好地满足旅游者需求。充分整合现有的旅行大数据资源,针对旅游者的特点,指导研学基地和企业开发特色研学产品和服务。

3. 完善研学旅行营销体系

我国研学旅行资源丰富,运用科学且有特点的营销手段是推动其发展的重要环节。制定科学的营销规划,在规划中引入市场化思维,结合旅游者的需求,将各地研学旅行资源的核心内容挖掘出来加以宣传推广。在此基础上整合营销渠道,运用现有的报纸、电视、户外广告、网络、杂志等常见渠道和微信公众号、微博热搜、直播、短视频等新媒体渠道,根据各地研学旅行资源的特点和主要目标客户群体的需求,灵活选择合适的营销渠道组合,实现精准营销和分层营销。在研学旅行结束后,通过问卷、电话、邮件、即时聊天工具等方式加强对旅游者的意见征询和后期联络,努力使旅游者成为研学旅行资源的积极宣传者。同时,积极整合相邻的研学旅行资源,加强研学旅行基地建设,尽快评选出一批省级、国家级的研学旅行实践教育基地和营地,进一步丰富研学旅行产品,打造具有地域特点和民族特色的研学旅行品牌。

(二)旅游便民惠民服务创新

旅游便民惠民服务是一项民生工作,是实现旅游公共服务均等化,促进研学旅行实现城乡均衡发展的重要保障。

1. 推出丰富多样的便民惠民措施

便民惠民措施包括研学旅行资源优惠政策或免费开放、旅游消费便利化、特殊旅游者群体旅游服务保障等。各地可根据自身情况,通过发放补贴、购买服务、免费开放等方式灵活采用便民惠民措施,加大便民惠民服务力度,为弱势群体、特殊人群多创造一些优惠,达到推动研学旅行发展的目的。如 2019 年 6 月,河池市大化县推出了一系列的研学旅行优惠政策,其中,在校大学生凭身份证可以乘坐"研学直通车"免费到大化游学,每年可免费入住当地青年公寓 10 天,还可以长期享受各项大学生旅游优惠政策。

2. 深化旅游志愿服务

旅游志愿服务作为一种特有的公共服务方式,对提高研学旅行服务水平、提升旅游者的旅游体验质量、提升旅游者的满意度、促进研学旅行的可持续发展发挥着重要作用。旅游志愿服务起步较晚,旅游志愿者当中青年学生居多,主要的服务方式为旅游信息咨询、文明旅游引导、游览讲解、景区环境清洁。各地应采取自建或共建的形式,在研学基地内或周边建立志愿服务基地,加大对志愿服务的经费投入,加强志愿者的培训工作,使志愿者具备志愿服务的法规、理念、文化、纪律、礼仪及研学基地的相关知识,切实提升旅游志愿者的综合素质和服务意识,充分发挥志愿者自身的主观能动性,使志愿者能够真正发挥自身优势,积极主动开展研学旅行志愿服务活动,从而积极推动研学旅行宣传进社区,使更多的人了解研学资源。

(三)旅游安全保障服务创新

研学旅行安全涉及学校、活动组织机构(旅行社或教育公司)、研学基地、学生家庭等各个方面,要确保研学旅行安全,需要各方通力合作,有效防范风险,建立可靠的安全保障体系。

1. 加强研学旅行安全管理

切实树立安全意识,把旅行安全放在首位。制定科学有效的研学旅行安全保障方案,建立行之有效的安全责任落实、事故处理、责任界定及纠纷处理机制,落实中小学研学旅行备案制,做到责任到人。督促研学旅行组织方,按照《研学旅行服务规范》的要求,为每一个研学旅行团队配备安全员,实施小组化安全管理,每20位学生应配置一名带队老师,明确带队老师的职权和职责,防止意外事故的发生。

2. 完善旅游紧急救援体系建设

将研学基地纳入旅游安全预警系统和旅游应急指挥管理平台,督促制定应急预案,建立旅游突发事件应对机制。完善研学旅行安全应急指挥、应急预案编制及信息报告等相关制度,推进研学基地安全视频监控系统建设,实现全域全程全时可视化监控,配备相应的应急队伍,提升紧急救援能力。

3. 深化旅游保险合作机制

优化校方责任险和旅行社责任险机制,丰富研学旅行保险产品,提高保险保障额度,扩大保险覆盖范围,提升保险理赔服务水平。鼓励旅游者购买旅游意外险。推动研学基地、宾馆饭店、旅游大巴等实施旅游责任保险制度,健全研学旅行保险保障体系。

4. 强化旅游安全教育

强化旅游安全宣传教育,与学校、社区合作,不定期给大中小学生、社区居民开展旅游安全知识公益培训,提高旅游者的安全意识和安全应急知识水平。通过组织开展旅游安全应急演练、旅游安全知识竞赛、旅游安全应急技能大赛等方式,提升旅游安全应急能力,营造全社会平安旅游氛围。

(四)旅游公共行政服务创新

1. 加强地区间研学旅行协作

在"互联网+"的大背景下,应积极运用智慧旅游公共服务平台数据,推动不同城市间的研学旅行协作,使得研学旅行的发展与区域旅游一体化的发展相契合,使涉及研学旅行各要素的数据重新整合并获得高效利用,加快区域旅游一体化发展,提高区域旅游的竞争能力。在此基础上,协同推进乡村地区研学旅行的有效供给,实现研学旅行与新农村建设的融合发展,助力乡村振兴,推动城乡旅游公共服务均等化。

2. 创新研学旅行标准

在借鉴国外和国内其他省经验的基础上,加快推进研学旅行标准化的步伐。探索建立具有指导和监督职能的研学旅行行业协会,促进研学旅行标准的进一步完善。要将研学旅行标准纳入研学旅行质量评价和监控体系建设的范畴,具体指导研学旅行的整体质量评价。根据地域特点,对研学旅行标准进行适度创新,可考虑对承接研学旅行的企业实施准入制,净化研学旅行的市场环境。研学旅行的内容设计上要规范对乡土文化的教育,要统一县、乡镇两级中小学开展研学旅行的具体要求,努力推动研学旅行服务标准化、费用透明化、从业人员体系化。

3. 完善旅游者投诉处理机制

在法治社会,旅游者的维权意识越来越强。研学旅行的主体是中小学生,这部分群体的维权更加重要。各地应安排了解中小学生心理特点的人员从事投诉及意见处理工作,进一步拓宽研学旅行的投诉渠道,提高处理旅游投诉的效率,提升我国研学旅行的整体质量,维护广大旅游者的合法权益。

4. 加强研学旅行人才的培养

研学导师既要善于制定研学计划,又要谙熟组织旅行活动,其对研学旅行的质量起到了重要的保证作用。我国研学导师培养才刚刚起步,远远不能满足市场的需要。可依托旅游高校建立研学导师培训基地,有针对性地培养一批可以提供专业服务的研学导师,保证研学旅行的专业性。在此基础上,建立研学导师库,定期组织研学旅行从业人员专题培训工作,适当举办服务技能大赛,评选优秀的研学导师、安全员,为研学旅行的发展储备人才。

第九章　旅游业升级发展的必要性、挑战和机遇

第一节 旅游业升级发展的必要性

一、应对市场变化的必然选择

在全球化的大背景下,旅游业的发展面临着前所未有的挑战和机遇。随着技术的进步和消费者需求的多样化,旅游市场正在经历着快速的变化。为了在竞争激烈的市场中立足,旅游业必须进行升级发展,以应对市场变化的挑战。当前,市场变化主要体现在以下几个方面。

(一)消费者行为的变化

随着互联网和移动支付的普及,消费者的旅游行为和决策模式发生了显著变化。他们更加依赖在线平台进行信息搜索、预订和评价,对个性化、体验式和定制化的旅游产品和服务需求增加。服务创新能够帮助旅游企业开发新的服务模式,提供差异化的旅游产品,从而吸引更多的消费者。例如,通过引入虚拟现实技术,旅游企业可以提供沉浸式的旅游体验,满足消费者对新奇体验的追求。这就要求旅游企业必须适应新的消费习惯,提供更加便捷、个性化和高质量的服务。此外,服务创新还能提高企业的响应速度和灵活性,使其能够快速适应市场的变化。

(二)技术的影响

信息技术的发展为旅游业带来了巨大的变革。例如,大数据、人工智能和物联网等技术不仅可以用于提升旅游服务的智能化和个性化水平,还可以帮助企业更好地分析市场趋势、优化资源配置和提高运营效率。为了跟上技术发展的步伐,旅游企业需要进行相应的升级。

(三)竞争的加剧

国内外旅游市场的竞争日趋激烈。为了吸引顾客并保持市场份额,旅游企业需要不断提升自身竞争力,通过服务创新、品牌建设和市场拓展等方式,树立良好的品牌形象并巩固市场地位。

二、提高旅游产业效益的必要途径

随着旅游行业竞争的加剧,提高产业效益成为旅游企业发展的关键。服务创新通过改进服务流程、引入新技术和优化资源配置,有助于降低运营成本和提高服务质量。这不仅能够提升消费者的满意度,还能够增加企业的盈利能力。例如,通过智能化管理系统,旅游企业可以实现更高效的房间分配、能源管理和客户服务,从而降低成本并提高服务质量。同时,服务创新还能够帮助企业开发高附加值的旅游产品,进一步提升企业的经济效益,如定制旅行、主题旅游等。具体来说,有以下几方面。

（一）资源的高效利用

随着旅游业的发展,资源环境压力逐渐加大。通过技术和管理创新,可以实现资源的节约集约利用,减少对环境的负面影响,推动旅游业与生态环境的和谐共生。

（二）产业链的完善与延伸

服务创新升级发展有助于完善旅游产业链,从单一的门票经济向综合性的旅游经济转变。通过拓展产业链条,发展与旅游相关的住宿、餐饮、交通、购物和娱乐等产业,可以提高整个行业的附加值和竞争力。

（三）区域经济的协同发展

旅游业作为区域经济发展的重要引擎,通过升级发展可以促进区域内的产业融合与协同发展。通过与当地特色产业、文化资源等相结合,打造具有地方特色的旅游产品和品牌,可以带动相关产业的共同发展,促进区域经济的繁荣。产业升级是提高旅游经济效益和可持续发展能力的关键。通过升级发展,旅游业可以提升产业整体素质,优化资源配置,提高生产效率和创新能力,从而实现更高效、更可持续的发展。

三、满足消费者需求的升级

在消费者需求日益升级的今天,传统的旅游产品和服务已难以满足消费者的期望。消费者不仅追求旅游产品的质量和价格,而且更加注重服务的体验和个性化。服务创新能够为消费者提供更加丰富和深入的旅游体验,满足其对美好生活的向往。通过服务创新,旅游企业可以更好地了解消费者的需求和偏好,从而提供更加精准和个性化的服务。例如，通过数据分析，旅游企业可以预测消费者的旅游趋势，为其推荐合适的旅游产品。此外，服务创新还能够提升消费者的参与度和互动性，使旅游体验更加有趣和有意义。当前，消费者需求的特点如下。

（一）追求个性化和体验化

消费者对于旅游的需求已经从简单的观光体验转变为追求个性化和深度体验。他们更希望获得独特且富有文化内涵的旅游体验，这就要求旅游企业提供更加定制化、主题化的产品和线路。

（二）对服务品质的要求升级

消费者对旅游服务的要求越来越高，他们不仅关注硬件设施的完善程度，更加注重服务的人性化、专业化和精细化。为了满足消费者的需求，旅游业需要不断提升服务标准，提高员工素质，确保消费者能够获得高品质的服务体验。随着全域旅游概念的提出和实践的深入，消费者对旅游的需求从单一景点向整个区域拓展。他们希望获得更加全面、深入的旅游体验，这就需要旅游企业和从业人员在更大的范围内进行资源整合和服务提升。

消费者需求的升级是推动旅游业升级发展的内在动力。随着消费者对旅游品质和服务体验的要求不断提高，旅游企业必须通过升级产品与服务来满足这些日益增长的需求。

综上所述，旅游业升级发展的必要性在于能够应对市场变化、提高产业效益以及满足消费者需求的升级。服务创新作为旅游业升级的关键，能够为企业带来竞争优势，为消费者提供更好的旅游体验。因此，旅游企业应积极拥抱服务创新，不断探索和实践，以实现旅游业的可持续发展。

第二节　旅游业升级发展面临的挑战

旅游业作为全球经济的重要组成部分，其升级发展对于应对市场变化、提高产业效益和满足消费者需求至关重要。然而，在实践过程中，旅游业面临着来自资源环境压力、市场竞争压力和消费者需求多样化等多方面的挑战。

一、资源环境压力加大

旅游业的快速发展对自然资源和环境造成了巨大压力。热门旅游目的地面临游客过多造成的环境破坏、生态失衡以及资源枯竭的风险。此外,旅游活动的增加也导致了废弃物和污染的增加,这对当地的生态系统构成了威胁。具体来说,表现在以下方面。

（一）资源过度开发

为了满足不断增长的旅游需求,许多地区的自然资源遭到过度开发,导致生态环境受到破坏,生物多样性减少。例如,一些热门的旅游胜地大量兴建酒店和度假村,破坏了当地的自然景观和生态平衡。

（二）环境承载力有限

旅游业的迅速扩张给环境带来了巨大的压力。一些旅游热门地区的生态环境承载力已经达到极限,导致当地环境质量下降,甚至出现严重的环境问题,如水污染、空气质量恶化等。

因此,如何在促进旅游业发展的同时保护环境和可持续利用的资源,成为旅游业升级必须面对的重要挑战。针对挑战,一是强化法规监管,制定严格的环保法规和旅游开发规定,限制自然资源的过度开发,保护生态环境;二是推广生态旅游,倡导绿色旅游、低碳旅游,鼓励游客参与生态保护活动,提高游客的环保意识;三是促进科技创新,利用先进技术手段改进资源利用方式,提高资源利用效率,减少对环境的负面影响。

二、市场竞争激烈

全球旅游市场的日益开放和国际化导致市场竞争愈发激烈。新的旅游目的地不断涌现,同时,消费者可以通过互联网轻松比较不同服务提供者提供的价格和服务,从而使得旅游企业之间的竞争更为激烈。此外,大型在线旅游代理商的兴起改变了传统的旅游市场格局,给传统旅游企业带来了巨大的挑战。具体来说,表现在以下方面。

（一）价格战频发

为了争夺市场份额,一些旅游企业采取低价策略,进行价格战。这不仅降低了企业的利润空间,还可能导致整个行业的恶性竞争。

（二）同质化竞争严重

大量旅游企业提供相似的旅游产品和服务，导致市场竞争激烈。缺乏特色和创新的产品和服务很难吸引消费者的眼球。

在这种环境下，如何通过服务创新来维持竞争优势并保持可持续发展是旅游业亟需解决的问题。针对问题，一是加强品牌建设，通过品牌塑造和营销推广，树立独特的品牌形象，提高市场知名度和竞争力；二是创新服务模式，提供个性化的、差异化的服务，以满足不同消费者的需求，增强市场竞争力；三是合作共赢，加强行业合作与交流，实现资源共享、优势互补，共同应对市场竞争。

三、消费者需求多样化

现代消费者对旅游产品和服务的需求越来越个性化和多样化。他们不仅期望体验不同的文化和环境，还希望获得定制化的服务和独特的旅游体验。这种发展趋势要求旅游企业能够提供更加灵活多样的产品和服务以满足不同消费者的需要。同时，随着社交媒体和在线评价平台的普及，消费者对旅游服务质量的要求也越来越高，这对旅游企业的服务创新提出了更高的要求。具体来说，表现在以下方面。

（一）需求差异大

不同年龄、性别、文化背景和消费层次的消费者对旅游的需求存在巨大差异。这要求旅游行业提供更加多元化、个性化的产品和服务以满足不同消费者的需求。

（二）信息不对称

随着互联网的发展，消费者获取旅游信息的渠道更加丰富，但信息不对称问题仍然存在。这可能导致消费者对旅游产品和服务的期望与实际体验存在较大差距。

针对消费者需求的多样化给旅游业升级发展带来的新挑战，一是精准营销，利用大数据分析消费者的需求和行为特点，进行精准营销，提高营销效果；二是提升服务质量，加强员工培训和服务流程管理，提高服务质量和消费者满意度；三是建立消费者反馈机制，及时收集和处理消费者反馈信息，不断改进产品和服务，满足消费者的多样化需求。

面对资源环境压力、市场竞争压力和消费者需求多样化的挑战，旅游行业必须采取有效的升级策略。这包括采用新技术减少对环境的影响、开发新服务以应对市场竞争以及提供个性化服务来满足消费者的特定需求。通过这些策略，旅游从业者可以实现可持续的发展，并在激烈的市场竞争中保持竞争力。

第三节　旅游业升级发展的机遇

随着全球经济的发展和科技的进步，旅游业面临着一系列前所未有的机遇。这些机遇不仅为旅游业带来了巨大的发展空间，还为其转型升级提供了强大的动力。

一、技术创新带来的新机遇

技术创新是推动旅游业升级的关键驱动力。随着互联网、大数据、人工智能和物联网等技术的发展和应用，旅游业正在经历一场深刻的技术革命。具体来说，表现在以下方面。

（一）信息技术与大数据的应用

通过大数据分析，旅游企业可以更准确地把握消费者需求，从而提供更个性化的产品和服务。如云计算、物联网等信息技术可以帮助旅游企业实现智能化管理，提高运营效率。

（二）虚拟现实与增强现实技术

这些技术可以为消费者提供沉浸式的旅游体验，增强消费者的参与感和体验感。通过模拟旅游场景，可以降低成本并提高顾客决策效率。

（三）人工智能与机器学习

人工智能在旅游咨询、客户服务、行程规划等方面的应用，提升了服务的智能化水平。智能学习有助于旅游企业更好地预测市场趋势，优化资源配置。

这些技术的运用不仅优化了旅游服务流程，提高了运营效率，而且还创造了新的旅游产品和服务模式，如智能导游、个性化旅游推荐、虚拟现实体验等。此外，通过技术手段收集和分析消费者数据，旅游企业能够更精准地把握市场需求，提供更加符合消费者期望的服务。

面对技术创新带来的新机遇，旅游企业要加大科技研发投入，提高信息化水平，利用新技术提升服务质量和效率；加强行业内外部合作，共同开发创新的旅游科技应用软件；加强旅游从业人员的技术培训，提高从业人员对新技术的应用能力。

二、政策支持与市场开放

政策支持和市场开放为旅游业的发展提供了良好的外部环境。各国政府为了促进旅游业的发展，通常会出台一系列优惠政策，包括税收减免、资金扶持和简化审批流程等，这为旅游业升级提供了有力保障。同时，政府会与旅游企业合作，共同推动旅游业技术创新和产业升级。

不断扩大的开放政策为旅游业引入了更多的外部资源，促进了产业升级。国内外旅游企业之间的合作日益频繁，这有助于引入国际先进的管理经验和服务理念，推动本土旅游业的升级改造。与国际旅游市场的合作与交流，为我国旅游业带来了更多的发展机遇和国际视野。

面对政策支持与市场开放带来的新机遇，旅游企业要加强与政府部门的沟通协作，争取更多地政策支持。同时，积极参与国际合作，引进先进的管理和技术经验。还可利用政策优势，加大对旅游基础设施和服务设施的投资。

三、消费升级与全球化趋势

随着经济的发展和人民生活水平的提高，消费者对旅游产品和服务的需求越来越高端化和多样化。他们对旅游的需求从简单的观光体验向更高层次的体验转变，不再满足于传统的旅游消费模式，而是追求更加个性化、体验化的旅游服务。消费者消费观念的转变以及对旅游品质和服务要求的不断提高，能促使旅游业不断进行产品创新和服务升级。

全球化加速了旅游资源的流动和配置，为旅游业提供了更广阔的市场和发展空间。全球化的趋势也使得文化交流更加频繁，国际旅游需求持续增长，为旅游业的升级发展带来了广阔的市场空间。国际合作与交流的增多，促进了旅游行业之间的合作与创新，推动了行业的整体发展。

面对消费升级与全球化趋势带来的新机遇，旅游企业要开发更多符合消费升级趋势的高品质旅游产品和服务，要强化品牌建设，提升旅游目的地的国际知名度和吸引力，还要关注国际市场动态，为不同文化背景的消费者提供不同的定制化服务。

综上所述,技术创新、政策支持与市场开放、消费升级与全球化趋势为旅游业的升级发展提供了重要的机遇。为了抓住这些机遇,旅游行业应积极采取相应的策略,不断创新和改进,以实现旅游业的可持续发展。通过整合资源、优化服务、拓展市场和提升品质,旅游业能够更好地适应未来的发展趋势,为旅游企业和旅游消费者创造更多的价值。

第十章 服务创新驱动下的旅游业升级策略与路径

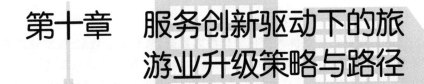

第一节　服务创新驱动下的旅游业升级策略

一、提升管理水平

（一）树立大数据理念

大数据正在以革命性的方式改变着世界，也在颠覆传统的商业模式。大数据时代，旅游产业应该主动求变、积极应对，为应用大数据做好充分准备。各旅游产业管理部门要组织管理人员进行培训，学习应用大数据的知识。

（二）完善公共信息服务平台

旅游管理部门应该深入挖掘分析游客数据、旅游企业数据、旅游管理和目的地促销数据，为旅游决策提供可靠的依据和支撑。在公共信息服务综合平台改善方面，要通过建立云计算数据系统、跨部门数据交换系统、信息发布系统等，规范旅游信息数据库，完成旅游公共信息与旅游企业服务信息的汇集，并最终在网络平台上实现公共旅游服务数据的资源共享。

（三）完善旅游信息咨询服务站点

完善旅游咨询服务站是满足游客多样需求的基本要求，也是互联网时代发展智慧旅游的必要条件。旅游咨询服务站涵盖五大旅游服务功能，包括旅游团队散客集散功能、旅游交通运输功能、旅游信息咨询功能、旅游综合服务功能及旅游中介功能。例如，大厅内可以划分为母婴候车区、旅游信息咨询区、旅游信息自助查询区、游客休息候车区、行政办公区、售票区等多个功能区，能较好地实现旅游集散中心和旅游咨询中心的社会功能，为游客提供一站式的个性化旅游服务。在健全旅游信息咨询服务工作上，要在车站、主要商业街区、各主要景点设置旅游信息咨询中心和旅游信息服务中心，为游客提供信息咨询、意见收集、自助查阅、投诉受理等服务。在主要交通路口及繁华路段，依托交通岗亭设置旅游信息咨询点，摆放资料架和宣传资料，为游客提供更好的服务。

（四）加强横向合作和舆情监测

各级旅游部门要通过加强与气象、交通、公安、海关等部门及大数据公司的横向合作，形成数据互换和共享机制，以便全面掌握旅游大数据，准确地进行舆情监测。例如，跟通信运营商合作，利用景区的信号基站，锁定进入旅游目的地的游客手机信号，从而监测客流信息。

二、建设智慧旅游

（一）实施智慧旅游建设工程

推进"旅游＋互联网"，将智慧旅游纳入智慧城市建设，实施智慧旅游建设工程。升级完善旅游监管网，在各地涉旅企业推广应用监管结算平台。

（二）建立大数据合作平台

建设完善旅游数据中心、旅游监管指挥中心以及景区动态监测系统的信息平台，建立旅游城市大数据合作联盟。加快建设旅游运行监管及安全应急管理联动指挥平台、旅游行业管理平台、旅游市场营销管理平台，实现跨地域范围内的"在线游、在线行、在线购"。

三、完善产业结构

（一）培育旅游新业态

推进"旅游＋"的新生活方式，加快培育旅游新业态和新产品。以住宿新业态撬动旅游体验升级，巩固提升星级酒店的管理服务水平，大力发展经济型酒店、商务酒店和主题酒店，积极培育房车营地、汽车旅馆、树屋、船屋、客栈、度假公寓、青年旅舍、集装箱旅馆等住宿新业态，引导游客从"跑得多"向"住得下"转变。大力发展文化创意、健康养生、研学旅行、体育旅游、探险旅游等基地，积极培育自驾车房车营地、邮轮游艇、低空旅游、康养旅游、特色民宿、研学旅游、户外探险游等新业态产品。

（二）加强产业融合

旅游产业与相关产业的融合发展是旅游产业的内在属性，也是旅游消费需求驱动的市场结果。大数据时代，旅游产业融合的边界会拓宽、程度会加深、速度会加快，跨界产业将不断增加。旅游产业的融合包括两层方面，一是旅游业内部的融合，二是旅游业与其他产业的融合。

（三）重构供应链条

旅游业的可持续发展需要政府、供应商、经营商、游客、居民及非营利组织等多个环节的共同努力。以大数据为核心构建起来的旅游供应链是一个由提供旅游产品与服务的各主体要素，以旅游流和信息流为主线而形成的一个可逆的闭环网状结构，具体由商业供应链和公共服务供应链组成。供应链条不仅包括供应商（包括直接供应商和间接供应商）、代理商、运营商、游客、回收与废物处理商，还包括政府、社区、非营利组织和公共服务供应商。以大数据为核心的旅游供应链通过对行业信息流的循环共享，整合供应链上的各个环节与流程，能全面、系统地助力旅游行业的升级发展。

四、加强营销推广

（一）突出精准营销

大数据时代对于精准营销的技术手段有极大的提升，从而也提高了营销的效率。大数据时代，旅游消费者一般会在百度、途牛等网站搜集旅游目的地信息，通过携程、去哪儿等网站完成机票、酒店的预订，旅游后通过微信朋友圈、QQ群、微博点评回顾分享。消费者的这种差异化选择反映了不同线上平台的精准程度和专业领域。满足旅游消费者个性化旅游需求的前提是对天气、交通、住宿、餐饮、游览、购物、产品等信息的精准掌握。结构化数据可以直接由计算机处理并为企业和消费者提供服务，但这些信息只占线上流动信息的10%左右，其他90%的数据是非结构化数据。非结构化数据可能是视频、音频、社交媒体或网络日志等载体形式，不能直接以结构化的形式进行传递。因此，要做到精准，还必须深入推进技术创新和管理创新。

（二）开展整合营销

整合营销是对各种营销工具和手段的系统化结合，根据环境条件进行即时性的动态修正，使交换双方在交互过程中实现价值增值的一种营销理念与方法。要把旅游宣传纳入统一的整体形象对外宣传，建立包括政府引导、部门协同、企业联手和媒体跟进"四位一体"的整合营销机制，紧紧围绕当地旅游总体形象，深入细分客源市场，分析旅游产品结构和旅游消费结构，制定统一的宣传促销方案，充分运用虚拟现实（VR）等新技术与新方法，全方位、多角度地推广旅游整体形象。

（三）创新营销方式

随着旅游大数据时代的来临以及旅游信息的大量增长，"互联网＋旅游"既是旅游产业转型升级的战略发展方向，又是信息化旅游营销推广的新手段，各种网络营销工具不断出现，为旅游业营销创造了很好的条件。创新"互联网＋旅游"的模式，通过微信、微博、微电影、影视植入、数字旅游、在线旅游等新技术，实现旅游营销网络的全覆盖。

1. 网页平台竞价

网页平台竞价是目前最直接、最见效的营销方式，如果景区能够在网页搜索平台里设置较高的出价，网站排名就会比较靠前，游客搜索到景区网站的可能性也较大，景区推广的效果也更为明显。

2. 手机广告

在 QQ 空间、移动联盟上的原生广告样式，主要依靠内容、用户相关性数据分析，推送出契合用户体验的信息流广告，拥有极其明显的用户点击转化效果，QQ 空间的信息流广告日均曝光量高达 3 亿，用户下载成本控制在 4 元左右，日均下载量 5 万。以洲际大酒店为例，洲际酒店结合腾讯地图及街景技术资源，联合开发了洲际酒店 A5 页面，全方位展示酒店附近的衣食住行娱，提高了酒店页面的实用性。对于用户来说，A5 页面将酒店作为一个核心，结合腾讯地图可以实现一键导航、周边景点、吃住攻略等服务，为其提供了便利。

3. 微信营销

微信的优势在于既能使供应商向微信用户推送精准个性化的旅游资讯，又能使微信用户获得最新的旅游和景区营销活动信息，并使双方实现即时交流。微信公众平台为旅游企业营销带来了举足轻重的作用，主要体现在以下两个方面。一是综合平台的作用。供应商通过融合营销信息和产品信息在微信平台上进行发布、宣传，使微信用户可以通过智能手机在该平台上随时随地进行购物、预订酒店机票和购买景点门票等。这个综合平台的重点在于消费者可以通过移动支付购买供应商提供的产品。二是个体平台的作用。每个旅游企业可以通过微信信用认证创建自己的微信平台，在创建的同时，系统随机生成一个微信公众平台二维码图片，方便企业进行推广。微信用户可以通过手机扫描二维码图片进入旅游企业的推广平台，在这里可以看到该企业所有的活动信息和资源。更多旅游企业将自己微信公众平台的二维码图片印制到各种宣传资料上，包括景区门票、喷绘广告、X 展架画面、宣传单等，以便游客进行关注和传播。这种推广模式见效明显，游客也乐享其成，已成为一项双赢的营销模式。作为地区综合服务平台，会按照景区级别、主题、所辖地区、门票价位等不同类型进行分类，供网友搜索，通过微信二维码扫描或查找相关景区名称并关注这一景区微信公众号，即可马上了解到自己所需的景区旅游资讯和资源。

五、强化服务创新

（一）优化多主体参与旅游服务创新

一是优化政府参与。首先，完善政府职能。随着政府职能的转变及旅游市场的发展，旅游业应由政府主导的发展模式转向由政府引导的发展模式，让市场起决定作用，政府的职能转变为推动发展战略、政策、标准等的制定和实施，加强市场监管和旅游公共服务等方面。其次，加强基础建设。包括交通设施建设，信息建设及其他配套设施建设。各级政府要着力完善12301旅游服务热线、游客服务中心、智慧旅游、旅游标识标牌、旅游停车场、旅游厕所等六个公共服务体系。最后，规范市场秩序。应当本着灵活、高效的原则建立起横向联动、纵向协调的市场监管机制。要明确分工，强化职责，避免部门之间相互推诿责任。要加强对失范行为严重的地区与时间段进行集中监管，增强监管行为的有效性。要广泛使用现代信息技术，增强监管的及时性与多途性。对于屡禁不止的旅游失范行为，要加大惩处力度，对失范行为严重的企业和个人实行强制退出机制，并设置严格的再准入壁垒。

二是优化企业参与。旅游企业要明确产品定位，准确把握旅游产品的核心价值，向旅游者提供满意的产品。旅游企业服务全过程中应重视与游客的信息交流。首先，要根据游客需求提供相应的服务产品，在服务实施过程中要与游客及时交流服务情况，在旅游结束后要与游客保持长久联系并及时掌握其旅游需求。其次，旅游企业要完善服务质量控制环节，并将质量控制落实到旅游产品售前、售中、售后等各服务环节中。

三是优化游客参与。游客参与旅游服务创新是提升服务质量、优化游客体验、塑造忠诚游客的重要途径。游客参与服务创新要从参与目的、参与阶段、参与程度和参与形式四个方面进化优化。

（二）扩展旅游消费服务的范围

旅游业是综合性产业，需要向旅游者提供餐饮、住宿、交通、游览、购物和娱乐等要素产品，各要素产品的构成是否合理直接影响旅游消费的结构、数量和质量。同时，旅游产品的品种构成是否恰当也影响旅游产业的发展。传统的旅游产品是观光、游览、娱乐、度假等生活消费型初级服务产品，大数据时代，旅游服务产品除了生活型初级服务产品，还包括咨询、策划、培训、创意等生产型高端服务产品。因此，旅游消费服务应由满足单一生活消费的消费结构向满足生活消费与生产消费并重的消费结构转型升级。

六、集团化经营和品牌竞争战略

集团化经营的方式能够在很大程度上改变目前旅游市场竞争过于激烈的状况,旅游市场中旅游企业的数量过多,可是规模大、实力雄厚的旅游企业却相对较少,这样很容易引起市场竞争的混乱。集团化经营的方式可以很好地改善这种局面。通过纵向一体化和横向一体化的方式实现旅游企业的集团化经营,减少市场在位者的数量,这样可以变外部竞争为内部竞争,避免出现旅游企业的不规范经营而引起的诚信缺失问题。

品牌对于一个旅游企业来说非常重要。任何一个旅游企业要发展,都必须要重视品牌的作用,要注重品牌创立、品牌提升和品牌推广,以此来提高消费者的忠诚度和品牌的吸引力。企业只有靠诚信才能擦亮品牌,作为市场知名度高、美誉度高的企业,会更重视自己企业的形象和声誉,所以,也会自觉地在经营过程中为消费者提供诚实可信的服务,自觉强化企业的规范管理,从而赢得消费者的信赖,使企业的品牌更加深入人心。

第二节 服务创新驱动下的旅游业升级路径

我国旅游业在自身成长的直接驱动和外部环境变化的间接推动下已经进入到一个新的发展阶段,随着现代服务业的快速发展,全面提高旅游产业素质和产业能级,转变旅游经济的增长方式,已成为焦点。

我国旅游业从传统向现代、从生活服务向生产服务的转型包含诸多方面的内容。既包括产业发展模式由资源浪费的粗放发展向资源节约的集约式可持续发展转型,也包括产业发展功能由单纯经济功能向兼具经济与社会功能的转型。既包括产业组织形式由单体式分散化发展向链条式集团化发展的转型,也包括产品结构由单一观光度假型旅游向观光度假旅游、休闲娱乐旅游与商务会展旅游的复合型转型,更包括旅游企业由传统的劳动密集型向现代知识技术密集型转型。这些众多转变最终体现为旅游业将从传统服务业向现代服务业的转变,通过旅游服务创新、创新旅游服务概念和创造新游客界面,形成新旅游服务传递系统,从而促进旅游产业在产业生产方式、消费需求结构、企业组织形式和管理模式方面进行转型。

一、现代旅游服务业的新服务概念与产业生产方式转型

企业要现代旅游服务业的新旅游服务概念要突破旅游服务的传统概念,将旅游业置于现代服务业视角下,突破旅游生活服务的界限,利用商务旅游服务外包促进旅游业进一步发展。

（一）扩大旅游新业态

企业要改变一流资源、二流开发、三流服务的粗放式发展方式,要求从市场入手,研究需求,重新界定服务的概念。传统的旅游服务从生活消费服务出发,为顾客提供仅限于生活消费领域的旅游产品,而现代服务业的发展,将生产性消费服务纳入旅游服务范畴,为旅游业发展开辟了全新的领域。商务旅游服务外包的种类繁多,可以分为企业内部管理服务外包和企业业务运作服务外包。前者包括人力资源管理(奖励旅游、疗养旅游、员工培训)和差旅管理(差旅服务、公务旅游);后者包括营销(商务会议、展览展会、谈判策划、咨询服务、节事庆典、活动策划)和研发(产业旅游、考察旅游)。

生产性旅游消费服务的出现显示了旅游现代服务业的特征,也是商务旅游服务外包成为旅游业转变生产方式的重要途径。商务旅游服务外包适应了企业发展核心竞争力、提升效率、降低成本的需要,同时也为旅游业的发展开辟了新的领域。按照服务外包的定义,企业将非核心业务转包给其他供应商经营,在业务方面可以分成两种类型,即信息技术外包(ITO)和业务流程外包(BPO)。商务旅游服务外包属于企业业务流程外包范畴,主要包括企业内部管理服务和企业业务运作服务。随着商务旅游服务外包的发展,将产生一批新的旅游业态形式,传统旅游产业内部的新行业将不断涌现,行业整合、产业延伸趋势将明显。

（二）增加新的服务附加值

传统旅游服务的目标市场是大众市场,极易受到外界变化的影响,客户关系具有不稳定性;传统旅游产品以旅游吸引物为核心,同质化程度高,大批量重复出售、质量不高、附加值较低;传统旅游产品经营的盈利模式为企业自行定价,利润来自批零差价,价格是唯一竞争手段。因此,传统旅游业生产方式无法实现产业升级,而现代旅游服务业扩展了产品服务领域,形成了新型的现代商务旅游服务外包产品,其目标市场稳定,定制化产品以企业商务为核心,专业化服务要求高,知识含量和技术含量高,由此可以获得较高的服务附加值,成为旅游业新的经济增长点。

从传统生活旅游服务产品与现代商务旅游服务产品的比较来看,这两种不同的旅游产品在目标市场、客户关系、产品提供方式、产品内容和盈利模式等方面均有很大差别。传统生活旅游产品面对的是大众市场,客户关系是波动的,产品提供方式是大批量生产,具有同质化特征,产品内容是旅游吸引物,盈利模式是批零差价。现代商务旅游产品的目标市场是企业或组织,客户关系是稳定的,产品提供方式是小批量生产,具有定制化特征,产品内容是商务活动,盈利模式是专业服务附加值。

二、生产者服务业的新顾客界面与消费结构转型

服务创新要求在新服务概念基础上挖掘顾客特性,开发设计新顾客界面创新服务方式,从而保持市场优势。

(一)生活型旅游和生产型旅游的双重旅游消费结构

随着顾客自主意识的增强,旅游企业间竞争的加剧,以及企业经营管理理念的变化,企业只有以顾客为中心,保持顾客忠诚度才能获得可持续发展。新顾客界面的服务设计包括提供给顾客的方法以及与顾客间交流合作的方式,更包括维护老顾客以及开发新顾客。生产性服务业适应了旅游消费结构由单一的生活消费向生活消费与生产消费并重的消费结构转型的趋势。而商务旅游服务的出现,一方面,将促进传统旅游产品提升品质、提高竞争力,缓解旅游市场供需矛盾,减轻旅游资源的压力;另一方面,将提升旅游消费层次,使旅游消费结构更加趋于合理。

(二)观光休闲旅游产品与商务会展旅游产品的复合型产品结构

旅游产品是综合性产品,向旅游者提供的住宿、饮食、交通、游览、娱乐和购物等各类要素产品的生产比例是否合理,各种产品的内部结构是否恰当,直接影响旅游消费数量和消费结构。同时,旅游产品的品种结构是否合理,也影响着产业发展。传统的旅游产品是观光、游览、休闲、娱乐、度假、科普、健身等生活消费型产品,是一种初级服务产品。现代商务会展旅游产品是策划、咨询、培训、创意、筹划、调查、组织等生产型产品,是一种高端服务产品。

三、知识密集型旅游企业新服务传递系统与旅游企业转型

旅游企业是旅游服务创新的主体,新服务传递系统是将企业视为一个生产和传递服务产品的组织体系,这要求企业内部组织安排合理,确保企业员工能高

效完成工作。新服务概念能否确立以及新顾客界面能否实现,均依赖于新服务传递系统的搭建。

(一)知识资本的投入

现代旅游服务业的新服务概念和为生产者服务的新顾客界面表明,商务旅游服务是一种专业化的高端服务,是一种知识型服务,比起传统的旅游服务更呈现出集约化特征,这就要求旅游企业必须具有足够的专业知识、经验、能力和周到的服务并投入一定的知识资本。

(二)知识员工的培养

知识型企业的主体是知识型员工,新服务传递系统能否在服务创新中发挥作用,依赖于员工的素质和能力。现代旅游服务业的集约型增长方式要求企业具备高水平的专业人才,而新兴的商务旅游服务外包也急需专业化人才。

四、专业化旅游服务的技术选择与管理转型

虽然旅游服务业独特的内涵决定了技术的地位并不像生产企业那样至关重要,但技术仍在旅游服务创新中扮演着重要的角色。专业化的旅游服务离不开信息技术的支撑,通过运用技术,可以使旅游服务更高效、更具有竞争力。此外,企业间的合作、企业内部的高效管理与监督均需借助技术手段。

综上所述,我国旅游业正处于由传统服务业向现代服务业的转型过程中,以服务创新的视角来研究旅游产业的转型与升级,首先是旅游产业生产方式的转型,即旅游产业不再单纯是消费型产业,同时也是生产型产业;其次是旅游消费结构的转型,即旅游消费既是生活消费也是生产消费;最后是旅游企业的转型,即旅游企业将由劳动密集型转向知识密集型。

参考文献

[1] 曾艳芳.近二十年国外旅游创新研究述评与展望[J].华东经济管理,2013, 27(3).

[2] 陈劲.国家创新蓝皮书:中国创新发展报(2016)[M].北京:社会科学文献出版社,2017.

[3] 郭峦.国内外旅游创新研究综述[J].创新,2012,6(2).

[4] 郭峦.旅游创新的概念、特征和类型[J].商业研究,2011(12).

[5] 宋慧林,宋海岩.国外旅游创新研究评述[J].旅游科学,2013,27(2).

[6] 周成.区域旅游创新研究:要素解构、能力评价与效率测度[D].上海:华东师范大学,2018.

[7] 金周英,任林.服务创新与社会资源[M].北京:中国财政经济出版社,2004.

[8] 蔺雷,吴贵生.服务创新[M].2版.北京:清华大学出版社,2007.

[9] 魏江.知识密集型服务业创新范式[M].北京:科学出版社,2007.

[10] 许庆瑞,吕飞.服务创新初探[J].科学学与科学技术管理,2003(3).

[11] 陈劲,陈钰芬.赢在服务创新[M].北京:机械工业出版社,2004.

[12] 尤肃川.电子商务企业服务创新管理机制研究[D].上海:东华大学,2016.

[13] 赖然.服务企业的服务创新管理机制研究——基于员工创新行为的视角[D].上海:东华大学,2014.

[14] 周世平.旅游服务供应链的超售与协调研究[D].广州:华南理工大学,2015.

[15] 黄立伟.通信运营业服务创新研究[D].长沙:中南大学,2011.

[16] 周国华.物流企业服务创新的影响因素研究[D].武汉:华中科技大学,2012.

[17] 张树堃.经济型连锁酒店服务创新研究——以汉庭连锁酒店为例[D].郑州:河南大学,2013.

[18] 刘继成.酒店管理与服务中的创新研究[D].武汉:武汉纺织大学,2015.

[19] 张娇.酒店服务创新影响因素研究——以上海静安洲际酒店为例[D].上

海:上海师范大学,2020.
[20] Meyer C,Schwager A. Understanding customer experience[J]. Harvard Business Review,2007,85(2).
[21] 宋慧林.酒店企业创新的影响因素及效应分析[D].大连:东北财经大学,2012.
[22] Hwang J,Seo S. A critical review of research on customer experience management:theoretical, methodological, and cultural perspectives[J]. International Journal of Contemporary Hospitality Management,2016,28(10).
[23] Kim H,So K K. Two decades of customer experience research in hospitality and tourism:A bibliometric analysis and thematic content analysis[J]. International Journal of Hospitality Management,2022,100.
[24] 环球旅讯.希尔顿再推生活方式新品牌,忠诚度＋轻资产助力增长[EB/OL].(2020-01-20).https://baijiahao.baidu.com/s?id=1656210146423351147.
[25] 赵星.新冠疫情下丽江P酒店服务创新策略研究[D].昆明:云南大学,2021.
[26] 陈音律.温州中小旅行社服务创新能力研究[D].桂林:广西师范大学,2015.
[27] 吴昌南.中国旅行社产品差异化研究[M].上海:上海财经大学出版社,2006.
[28] 罗保华.基于顾客需求导向的旅行社服务产品创新实证研究[D].长沙:长沙理工大学,2011.
[29] 夏少颜.旅行社产品创新研究[D].北京:北京第二外国语学院,2008.
[30] 侯宇.基于O2O模式的Q旅行社旅游服务产品创新研究[D].沈阳:沈阳理工大学,2020.
[31] 李霞.基于O2O模式的定制化旅游营销应用研究——以中国国际旅行社为例[D].昆明:昆明理工大学,2016.
[32] 严敏.旅行社服务产品创新研究——基于顾客显性抱怨的视角[D].广州:华南理工大学,2014.
[33] 杨海霞.旅游O2O商业模式研究[D].昆明:云南大学,2016.
[34] 张杏.互联网时代国有旅行社的转型与创新研究——以中国国旅为例[D].北京:北京邮电大学,2017.

[35] 李凌飞.在线旅游产品创新研究——以走四方旅游网为例[D].北京:北京交通大学,2017.

[36] 操景.信阳市中小旅行社服务创新能力实证分析[D].信阳:信阳师范大学,2018.

[37] 卢江松,逄世强.创新与中小旅游企业成长[J].现代经济(现代物业下半月刊),2007,6(4).

[38] 罗保华,陈阳.论我国旅行社服务产品创新的策略及途径[J].经济研究导刊,2011(5).

[39] 邵雅琼.基于现代网络和移动通信技术的旅游服务创新研究[D].上海:上海师范大学,2009.

[40] 刘纬华.旅游服务创新体系研究[D].泉州:华侨大学,2011.

[41] 吴建兴.移动互联网背景下上海旅游服务转型升级研究[D].上海:上海交通大学,2011.

[42] 谢亮.A景区智慧旅游服务优化方案[D].咸阳:西北农林科技大学,2023.

[43] 姚国章."智慧旅游服务"的建设框架探析[J].南京邮电大学学报(社会科学版),2012,14(2).

[44] 叶铁伟.智慧旅游服务:旅游业的第二次革命(上)[N].中国旅游报,2011-05-25.

[45] 张凌云,黎巎,刘敏.智慧旅游的基本概念与理论体系[J].旅游学刊,2012,27(5).

[46] 张凌云.智慧旅游服务:个性化定制和智能化公共服务时代的来临[J].旅游学刊,2012,27(2).

[47] 赵婷.利用云计算技术推进智慧旅游服务发展研究[J].电子政务,2013(4).

[48] 周坤.黄冈智慧旅游服务引领旅游业转型升级[J].时代经贸,2013(17).

[49] 朱珠,张欣.浅谈智慧旅游服务感知体系和管理平台的构建[J].江苏大学学报(社会科学版),2011,13(6).

[50] 刘海新.广西研学旅行公共服务创新研究[D].南宁:广西大学,2019.

[51] 陆庆祥,汪超顺.研学旅行理论与实践[M].北京:北京教育出版社,2018.

[52] 孙月飞,朱嘉奇,杨卫晶.解码研学旅行[M].长沙:湖南教育出版社,2019.

[53] 滕丽霞,陶友华.研学旅行初探[J].价值工程,2015,34(35).

[54] 王占龙,剧红,张国成.高职院校开发研学旅行产品探究[J].河北旅游职业学院学报,2018,23(3).

[55] 徐菊凤.旅游公共服务:理论与实践[M].北京:中国旅游出版社,2013.

[56] 陈志辉.大数据时代湖南旅游业升级发展研究[J].湖南行政学院学报,2017(1).

[57] 徐文燕.试论服务创新视角下的旅游产业转型与升级[J].学术交流,2010(12).

[58] 林旭云."互联网＋旅游"背景下从化旅游服务转型升级研究[D].成都:西南交通大学,2016.